이기적 논어 읽기

현대 심리학의 눈으로 본 논어

이기적 논어 읽기

-현대 심리학의 눈으로 본 논어

2015년 4월 17일 초판 1쇄
2017년 6월 12일 초판 2쇄

지은이 | 김명근

편   집 | 김희중, 이민재
디자인 | 씨디자인
제   작 | 영신사

펴낸이 | 장의덕
펴낸곳 | 도서출판 개마고원
등   록 | 1989년 9월 4일 제2-877호
주   소 | 경기도 고양시 일산동구 호수로 662 삼성라끄빌 1018호
전   화 | (031) 907-1012, 1018
팩   스 | (031) 907-1044
이메일 | webmaster@kaema.co.kr

ISBN 978-89-5769-286-8 03190
ⓒ 김명근, 2015. Printed in Goyang, Korea

이기적 논어 읽기

—— 현대 심리학의 눈으로 본 논어 ——

김명근 지음

개마고원

일 러 두 기

1. 논어 인용문의 출전은 원문 뒤에 괄호로 표시했다. 예컨대 '(학이, 3장)'은 학이편의 세번째 문장을 말한다.

2. 논어 번역문에서 화자가 공자 한 사람인 경우는 '자왈子曰'의 번역을 생략했다.

3. 편과 장의 분류는 송宋의 주희가 편찬한 『논어집주論語集註』를 따랐다.

공자처럼 욕망하기

　어릴 적 외갓집이 있던 동네가 서초구 잠원동이다. 한남동에서 나룻배를 타고 건너가던 곳, 전기도 들어오지 않아 밤이면 남포등을 켜던 그곳에 지금은 한 채에 10억 원을 넘나드는 아파트들이 들어섰다. 모기장을 뜯어 얼기설기 만든 그물로 사촌동생들과 미꾸라지, 붕어를 잡던 곳에는 고속버스터미널이 자리하고 있다. 얼핏 봐도 참 엄청나게 바뀌었다. 사는 방법이나 세상을 대하는 마음자세는 겉모습보다 훨씬 더 바뀌었다. 우리집이 있던 왕십리는 잠원동에 비하면 도시의 모습에 많이 가까웠다. 그래도 이웃들의 집안 사정을 우리집 일처럼 알고 지냈다. 동네마다 질서의 대변자인 어른이 있었고, 동네 아낙끼리의 사소한 다툼도 무엇이 '도리'인지를 따지곤 했다. 그 시절을 생각해보면 기분이 묘해진다. 지금 살고 있는 나라와는 아예 다른 나라에서 살았던 것처럼 느껴지기도 한다. 별로 오래 산 것도 아닌데.

그 시절엔 사람 사이가 지금보다 좀 따뜻하기는 했다. 하지만 행동의 제약이 많은 갑갑한 세상이기도 했다. 대단히 도덕적인 사회도 아니면서 겉으로는 도덕이니 도리니 하는 것들이 힘을 쓰는 사회. 어찌 보면 좀 위선적인 사회이기도 했다. 그때와 비교하면 요즘 세상은 많이 솔직해졌다. 무엇보다 욕망을 쫓아가는 일, 표현하는 일에 거리낌이 많이 없어졌다. 세상은 그렇게 마치 다른 나라처럼 바뀌었다. 그런데 그렇게 바뀌어서 좋아진 걸까? 나빠진 걸까? 마음속의 욕망을 억누르면 갑갑하다. 솔직히 표현할 수 있다면 그만큼 편해야 한다. 그런데… 욕망에 솔직해진 만큼 사는 것도 편해졌을까?

그리 편하진 않은 것 같다. 혁명 뒤에는 주도세력끼리 패를 갈라 싸우는 경우가 많듯이, 도덕을 뒷방 늙은이로 몰아낸 욕망은 이제는 자기들끼리 싸운다. 돈을 많이 벌고 싶다는 욕망은 놀고 싶다는 욕망과 충돌한다. 권력에 대한 욕망은 자유로운 삶에 대한 욕망과 함께하기를 거부한다. 때론 사회적 관습이나 편견이 욕망끼리 싸움을 붙인다. 비만을 나태의 증거로 보는 세상에서 식욕은 비난받고 싶지 않은 욕망과 싸워야 한다. 진실을 알고자 하는 단순한 욕망조차 어떤 사회에서는 안전하고 싶다는 욕망에 위협이 된다. 이런 우리가 과연 2015년 대한민국이라는 곳에서 욕망을 추구하며 산다고 말할 수 있을까? 욕망과 욕망 사이의 충돌을 조절하는 일에 정신적 에너지의 대부분을 탕진하고, 정작 내 욕망의 실현에 쏟을 에너지는 늘 간당간당한 채로 사는 것은 아닐까? 욕망을 편하게 따르려면 먼저 욕망들 사이에 조절이 이뤄져야 한다. 문제는 그게 쉬운 일이 아니란 점이다.

그런데 욕망끼리의 조절이라는 그 어려운 숙제를 말끔히 다 풀었다고 주장한 사람이 있다. 욕망의 끝까지 치달려본 사람? 이룰 만한 것은 다 이뤄보았던 절대권력자? 아니다. 엉뚱하게도 우리에게는 도덕의 원조로 받아들여지는 '공자님'이 바로 그런 말을 한다. 논어에는 "종심소욕 불유거從心所慾 不踰矩"라는 말이 나온다. 공자가 나이 일흔에 "욕심을 따라도 법도에 어긋나지 않았다"라고 말한 것이다. 쉽게 말해 '나는 내 욕심대로 살아봤다'는 말이다.

어떻게 그런 삶이 가능했을까? 성인聖人이라서? 그런 시각은 접어놓자. 어차피 공자도 사람이다. 공자도 먹고, 자고, 싸는 사람이라면 가장 바닥에 있는 본능은 우리와 크게 다를 수는 없다. 어떤 상황에서는 갈등하고, 어떤 상황에서는 쉽게 결론을 내리는지도 같을 것이다. 우리는 가치 혼란이 있을 때 갈등한다. 양쪽의 가치를 다 알 경우에는 간단하다. 가치가 큰 것을 선택하면 된다. 갈등은 가치를 잘 모를 때 생겨난다. 공자도 우리와 마찬가지다. 그런데도 욕심을 따를 수 있었다고 말했다면 두 가지 경우밖에 없다. 각각의 욕망의 가치를 정확히 알았거나, 아니면 그 말이 거짓이었거나. 이것이 내가 공자라는 인물에, 그의 말이 남아 있는 논어라는 책에 관심을 가지는 이유다. 논어를 통해 도덕을 닦고, 대단한 사람이 되자는 게 아니다. 좀 마음 편하게 살고 싶다는 아주 이기적인 이유로 나는 논어를 읽는다. 논어에서 욕망의 가치 평가에 대한 힌트를 찾을 수 있다고 보기 때문에 읽는 것이다. 이 책의 제목이 '이기적 논어 읽기'가 된 첫번째 이유다.

흔히 논어를 도덕에 대한 책이라고 생각한다. 나는 그래서 더 흥미를 느낀다. 동양이나 서양이나 도덕은 욕망을 조절하는, 더 정확하게는 욕망을 억누르는 기준으로 작용해왔다. 그런 억제가 있어야 욕망이 조절된다고 봤다. 하지만 현대 심리학의 설명은 다르다. 욕망을 억지로 누르면 그림자니 뭐니 하는 복잡한 괴물이 되어 나타나게 된다는 것이 결론이다. 공자가 말하는 도덕이라는 것이 과연 욕망의 억제를 말하는 것이었을까? 셋 중 하나는 거짓이다. 나이 일흔에는 욕심을 따를 수 있었다는 공자의 말이 거짓이거나, 심리학이 통째로 거짓이거나, 유학儒學의 기존 해석들이 엉터리거나. 셋 중 하나에 내기를 걸라면 나는 공자가 말하는 도덕이 욕망의 억제를 말하는 것이 아니었다는 쪽에 걸겠다. 기존 유학의 논어 해석을 믿지 않겠다는 것이다.

서양 사람들이 욕망의 문제를 다루려고 만든 학문이 심리학이다. 요즘은 심리학 중에서도 진화심리학이 유행이다. 사람의 마음이 돌아가는 방식이 그렇게 자리 잡은 이유를 진화의 관점에서 설명하는 이론들이다. 진화심리학은 사람의 욕망 역시 진화의 결과로 설명한다. 인간은 그 개체의 생존에, 또는 그 종의 번영에 유리한 것에 쾌감을 느끼도록 진화했고, 그 쾌감을 추구하는 것이 욕망이라고 말한다.

요즘은 그런 시각을 도덕의 영역으로 넓히고 있다. 인간 사회에 도덕이 자리를 잡은 것도 진화의 결과로 본다는 것이다. 성현의 가르침? 국가와 제도? 다 쓸데없는 소리다. 아직도 원시생활을 하는 부족에게도 도덕은 존재한다. 도덕이 우리 곁에 존재하는 이유는 욕망이 우리에게 존재하는 이유와 완전히 같다. 그것이 이롭기 때문이다. 이로운 것은 쾌감을 준다. 이로움과 쾌감이라는 두 가지 때문에 도덕이 살아남은 것이다. 당당함, 보람, 뿌듯함. 이런 것들이 진화가 우리 마음속에 남겨놓은 쾌감의 정체다.

그렇게 보면, 일흔에는 욕심이 나는 대로 그것에 따를 수 있었다는 공자의 말은 참 엄청난 말이다. 강박으로써 도리나 도덕을 쫓아간 것이 아니라, 이로움과 쾌감을 쫓아가서 도리나 도덕을 만났다는 뜻이니 말이다. 그렇다면 구미가 당긴다. 욕망끼리의 충돌을 넘어 도덕과 욕망까지 함께 정리가 된다면 사는 게 훨씬 더 편해지지 않겠는가. 그래서 이 책에서는 욕망의 가치만이 아니라 도덕이라고 불리던 것들의 가치도 함께 따진다. 이로움이라는 관점에서 가치를 따져보자는 것이다. 그것이 이 책의 제목이 '이기적 논어 읽기'가 된 두번째 이유다.

머리말이라서 무게 잡고 쓰느라 힘들었다. 중요한 이야기는 대충했으니, 이제 좀 편하게 말하자. 논어를 가지고, 그것도 심리학이라는 관점에서 설명한다고 해서 딱딱한 원문과 전문적인 이론이 이어지는 책을 상상할 필요는 없다. 머리말도 점잖음을 지키는 수준에서는 부드럽게 쓰려고 했지만, 본문은 더 말랑말랑하다. 나는 내 마음 편하자는 아주 이기적인 이유에서 시작한 이야기인데, 독자는 머리에 온 힘을 모아 쥐가 나도록 생각하며 읽어야 한다면 앞뒤가 안맞는다. 이 책 내용의 대부분은 우리 주변에서 벌어지는 많은 일들과 재미있는 심리실험의 이야기들로 구성되어 있다. 저자를 관광안내원 삼아 논어의 세계, 심리학의 세계, 지금 우리가 사는 대한민국 등을 두루 돌아본다는 편한 기분으로 읽으면 된다.

관광도, 가기 전에 어디를 가는지는 대충 알고 간다. 책의 내용을 간단히 소개하기로 하자. 앞에 나오는 소유 마당, 경쟁 마당에서는 소유나 경쟁에 집착하는 것의 문제점에 대해 이야기한다. 비도덕적이라서? 아니, 집착하면 오히려 손해를 보게 되기 때문에 조절을 생각해보자는 것이다. 그리고 그 조절의 요령도 몇 가지 소개한다. 이어지는 비교 · 독선 · 다름의 세 마당은 무한 비교에 빠지는 심리, 독선에 빠지는 이유, 조그만 다름도 인정하지 못하는 사람의 특징 등에 대한 이야기다. 후반부에서는 주로 세상이 긍정적으로 바라보는 인간의 특성들에 대해 말한다. 자존 마당에서는 건강한 자존감을 기르는 방법을 다뤘다. 이어서 옳음 · 곧음 · 어짊의 가치에 대한 이야기가 나온다. 마찬가지다. 도덕적이어서가 아니라 그런 특성들이 개인을 이롭게 만드는 면이 있으니 고려하는 편이 좋다는 뜻에서다. 마지막은 여러 욕망을 조절할 수 있게 해주는 배움에 관한 이야기로 마무리한다.

본론으로 들어가기 전에 한 가지 양해를 구할 일이 있다. 이 책에는 속어가 가끔 등장한다. "따따블"이니 "꼰대"니 "뻥이다" 하는 정도의 단어들이다. 물론 그런 단어로 도배하는 수준은 아니다. 그저 그 단어가 가장 적합하다고 생각되는 곳에는 단어의 품위를 굳이 따지지 않고 사용했다. 두 가지 이유다. 하나는 입말과 글말을 엄격하게 가르는 것도 일종의 권위주의요, 형식주의라는 생각에서다. 둘은 이 책이 2015년의 시각에서 쓴 책이기 때문이다. 이왕이면 말투까지 2015년에 맞추고 싶었다.

머리말에서 해야 할 이야기는 대충 다 한 듯하다. 아! 한가지, 머리말에 관례로 들어가는 이 책에 도움을 주신 분들에 대한 헌사가 빠졌다. 그런데 나는 내가 살아오는 동안 나에게 조금이라도 영향을 끼쳤던 모든 사람이 이 책에 도움을 준 사람이라고 생각한다. 그래서 그 이야기는 자서전이라도 쓰게 된다면 그때 하겠다. 사실은 몇 년 전에 도덕과 욕망의 문제를 진지하게 생각하게 만든 어떤 사건이 있기는 했지만, 그 역시 다른 곳에서 할 이야기로 미뤄두겠다.

다만 경희대 한방신경정신과의 김종우 교수님과 석·박사과정 (2013년) 학생들에게는 감사를 표해야겠다. 나는 원래 좀 게으른 사람이다. 가만히 놔두었으면 이 책은 5년이나 10년쯤 뒤에 나왔을 것이다. 혹은 죽기 전에 못 끝냈을지도 모른다. 그런데 강의를 하게 되면 달라진다. 나중에 생각하자고 밀쳐놨던 부분, 애매한 부분들을 어떻게든 생각하고 정리하게 된다. 임상에 바쁜 사람을 굳이 불러다가 강의를 시킨 교수님과 매주 보고서를 강요하는 강의를 끝까지 따라와준 학생들 덕분에 생각해왔던 내용이 좀 더 일찍 정리될 수 있었다. 또 학생들의 보고서들을 통해 어떤 관점에서 어떻게 설명해야 사람들이 알아듣기 쉬울지에 대해 많은 힌트를 얻을 수 있었다.

이제 진짜로 머리말에서 할 이야기를 다 했다. 논어의 세계, 욕망의 세계로 들어가는 버스에 올랐으니 시동을 걸자. 부르릉~

목차

소유

소유 본능은 생존과 관련된 기본적인 욕망이다. 눌러서 없앨 수 없다. 다만 지나치지 않도록 조절하는 것은 필요하다. 소유욕에 대한 집착은 (부당하거나, 비도덕적이라서가 아니라) 결국에는 행복한 삶에 불리하기 때문이다. 소유욕 조절의 가장 기본인 자존감에 대한 이야기로 시작해보자.

'지름신'은 언제 강림하는가

군자는 배가 부르도록 먹으려 하지 않고, 사는 곳이 안락하고 좋기를
바라지 않으며, 일에 민첩하고 말을 삼간다. 도가 있는 곳을 취하여
바로잡는다면 배움을 좋아한다 할 수 있다.

子曰 君子 食無求飽 居無求安 敏於事而愼於言 就有道而正焉 可謂好
자왈 군자 식무구포 거무구안 민어사이신어언 취유도이정언 가위호
學也已
학 야 이   (학이, 14장)

　배부르게 먹지 않고, 편안하지도 않고 바쁘게 사는 사람들. 그렇
게 사는 사람들이 잔뜩 모여 있는 곳이 있다. 내전중인 나라의 난민
들이 사는 모습이 그렇다. 굶지 않으면 다행이지 배부른 것까지는
감히 바라지도 않는다. 밤이슬 피하면 크게 좋은 것이고, 한뎃잠이
라도 안전하게만 잘 수 있으면 다행으로 여긴다. 먹고살려니 행동
은 빨라지고, 어느 총에 죽을지 모르니 말은 조심스럽다. 그럼 그 사
람들은 다 군자일까? 지금은 군자가 아니더라도 조만간에 군자가

될까?

기존의 유학은 군자라고 하는 이들이 무언가 굉장히 억제하고, 절제하는 사람인 것처럼 설명한다. 논어의 주석도 대부분 그런 식이다. 그래서 위의 문장을 '군자라면, 혹은 군자가 되고 싶으면 배 부르게 먹지 않고 안락하게 살지 말아야 한다'라고 마치 강령처럼 해석한다. 하지만 나는 그런 의견에 별로 동의하고 싶지 않다.

군자가 되면 자연스럽게 그렇게 된다는 것과, 그렇게 하면 군자가 된다는 말은 전혀 다르다. 노련한 산꾼은 설악산 오색에서 대청봉을 3시간 이내로 올라갈 수 있다. 하지만 몸이 단련되지 않은 상태에서 3시간 안에 올라가려 하면 무릎이 나간다. 그렇게 되면 다시는 산행을 즐길 수 없게 된다. 현상·목표·과정·방법 등을 제대로 구분해야 세상을 무리 없이 살 수 있다. 굶거나 한뎃잠을 자는 행위 자체가 수양의 과정이라는 유의 주장은 무시하자. 그건 조선시대 가짜 선비나 극기훈련장 교관의 주장일 뿐이다.

난민의 경우는 어쩔 수 없는 환경에서 거친 음식이나 불편한 잠자리를 감수하는 것이지만, 군자는 자신의 의지를 가지고 열심히 수양하는 것이라 다르다고도 한다. 맞는 말일까? 아니다. 그게 더 위험할 수도 있다. 군자가 못 되는 것으로 그치면 그나마 다행이다. 본능에 대한 무리한 억제는 괴물을 만들어낸다. 일반인 꼴통보다 훨씬 골치 아픈 것이 성직자 꼴통이다. 운동권 꼴통 역시 만만치 않다. "내가 밥까지 굶어가며 한 일인데…"라는 생각 때문에 집착에 사로잡히는 것이다. 공부도, 도 닦는 것도, 사회운동도 다 본능과 타협해가며 즐겁게 해야 한다. 하다가 수가 높아지면 자연스레 본능이 조절되는 것이지, 본능을 억제한다고 도가 높아지는 것은 아니다.

물론 수행 과정에서 검소한 생활을 강조하는 게 전혀 의미 없는 것은 아니다. '이 정도만 돼도 살 수 있구나'를 알면 도움이 된다. 모를 때와 비교해, 생각도 행동도 많이 달라지기 마련이다. 하지만 그런 것을 안다고 해도 여전히 욕망은 남아 있다. 당연한 일이다. 이는 공연히 죄스러워할 일도 아니다. 남아 있는 욕망을 내 수행의 정도를 알아보는 계기판쯤으로 생각하면 될 일이지, 욕망의 억제 자체를 수행의 목적으로 삼아서는 안 된다.

이 책에서 계속 비슷한 이야기가 나오겠지만, 논어를 무엇을 강요하는 책이라고 받아들이기 시작하면 갑갑해진다. 세상이 시키는 일만 하기에도 숨이 막히는데, 굳이 논어까지 읽으며 내 등에 짐을 더 얹을 이유가 없다. 하지만 논어를 공자라는 사상가가 본 사람과 세상에 대한 이야기라고 보면 훨씬 읽기 편해진다. 편하게 읽으며 공감이 되는 것, 내게 도움이 되는 것이 나왔을 때 그것을 추리면 그만이다.

이 문장도 마찬가지다. 군자는 먹는 것에 대한 집착이나, 좋은 집에 대한 집착이 없다는 말이 궁금증을 살짝 부추긴다. 무엇에 대한 집착이든, 집착이라는 족쇄가 발목에 묶여 있으면 사는 게 그리 편안하지 못하다. 그러니 군자는 어떻게 그런 집착을 벗어나는지 알아보고 싶은 것이다. 그래서 알게 되니 식무구포食無求飽 등등의 현상이 나타나면 좋고, 아니면 말고.

첫 문장이다 보니 사설이 길었다. 슬슬 본론으로 들어가보자.

먹는 것에 대한 집착부터 생각해보자. 일을 많이 하면 배가 고프고, 많이 먹게 된다. 그건 몸이 시키는 일이니 어쩔 수가 없다. 문제는 머리가 시켜서 많이 먹는 경우다. 늘 헛헛함을 느끼거나, 스트레스성 폭식을 하는 경우가 있다. 이런 일은 왜 생기는 것일까? 사람은 만성적인 스트레스에 노출되면 식욕이 커지는 경향이 있다. 생리학자라면 "교감신경이 어쩌고, 코티졸이 저쩌고"라고 설명할 것이다. 그런데 그것은 현상일 뿐이다. 문제는 인간이 왜 그렇게 반응을 하도록 진화했냐는 것이다.

원시시대를 떠올려보자. 스트레스가 계속 이어지는 상황은 생존의 위협이 쉽게 해결되지 않을 때다. 먹을 것이 부족하거나, 더 센 놈에게 쫓기느라 마음 놓고 먹이를 구할 수 없으면 스트레스를 받는다. 집단과의 갈등을 겪을 때도 그렇다. 집단에서 쫓겨나면 당연히 먹을 것을 구하기가 힘들어진다. 쫓겨나지는 않더라도 집단 내에서 자신의 중요성이 내려가면 몫이 줄어들게 된다.

핵심은 먹고사는 것에 있다. 게다가 그 시절에는 음식을 넣어둘 냉장고도 없었다. 돈으로 바꿔 넣어둘 은행도 없었다. 저장할 수 있는 곳은 오로지 한 곳, 몸이다. 최대한 먹고, 덜 써야 한다. 한동안 식량을 못 구할지도 모르는 상황에서 그 방법이 그나마 생존 확률을 높여준다. 인간의 진화 속도는 그리 빠르지 않다. 현대인에게도 여전히 같은 본능이 남아 있다. 스트레스가 계속되면 늘 속이 헛헛하고, 우울증이 진행되면 기초대사량을 떨어뜨려 신체에너지 소비를 줄이게 된다.

이렇듯 본능의 기본은 변한 것이 없지만 세상이 바뀌다보니 작동하는 모습은 조금 바뀌었다. 불안을 느낄 때 원시인의 본능은 '먹으라!'고 했다. 현대인의 본능은 먹는 것에 덧붙여 '사라!'고 한다. 비싸고 좋은 것을 사라고 한다. 소유에 대한 집착 역시 자기 존재가치에 불안이 싹틀 때 점점 강해진다. 구약성서의 분노하는 하느님보다, 힌두교의 시바신보다, 불교의 야차보다 더 무서운 신인 지름신은 언제 강림할까? 내가 존중받지 못한다는 느낌이 들 때, 왠지 내가 초라해 보일 때 강림한다.

　빠글대는 사람들 속에서 그렇고 그런 이름 없는 사람으로 살아야 하는 삶, 그게 요즘 도시에 사는 보통 사람들의 삶이다. 그때 명품은 귓가에 달콤하게 속삭인다. "나를 가지면 너는 남과 다른 무언가가 될 수 있어"라고. 명품에 대한 집착은 구박으로 고칠 수 없다. 식구들의 사랑과 인정으로 완화되는 법이다. 거기에 자신의 존재가치를 느낄 수 있는 활동이 덧붙여지면 그때 비로소 지름신은 유혹을 거둔다. 군자가 먹는 것, 사는 곳에 대한 집착을 줄이게 되는 것과 같은 원리다. 핵심은 자기 존재에 대한 확신과 믿음에 있다.

　그다음에 나오는 말, 군자가 되면 일에 민첩하고 말을 삼가게 되는 것은 왜일까? 일이 내가 원하는 것을 이루는 과정일 때는 떠벌릴 필요가 없다. 새로운 일에서 배우는 즐거움을 느끼고 있는 사람 역시 말이 필요 없다. 사람은 '내가 하는 일이 가치가 없는 것이 아닐까?'라는 생각이 들 때 말이 많아진다. 잘나가던 사람이 젊은 후배들에게 슬슬 밀리기 시작하면 말이 많아진다. 자신이 살아온 삶, 자신에게 익숙한 방식이 옳다고 주장하고 싶어지는 것이다. 아, 얼마나 슬픈 일인가. 몇십 년을 형제보다 가깝게 지내온 벗들이 어느새

'꼰대'가 되어가는 모습을 본다는 것은…. 사람은 죽을 때까지 배워야 한다. 죽을 때까지 새로운 것을 시도해야 한다. 그래야 '꼰대'가 되지 않는다. 군자를 군자답게 만드는 것은 재미다. 먹는 것, 사는 곳에 대한 집착을 줄여주는 것도 재미다. 공자님은 그중 으뜸이 새로운 것을 깨우치는 재미라고 본다.

그래서 이 문장은 배움에 관한 말로 마무리가 된다. 호기심과 발상의 자유로움은 젊음의 상징이다. 아울러 군자의 상징이기도 하다. 다만 '도가 있는 곳을 취하여'라고 약간의 제한은 둔다. 그 호기심이 인간의 본능이 가지고 있는 긍정적인 면에서 발휘되어야 한다는 것이다.

군자는 망하고 싶어 환장한 사람일까?
'의'를 지키려면 '이'를 버려야 한다고?

요즘은 돈이 최고의 종교로 받아들여지는 세상이다. 인간의 욕망에 대한 이야기 역시 돈 이야기부터 시작해야 할 것 같다. 사람들은 공자가 돈을 멀리하라고 가르쳤다고 생각한다. 돈에 집착하지 말라는 말은 확실히 나온다. 하지만 집착하지 말라는 것이 적대시할 정도로 멀리하라는 말일까? 아래 문장을 보자. "이익을 따지는 순간 옳음으로부터 멀어진다"라는 것을 절대강령으로 내세우는 사람들이 즐겨 내세우는 문장이다.

군자는 의에서 깨닫고, 소인은 이에서 깨닫는다.

子曰 君子 喩於義 小人 喩於利   (이인, 16장)
자왈 군자 유어의 소인 유어리

이 문장을 "군자는 의를 깨닫고, 소인은 이를 깨닫는다"라고 해석하기도 한다. 유喩는 깨우친다는 뜻이다. 그런데 비유한다는 의미도 있다.(국어 시간에 배운 은유법이니 직유법이니 하는 단어에 쓰는 '유'가 이 글자다.) 두 뜻을 합치면, 비교하고 견줘보는 방법으로 깨닫는다는 의미가 나온다. 다시 말해 '무엇을 판단하려 할 때 군자는 의로운가 아닌가를 기준으로 하고, 소인은 이득이 있는가 없는가를 기준으로 삼는다(그래서 깨닫는다)'는 뜻이다.

뜻은 그렇게 정리가 되었다. 보면 뻔한 말 같기도 하다. 자주 듣던 말이니까. 또 소인이 이利에 민감한 것 역시 당연하다. 앞에서 말한 바와 같다. 소인이란 자존의 뿌리가 부실한 사람이다. 그래서 소유욕이 강하고 이에 민감한 것이다. 그런데 군자가 의를 중시한다는 말이 문제다. 이걸 이익利을 무시한다는 말로 확대해석해도 될까? 이 문장이 의義와 이利는 절대적으로 대립된다는 뜻일까? 의와 이를 반대말로 보면 문제가 생긴다. 우리는 초등학교 때 반대말끼리는 비슷한 말이라고 배웠다. 예를 들어 모범시민과 깡패가 반대말이고, 모범시민과 양아치가 반대말이면 깡패와 양아치는 비슷한 말이라는 것이다. 그런데 '이롭다'의 반대말이 무얼까? '해롭다'다. 그렇다면 묘하다. '이롭다'의 반대말 두 가지, 의義와 해害는 비슷한 말일까?

비슷한 말이라는 쪽에 표를 던질 사람은 많지 않을 것 같다. '의'는 느낌이 좋다. '해'는 느낌이 나쁘다. 같은 편이라고 묶기는 영 어색하다. 하지만 꼭 그런 걸까? '정의'라는 단어를 들으면 보통은 '(손해를 감수하고 하는) 옳은 행동'이라는 이미지를 떠올린다. 비록 비슷한 말로 엮일 정도는 아니지만, 의는 손해라는 속성을 기본적으로 가지고 있는지도 모른다. '정의는 집단을 이롭게 한다. 하지만 정의

24

를 추구하는 사람은 손해를 감수해야 한다.' 우리는 보통 그렇게 생각한다. 개혁적인 주장을 하는 사람이 정의를 내세우면 대체로 손해를 감수하자는 권유로 느껴진다. 그래서 보통 사람들은 적당히 거리를 두게 된다. 반대로 보수적인 사람이 정의를 내세우면 자기 이득을 챙기기 위한 위장이 아닐까 의심하게 된다. 결국 보통 사람들이 진정으로 바라는 것은 '남들은 정의롭게, 나는 그냥 내 이득을 챙기며' 이것일지도 모른다.

그렇게 결론을 내릴까? 어딘가 좀 찜찜하다. 의라는 것이 손해를 자처해가며 하는 짓이라는 결론은 진화심리학으로 보면 말이 안 된다. 손해를 찾아가는 특성은 후손을 남기기에 불리하다. 그렇다면 지상에 출현한 이후 수십만 년을 살아온 인류에게 의가 손해보는 장사라면 의로움을 추구하는 유전자는 인간의 유전자 풀$_{pool}$에서 진즉 사라졌어야 마땅하다. 그런데 아직도 신문에는 의인이라는 사람들이 종종 등장한다. 그들은 네스호 괴물처럼, 3억5000만 년을 살아남은 화석 어류 실러캔스처럼 그렇게 운 좋게 살아남은 멸종위기종일까?

세 가지 중 하나는 거짓이다. 진화심리학이 거짓이거나, 공자가 거짓이거나, 기존의 해석들이 엉망이거나. 여기서는 질문만 던지는 것으로 끝내자. 답은 의라는 것이 무엇인지를 이야기하고 나서 해야 한다. 이 문장은 뒤의 옳음 마당에서 다시 다룰 것이다. 어쨌든 이런 모순점이 있다면 이利는 의義의 적이요, 원수라는 선입견에 무조건 동의할 일은 아니다.

공자도 돈이 좋다는 건 인정했다
본능을 억누르는 도덕은 판타지다

사극에 보면 양반이 기생에게 젓가락으로 돈을 집어주는 장면이 나온다. 선비는 돈에 매이면 안 된다는 말이 아예 돈을 만지지 말라는 형식주의로 변질된 것이다. 그런데 그 양반들이 먹는 주안상에는 비싼 안주가 그득하다. 그런 인간들을 잡아다놓고 "당신들 하는 짓이 어째 좀 모순된 것 같소"라고 말하면, 뭐라고 대답할까? 궁금한데, 들을 방법이 없다. 타임머신이 아직 발명되지 않았기 때문이다. 그래도 대충 짐작할 방법은 있다. 요즘 인사청문회에 나오는 장관 후보자, 총리 후보자들이 대답하는 걸 보면 된다. 옛날 양반들도 그와 비슷하게 대답할 것이다.

청문회 주인공의 대답은 뻔하다. 관행이었다든지, 상대가 예우 차원에서 하는 것을 거절하기 힘들었다든지 대략 이 정도가 단골메뉴다. 조선시대 양반들도 똑같이 대답할 것이다. "내가 원한 적은 없었다"라고. 언젠가 이렇게 말하는 사람을 보았다. "나에게는 소찬素饌(간소한 음식)이나, 성찬盛饌(잘 차린 음식)이나 다를 것이 없다. 성찬을 거절하는 것은 오히려 마음 공부가 낮아 얽매이는 것이다." 나는 그에게 미각에 문제가 없는지 확인해보라고 말하고 싶다. 좋은 음식은 맛있다. 그걸 부인하는 건 판타지다. 아니면 맛을 느끼는 뇌 영역에 종양이라도 생겼거나.

돈이 많으면 맛있는 음식을 먹을 수 있고, 맛있는 음식을 먹으면 행복하다. 이건 당연한 이야기다. 공자는 부를 적대시한 적이 없다.

아래 문장을 보자.

> 부가 구해서 얻어지는 것이라면 채찍을 잡는 일이라도 할 것이다. 구
> 할 수 없는 것이라면 내가 좋아하는 바를 따를 것이다.
>
> 子曰 富而可求也 雖執鞭之士 吾亦爲之 如不可求 從吾所好 (술이, 11장)
> 자왈 부 이 가 구 야 수 집 편 지 사 오 역 위 지 여 불 가 구 종 오 소 호

집편執鞭이란 지체 높은 양반이 나들이할 때 앞에 서서 채찍을 들
고 사람을 쫓는 일이다. 즉 부를 위해서라면 그런 천한 일이라도 하
겠다는 것이다. 다만 그렇게까지 해봐도 부자란 것이 내 마음대로
되는 게 아니란다. 그래서 차라리 좋아하는 일을 하겠다는 것이다.
문장 어디에도 부 자체에 대한 거부는 없다. 부라는 게 내 뜻만 가
지고 잘 안되더라는 삶의 지혜가 있을 뿐이다. 거기에 내 마음대로
안 되는 일을 좇지는 않겠다는 자기 주도성이 강조될 뿐이다.

공자가 돈을 멀리하라고 했다고 주장하는 사람들이 내세우는 대
표적인 문장을 몇 개 검토해보자.

> 선비가 도에 뜻을 두고 나쁜 옷과 거친 음식을 부끄러워한다면 (그
> 런 사람과는) 더불어 의논할 만하지 못하다.
>
> 子曰 士志於道 而恥惡衣惡食者 未足與議也　　　　　　(이인, 9장)
> 자왈 사 지 어 도 이 치 악 의 악 식 자 미 족 여 의 야

공자의 이 말은 원래 사士에게 하는 말이다. 논어에 나오는 사는
요즘의 '선비'와는 조금 차이가 있다. 사는 원래 무사武士에서 출발한
개념이다. 한자의 생김을 봐도 어깨가 떡 벌어진 사람의 형상이다.

그러다가 공자 시대쯤 되면 문사文士들이 생겨난다. 무사와 문사가 합쳐지면서 '士'는 녹봉을 받는 사람의 총칭 정도로 사용됐다. 논어의 사士는 요즘으로 치면 국가 공무원에 해당된다. 이 문장은 모든 사람에게 하는 말이 아니다. 심지어는 모든 선비에게 하는 말도 아니다. 두 가지 조건에 해당되는 사람에게 하는 말이다. 나랏일을 하는 사람, 그리고 최소한 밥은 안 굶는 사람.

사람이 일을 하는 이유는 두 가지다. 하나는 수입이고, 다른 하나는 보람이다. 보람이 크면 수입은 좀 적어도 감수할 만하다. 나랏일은 제대로 하면 큰 보람을 느낄 수 있는 일이다. 그런데도 수입에 너무 민감하다면 일의 보람을 덜 느끼기 때문일 것이다. 당연히 중요한 일을 맡길 사람이 못 된다. 또 나랏일을 하는 사람은 상대적으로 안정된 직업을 가진 셈인데, 이 역시 조금 적은 수입을 감수할 이유가 된다. 안정된 직장과 많은 수입을 함께 얻으려고 하는 것은 지나친 욕심이다.(요즘은 세상이 엉망이 되어서 같은 일을 하는데도 비정규직은 더 적은 돈을 받는다. 말이 안 된다. 비정규직은 회사 사정에 따라 쉽게 해고할 수 있다. 이건 경영주에게는 상당히 유리한 조건이다. 그렇다면 그 이득의 일부를 나누어야 마땅하다. 비정규직이 정규직과 급여가 같아도 공정하지 못하다. 더 많아야 정당하다.)

하지만 이게 말처럼 쉬운 일이 아니다. 사람은 자신이 하는 일과 자신의 위치를 곧잘 혼동하기 때문이다. 수백억의 예산을 다루는 사람이 수백억 자산가는 아니다. 그러나 늘 억대의 돈을 주무르다 보면 가치 혼란이 일어나기 쉽다. 또 업무로 만나는 이들이 주로 상류층 사람이다 보면 상대적 박탈감이 들기 마련이다. 자신이 받는 대접이 하는 일에 비해 보잘것없다는 생각이 드는 것이다. 그럴 때 싸구려 옷, 값싼 음식이 부끄럽게 느껴지기 쉽다. 유혹에 흔들리게 되는 순간이다. 그러니 그런 위험이 있는 사람에게는 중요한 일을 맡기지 말라는 것이다. 람보르기니를 타고 오는 재벌 회장과 토론하는 자리에 지하철을 타고 가서도 당당할 수 있는 사람. 그런 사람을 골라서 맡기라는 말이다. 부귀와 빈천을 말한 또 다른 문장을 보자.

부와 귀는 사람이 바라는 것이나 도리로써 얻은 것이 아니라면 머무르지 마라. 빈과 천은 사람이 싫어하는 것이나 도리로써 얻은 것이 아니라면 떠나지 마라. 군자가 어짊을 떠나면 어찌 이름을 얻겠는가? 군자는 밥 먹는 시간(짧은 시간)도 어짊을 어기지 않으며, 급한 때에도 반드시 그렇고, 넘어지는 역경에 있어서도 그러하다.

子曰 富與貴 是人之所欲也 不以其道 得之 不處也 貧與賤 是人之所惡
자왈 부여귀 시인지소욕야 불이기도 득지 불처야 빈여천 시인지소오
也 不以其道 得之 不去也 君子去仁 惡乎成名 君子無終食之間 違仁
야 불이기도 득지 불거야 군자거인 오호성명 군자무종식지간 위인
造次 必於是 顚沛 必於是
조차 필어시 전패 필어시   (이인, 5장)

첫 구절은 얼핏 보기에도 공자께서 하실 만한 말씀이다. 그런데 그다음이 문제다. "빈과 천은 사람이 싫어하는 것이나 도리로써 얻은 것이 아니라면 떠나지 마라"? 뭔가 말이 꼬인다. 그래서 "도리로써 얻은 것이 아니라도"라고 해석하곤 한다. 쉽게 말해 가난을 벗어나려고 애쓰지 말고, 무조건 도만 지키라는 것이다. 수상하다. '라면'이면 '라면'이고 '짜장면'이면 '짜장면'이지, 왜 갑자기 '라면'이 '라도'

로 바뀔까? 게다가 이건 주석가의 입맛에 딱 맞는 해석이다. 대충 논리가 이렇다. '도리로써 얻지 않은 빈천'은 잘못된 세상이 강요한 빈천이다, 나는 도를 지켰는데 세상이 잘못되어 빈천해진 것이다, 도리를 꺾느니 빈천을 그냥 받아들이겠다. 경제활동 없이 반半 백수로 지내는 선비의 맞춤 논리다. 가족이나 주변 사람에게 그럴듯한 변명이 된다. 이런 주석은 의심해봐야 한다.

부귀를 바라고 빈천은 싫어하는 것이 사람의 본능이다. 본능은 조절의 대상이지, 억제의 대상이 아니다. 게다가 그런 주장은 비도덕적이다. 본인은 '나는 도를 지키는 사람이야'라는 자부심으로 버틴다고 치자. 가족은 무슨 죄가 있어 빈천을 감수해야 할까? 다른 해석을 한번 시도해보자.

일단 '도리로써 얻지 않은 빈천'이라는 말에 주목해보자. 이건 '도리로써 얻은 빈천'도 있다는 말이다. 있을까? 있다. 스스로 빈천을 찾아가는 사람들이 있다. 예컨대 좋은 직장 때려치고 환경운동, 노동운동 하는 이들이 그들이다. 그렇다면 '도리로써 얻지 않은 빈천'도 해석이 된다. 게으르거나 허황된 꿈을 꾸다가 처하게 된 빈천이 그것이다.

군인에게 가장 중요한 건 살아남는 것이다. 시체는 총을 쏠 수 없기 때문이다. 사회운동도 마찬가지다. 굶으면 못 한다. 그래서 다른 직업을 가지면서 사회운동을 하는 사람들이 있다. 그들에게 직업이란 활동자금을 마련하기 위한 일일 뿐이다. 하지만 사회문제를 제대로 고민하는 사람은 생각이 건전하고 성실한 경우가 많다. 그러다 보면 직업에서도 인정을 받는 법이다. 노동운동이나 농촌운동도 마찬가지다. 그 직업으로 밥술은 먹을 정도까지는 해보아야 일하는 사람의 어려움을 안다. 어려움을 제대로 알아야 운동도 할 수 있다. 도리를 따라 얻은 빈천은 그렇게 물러간다. 하지만 사회운동도, 노동운동도 겉멋에 끌려 하는 사람이라면 이야기가 다르다. 정치는 더욱 그렇다. 우리나라처럼 정치가 모든 걸 좌우하는 나라에는 동네마다 정치낭인들이 있다. 생계는 가족에게 떠맡기고 열심히 얼굴을 알리고 다닌다. 본인은 세상을 바꾸기 위해 노력하고 있다고 주장한다. 하지만 세상을 바꾸는 일을 할 만한 기회는 좀처럼 주어지지 않는다. 발이 공중에 떠 있으면 빈천은 물러가지 않는다.

사실 이 문장은 어려운 문장이 아니다. 앞에서도 말했듯이 옛 주석은 논어의 구절구절을 선비다운 삶에 대한 강요로 받아들인다. 논어라는 책을 '고행을 통해 높은 경지에 이르는 비급秘笈'으로 보기 때문이다. 그래서 해석이 꼬인다. 주어를 사람에서 빈천으로 바꾸면 간단하다. **"빈천은 모두가 싫어하는 것이지만 도리에 따라 얻은 것이 아니라면 물러가지 않는다."** 이것이 정답이다.

이쯤이면 그 앞의 문장도 좀 의심스러워진다. 그렇다. 이 구절 역시 부귀를 주어로 보는 것이 옳다. **도리로써 얻은 부귀가 아니라면 그 부귀가 (내 곁에) 머물지 않는다는 것이다.** 인정하기 어려울까? 우리 주변에 보면 도리와는 거리가 먼 사람이 잘나가는 경우가 너무 많다. 하지만 도리에 어긋나게 얻은 부귀가 성실히 조금씩 쌓아 올린 부귀와 비교하면 지키기 힘든 게 사실이다. 로또에 당첨되고 나서 패가망신하는 일은 생각보다 자주 일어난다. 벼락감투를 쓴 사람이 아랫사람의 고발로 쫓겨나는 일도 종종 일어난다. 왜 그렇게 되는 것일까?

의처증·의부증의 원리와 비슷하다. 배우자에 대해 자신감이 없는 사람은 상대의 마음을 끊임없이 확인하려 한다. 돈도 마찬가지다. 갑자기 벼락부자가 되면 불안해진다. 마음속에 숨어 있는 무의식이 "너 이 돈을 누릴 자격이 있어?"라는 질문을 심심찮게 던진다. 그 불안을 줄이려고 자신이 부자라는 사실을 끊임없이 확인하게 된다. 사치와 방탕이 그것이다. 부자가 된 과정이 비도덕적일 경우도 마찬가지다. 그 비도덕성이 어쩔 수 없었다는 것을 스스로에게 납득시키고 싶어진다. '돈 쓰는 재미가 얼마나 좋은데'라는 식으로 자신의 양심을 스스로 달래게 된다. 벼락감투? 마찬가지다. 주변 사람이 자신을 인정하지 않을지 모른다는 생각에 쫓긴다. 순간순간 권력을 확인하고 싶어지고, 끊임없이 완장질을 하게 된다. 결국은 주변의 모든 사람을 적으로 돌려놓는다. 의처증·의부증이 흔히 이혼으로 끝나듯 부귀는 그렇게 내 곁에서 떠나게 된다.

그래도 떵떵거리는 못된 것들이 너무 눈에 밟혀 이 구절은 받아들이기 힘들다고? 그렇다면 조금 양보해서 '아니 불不'을 '드물 희希'로 바꾸는 정도로 타협하도록 하자. 못된 놈이 잘나가는 경우는 나름 독하거나, 편집증적이거나 특별한 뭐가 있어 그런 것이라고 생각하자. 그런 사람들은 부귀는 누릴지 몰라도 그 부귀가 그들에게 행복을 주지 못하니 크게 부러워할 것은 없다.

그 뒤의 내용은 여기서 말하려는 내용과 크게 관련이 없으니 생략하자. 나중에 어짊 마당에서 인仁에 대해 이야기할 때 다시 다루기로 하고, 대신 빈천에 관한 공자의 생각을 하나만 더 따라가보자.

어질구나 안회(안연)야! 한 그릇의 밥과 한 표주박의 물로 누추한 시골에 있으니, 사람들은 그 근심을 견뎌내지 못하는데, 안회는 그 즐거움이 변하지 않는다. 어질구나 안회야!

子曰 賢哉 回也 一簞食 一瓢飮 在陋巷 人不堪其憂 回也 不改其樂 賢
자왈 현재 회야 일단사 일표음 재누항 인불감기우 회야 불개기락 현
哉 回也
재 회야   (옹야, 9장)

　공자가 가장 아끼는 제자인 안연을 칭찬하는 말이다. 그런데 단순히 안연의 가난을 칭찬한 것일까? 아니다. 안연이 가난한데도 흔들리지 않음을 칭찬하는 것이다. 도를 닦는 것도 당장 굶을 정도는 면해야 편하게 할 수 있다. 가난할수록 도를 닦기 어려운 것이 당연하다. 그런데 안연은 가난해도 공부를 잘 해내니 칭찬하는 것이다. 가난해야 공부가 된다면 안연은 칭찬받을 까닭이 없다. 우연히 가난해지고, 그 덕에 공부를 잘하게 된 데 불과하니까. 그렇지만 공자는 논어 곳곳에서 안연을 계속 칭찬하고 있다. 그 칭찬은 가난하면 공부도 제대로 하기 힘들다는 확실한 증거일 뿐이다. 게을러 가난해진 선비들이 자기는 안연을 따르는 것이라 주장한다. 그런데 안연은 삶을 즐거워한다. 안연 수준이 되면 가난해도 웃을 수 있다. 가짜 선비들이 안연 흉내를 낼 때는 그게 안 된다. 표정이며 말투며, 하나하나가 근엄함의 극치다.
　공자가 돈을 적대시했다는 편견을 반박할 수 있는 문장은 이 외에도 많다. 하지만 여기에만 계속 매달려 있을 수 없으니, 이 정도로 하고 핵심 주제로 넘어가자. 돈에 대한 집착은 왜 문제가 되는 것일까?

집착은 나를 겁쟁이로 만든다
뇌의 부정 영역과 긍정 영역

부富의 추구는 모든 동물의 본능이다. 동물 역시 먹이를 놓고 다툰다. 더 나아가 먹이를 쉽게 얻을 수 있는 영역을 놓고 다툰다. 본능은 억제한다고 막을 수 있는 게 아니다. 사흘 굶어 담 넘지 않을 사람이 없다고 한다. 그건 비난의 대상도, 조절의 대상도 아니다. 그런 상황이 오지 않도록 사회가 해결할 문제다. 그런데 동물과 사람은 차이가 있다. 동물은 자기가 먹고살 만큼만 확보되면 더 이상 욕심을 부리지 않는다. 그게 인간과 다르다. 그렇다면 인간에겐 '적절하다'는 기준이 없는 것일까? 무조건 많으면 좋은 걸까?

학창 시절에 배우는 것들 중에 기억해두면 평생 도움이 될 만한 게 제법 있다. 고등학교에서 배우는 내용 중 두 가지를 회상해보자. 첫번째는 최소양분율最小養分律이라는 것이다. 별로 어려운 이야기는 아니다. 식물의 성장은 가장 부족한 영양분의 양에 따라 결정된다는 뜻이다. 예전 교과서에는 물통 그림으로 이를 설명했다. 길쭉한 나무 널판으로 짜 맞춘 물통을 생각해보면 간단하다. 여러 개의 널판 중 부서지는 게 생기면 그 물통에는 가장 낮은 널판의 높이만큼만 물을 담을 수 있다. 인간도 마찬가지다. 사는 데 필요한 요소 가운데 어느 것 하나가 크게 모자라면 먼저 그 양분부터 채워줘야 한다. 공자 시대라고 다르지 않았다.

공자께서 위나라에 갈 때 염유(염구)가 수레를 몰았다. 공자께서 "사람이 많구나"라고 하자 염유가 "이미 백성이 많으니 무엇을 더 해야 합니까?"라고 물었다. "부유하게 해야 한다." 이에 염유가 다시 물었다. "이미 부유하다면 그다음엔 무엇을 해야 합니까?" 공자께서 답하길, "가르쳐야 한다."

子適衛 冉有僕 子曰 庶矣哉 冉有曰 旣庶矣 又何加焉 曰 富之 曰 旣
자적위 염유복 자왈 서의재 염유왈 기서의 우하가언 왈 부지 왈 기
富矣 又何加焉 曰 敎之
부의 우하가언 왈 교지   (자로, 9장)

그 당시에는 백성의 수가 국력의 가장 중요한 기준이었다. 사람이 많다는 공자 말씀은 '위나라가 잘나가는구나'라는 뜻인 셈이다. 나라가 번성하면 다음 할 일은 백성을 부유하게 하는 것이라고 한다. 평생을 배우고 가르치는 일을 최우선으로 삼았던 공자도 가르치는 것은 그다음이라고 한다. 백성에겐 밥이 하늘이다. 또 이런 말도 한다.

가난하며 원망이 없기는 어려우나, 부유하며 교만하지 않기는 쉽다.

子曰 貧而無怨 難 富而無驕 易
자왈 빈이무원 난 부이무교 이   (헌문, 11장)

이 문장의 초점은 뒤쪽에 있다. 먹고살 만하다고 금세 교만해지는 인간에 대해 그러지 말라는 말이다. 하지만 앞의 말도 무시할 것은 아니다. 가난하면 힘들고, 힘들면 세상을 원망하기 마련이다. 돈이 최소양분에 해당될 때는 돈이 하늘이다. 명예도 자존심도, 심지어는 사랑도 다 돈이 어느 정도는 받쳐줘야 가능하다.

그런데 밥은 안 굶을 정도가 되면 슬슬 또 다른 원리를 생각해보

아야 한다. 한계효용체감의 법칙이라는 것이 있다. 이것도 어려운 말은 아니다. 배고플 때 처음 먹는 빵의 가치는 매우 높지만 두 개째는 처음보다 가치가 떨어지고, 세 개 네 개째가 되면 더욱더 떨어진다. 그러다 어느 정도를 넘으면 가치가 마이너스가 된다. 먹는 게 오히려 고역이 되는 셈이다. 돈은 어떨까? 한계효용이 체감遞減되는 것은 확실하다. 월수입이 100만 원에서 200만 원이 되면 삶의 질이 많이 달라진다. 하지만 1억에서 2억이 된다고 크게 변할 것은 없다. 그렇다면 돈도 음식처럼 너무 과하면 오히려 가치가 마이너스가 되는 일이 벌어질까?

가진 것이 많아지면 지킬 것도 많아진다. 자연히 지키는 데 드는 노력도 커진다. 다른 일에 쏟을 정신적 에너지가 부족해진다. 그쯤 되면 돈이 나를 섬기는 것이 아니라, 내가 돈을 지키는 경비견 꼴이 되는 수도 있다. 어찌 생각해보면 좀 이상하기는 하다. 넉넉하면 악착같이 지키려 들지 않아야 정상이다. 그런데 그게 말처럼 쉽지 않다. 부를 원하는 욕망 밑바닥에는 안정을 바라는 마음이 깔려 있다. 문제는 어느 정도면 안정으로 볼 수 있는지 뚜렷한 기준이나 한계가 없다는 것이다. 사람은 다만 얼마라도 가지고 나면 생각 자체가 가진 그 상태를 새로운 기준으로 삼게 된다. 그렇게 안정이라고 생각하는 기준은 자꾸 올라간다.

가진 것을 지키려는 본능은 매우 강하다. 요즘 아이들은 컴퓨터 게임에 빠져서 운동을 싫어한다. 아이에게 2km를 달리면 용돈을 주겠다고 해보자. 얼마를 주면 달릴까? 한 3000원 정도면 달릴까? 호응이 썩 좋을 것 같지는 않다. 그런데 순서를 바꾸면 달라진다. 일단 3000원을 주고 안 달리면 도로 반납하는 조건을 걸면 달리는 쪽을 택하는 아이가 훨씬 많아진다. 비슷한 결과를 보이는 심리실험이 여럿 있다. 사람에겐 가진 걸 안 빼앗기려는 욕망이 내가 못 가진 걸 가지려는 욕망보다 훨씬 더 크다. 실험에 따르면 세 배에서 다섯 배 정도로 나온다. 즉 1만 원을 지키려 할 때 들이는 노력은 적어도 3만 원을 벌 수 있는 상황에 들이는 노력과 비슷하다는 것이다.

생각해보면 당연하다. 진화의 결과다. 인류는 진화 과정의 대부분을 생존의 최소 조건을 간신히 넘는 환경에서 살아왔다. 더 얻으려 하기보다는 가진 것을 지키는 쪽이 생존에 유리한 경우가 훨씬 더 많았다는 말이다. 제법 여유 있는 환경에서 살게 되었다고 해도, 본능은 쉽게 바뀌지 않는다. 인간은 지켜야 할 것이 조금만 많아져도 다른 곳에 쓸 수 있는 정신적 에너지가 급격히 줄어드는 존재다.

염구가 말했다. "선생님의 도를 좋아하지 않는 것은 아니나, 능력이 부족합니다." 공자께서 답하길, "능력이 부족한 사람은 중간에 그만두지만 지금 너는 미리 선을 긋고 있다."

冉求曰 非不說子之道 力不足也 子曰 力不足者 中道而廢 今女畫
염 구 왈 비 불 열 자 지 도 역 부 족 야 자 왈 역 부 족 자 중 도 이 폐 금 여 획
(옹야, 10장)

이 염구가 앞에서 공자가 위나라에 갈 때 수행했던 염유다.(염구의 자子가 자유子有여서 어느 곳에서는 염유로, 어느 곳에서는 염구로 나온다.) 공자를 꽤 가까이에서 오래 모신 제자들 중 하나다. 그런데

논어엔 전체적으로 공자가 염구를 높이 평가하는 경우가 없다. 다만 행정능력이 뛰어나다고 인정할 뿐이다. 오히려 심하게 질책을 하는 경우는 나온다. 그는 그저 그런, 못난 제자였을까?

염구는 당시 노나라의 실세였던 계씨 가문의 가신家臣이었다. 행정 력을 인정받아 가신의 우두머리 지위에까지 올랐다. 게다가 용맹한 장군이기도 했다. 춘추시대 최강국인 제나라와의 싸움에서 크게 이긴 기록도 있다. 남송 때 이르러 공자의 제자 가운데 가장 뛰어난 10명을 뽑아 공자 사당에 같이 모셨다. 이들을 공문십철孔門十哲이라 하는데, 염구는 당당히 그 명단에 들어간다. 그렇게 찌질한 제자는 아니라는 것이다.

이런 염구가 역부족이라고 말한다. 무엇이 부족하다는 것일까? 지혜? 용기? 아니다. 가진 것을 포기할 힘이 부족한 것이다. 공자가 추구하는 방향과 계씨 가문의 우두머리가 추구하는 방향이 다를 때 자신의 자리를 걸고 "이것이 옳습니다"라고 주장하지 못한다는 것이다. 염구의 현실 노선은 공자의 이상주의 노선과 부딪힌다. 나는 공자의 이상주의가 무조건 옳다고 생각하는 사람은 아니다. 하지만 이건 확실하다. 지키는 데는 노력이 들어간다. 사람의 정신적 에너지는 한정돼 있다. 지키는 만큼 새로운 것을 추구하려는 노력은 줄어든다. 그것도 1:1이 아니다. 3분의 1 혹은 그 이하로 줄어든다.

많이 가지는 것의 문제점을 딱 하나만 고르라면, 가진 것이 많아질수록 사람이 방어적이 되기 쉽다는 것이다. 그렇게 계속 방어적인 삶을 살다보면 뇌가 그런 쪽으로 굳어버린다. 자리든 명예든 이익이든 지키려 들면 굳는다.

(모든 일을) 이로움에 의지해 행하면 원망을 많이 산다.

子曰 放於利而行 多怨   (이인, 12장)
자 왈 방 어 리 이 행   다 원

이익에 집착할 때의 문제점을 짚은 말이다. 당연한 이야기다. 그런데 너무 당연해서 이상하다. 욕심쟁이는 왕따 당하기 마련이라는 것은 초딩도 안다. 그런 이야기를 굳이 공자께서 하셨을까?

이익만 주로 좇는 사람은 현실을 불안하다고 보는 사람이다. 그런 사람에게 "너 그러다간 원망 산다"라고 충고해봤자 불안만 더해질 뿐이다. 의식은 조심해야겠다고 생각할지 모르지만, 무의식은 다르다. '언제 주변 사람들에게 외면받을지 모르니 챙길 수 있을 때 확실하게 더 챙겨두자'는 생각이 무의식의 한가운데 똬리를 튼다. 공자가 과연 부질없는 말을 한 걸까? 아니다. 이 문장에는 좀 더 깊은 뜻이 있다. **"(모든 일을) 이로움에 의지해 행하다 보면 원망을 많이 하게 된다."** 이게 바른 해석이다.

불안의 극복에는 두 가지 방법이 있다. 하나는 불안의 요소를 줄이는 방법이다. 돈이 없어 불안하면 돈을 더 모으면 된다. 그런데 이게 끝이 없다. 돈은 어느 정도면 확실히 안심해도 된다는 상한선이 없다. 게다가 돈이 많아지면 돈 때문에 새롭게 생기는 불안도 있다. 도둑 걱정, 사기 당할 걱정이 생긴다. 남들이 시기하는 것도 걱정이다. 돈을 아끼면 주변에서 쩨쩨하다고 보지 않을까 하는 걱정도 든다.

그런 부작용 없이 불안을 극복하는 다른 방법이 있다. 나 자신을 도전을 즐기는 적극적인 사람으로 만드는 것이다.

사람의 뇌는 분업 체계를 가지고 있다. 긍정적 자극에 주로 반응하는 영역과 부정적 자극에 주로 반응하는 영역이 따로 있다. 긍정 영역(뇌의 앞쪽에 있는 전두엽과 전대상회피질이라는 곳이 여기에 해당된다)이 발달되면 이성적 판단이 정확해지고, 호기심 · 집중 · 공감 등의 능력이 올라간다. 적극적인 사람은 이곳이 발달되어 있다. 그런 사람들은 일이 잘못돼도 불안해하거나 좌절하지 않는다. 실패하면 실패의 원인을 분석한다. 원인을 찾아내면 전략을 바꿔 다시 시도한다. 자신이 수정한 방법이 맞아떨어지는지 확인하고 싶어 한다. 때론 가능성이 없다고 판단하는 경우도 있다. 그렇다 하더라도 좌절하지 않는다. 실패에서 얻은 경험을 비슷한 다른 영역에 적용해 볼 생각을 하는 것이다. 호기심이 앞서고, 하고 싶은 것이 많다 보니 원망할 시간이 없다.

반대로 부정 영역(뇌 깊숙이 자리한 편도체라고 불리는 곳이 핵심 역할을 한다)이 커지면 불안 · 공포가 커진다. 호기심이 줄어들고, 자존감이 떨어진다. 자연히 수동적 · 방어적이 된다. 자기 스스로 상황을 개척할 생각이 수그러들고, 실패의 원인을 남에게서 찾게 된다. 이러면 원망이 많아진다. 원망이란 다른 말로 하면 '실패의 원인을 남에게 돌리는 행위'다.

사람의 뇌는 쓸수록 발달한다. 이 점이 컴퓨터와 다르다. 컴퓨터는 소프트웨어가 하드웨어에 영향을 미치는 일은 거의 없다. 하지만 사람의 뇌는 다르다. 한쪽을 많이 쓰면 그쪽이 발달한다. 돌아가는 소프트웨어에 따라 하드웨어가 바뀌는 구조다. 적극적으로 살면 긍정 영역이 발달한다. 방어적으로 살면 부정 영역이 커지게 된다.

이익을 늘려 불안을 줄이고자 하는 접근은 어떤 결과를 낳을까? 남보다 큰 부정 영역이 불안을 부르고, 그 불안이 이익에 대한 집착을 부른다. 그래서 열심히 돈을 모으긴 했는데 불안은 줄지 않는다. 돈에 집착하는 동안 내 머릿속의 부정 영역도 점점 더 커지기 때문이다. 자칫하면 아예 부정적인 사람이 되어버린다. 그러다보면 집착은 더 커지고, 불안도 더 커지게 된다. 그 악순환의 끝은 모든 주변 사람에 대한 원망이다.

사회적 약자가 돈에 민감해지고 그들의 부정 영역이 커지는 일은 어쩔 수 없다. 그래서 공자도 가난하면 원망하지 않기가 어려우니 백성은 먼저 부유하게 만들어야 한다고 말한 것이다. 하지만 먹고 살 만한데도 한 푼에 안달하며 스스로 부정 영역을 키우는 일은 잘 하는 짓이 아니다. 호기심·적극성·능동성 등 삶을 풍요롭게 만드는 많은 덕성이 사라진다.

도대체 적절하다는 건 어느 정도일까?
욕망의 기회비용

사람들은 돈을 위해 많은 걸 포기하고 산다. 그런데 돈이 생기면 앞서 포기했던 것들을 되찾아올 수 있을까? 돈으로 모든 걸 살 수 있다면 일단 돈에 집중하는 것도 해볼 만한 인생 전략이다. 그렇지 않다면 돈에 대해서 좀 신중해질 필요가 있다.

한 30년 전 어느 촌마을 여행길에 '돈을 산다'라는 말을 들은 적이 있다. 나물 팔러 장에 가는 할머니에게 "장에 가세요?"라고 했다가 "응, 돈 사러"라는 대답을 들었다. 참 묘한 말이다. 그 할머니는 '나물을 팔러' 가는 게 아니다. 나물을 주고 돈을 사러 가는 것이다. 우리는 나물 대신 무엇으로 돈을 살까? 마르크스라면 노동으로 산다고 할 것이다. 그런데 살아보니 그게 전부가 아니었다. 공자의 제자 염구는 옳은 길을 가는 즐거움을 지불하고 계씨 가문의 우두머리 가신 자리를 샀다. 살다보면 때론 명예를, 때론 자존심을, 때론 건강을 지불해야 돈을 살 수 있는 경우를 종종 만난다. 한국인들이 자본주의가 무엇인지를 서서히 깨달아가던 시절인 1965년에 나온 〈회전의자〉(김용만 부름)라는 노래가 있다. 그 노래에 "사랑도 젊음도 마음까지도 가는 길이 험하다고 밟아버렸다"라는 가사가 나온다. 반대는 어떨까? 돈으로 사랑과 젊음과 마음을 살 수 있을까? 명예는? 자존심은? 건강은?

물론 경제적으로 너무 궁핍하면 명예고 자존심이고 건강이고 어느 것 하나도 지키기 힘들다. 사랑 역시 너무 가난하면 어렵다. 공자도 인정한다. 돈에 대한 결론은 뻔하다. 적당한 정도의 돈은 필요하다. 하지만 그 선을 넘으면 얻는 만큼 잃는 것도 많아진다. 결국 무엇을 어느 정도로 지키고 무엇을 얼마나 팔아서 돈을 살 것인가, 이게 핵심이다.

어느 정도의 돈이 적절한가에는 정답이 없다. 사람마다 가진 유전자가 다르다. 유전자에 따라 뇌에서 분비되는 신경전달물질의 정도가 다르다. 예컨대 세로토닌이라는 물질이 적게 나오면 불안이 커지고, 겁이 많아진다. 겁이 많은 사람은 경제적으로도 조금은 더 안전한 정도를 원할 것이다. 한편 도파민이라는 물질이 충분하면 쉽게 재미를 느낀다. 상대적으로 돈이 좀 부족해도 즐거운 삶을 살 수 있다. 결국 적당한 돈의 정도는 스스로 정할 따름이다. 다만 무엇을 팔 것인가에 관해서는 좀 더 신중해야 한다. 내가 파는 것의 가치를 정확히 알 필요가 있다. 공자는 '내 것을 함부로 파는 것'을 다소 색다른 시각으로 살핀다.

> 말을 듣기 좋게 꾸미고, 얼굴 표정을 꾸미는 사람이 어진 경우는 드물다.
>
> 子曰 巧言令色 鮮矣仁
> 자 왈 교 언 영 색 선 의 인   (학이. 3장)

얼핏 봐도 당연한 말이다. 간사해 보이는 인간은 믿기 힘든 법이다. 그런데 이게 생각해보면 만만치 않은 구석이 있다. 간사해 보이는 인간의 반대쪽에는 어떤 사람이 있을까? 『삼국지연의』의 장비 같은 사람이 먼저 떠오르지, 황희 정승 같은 사람이 먼저 떠오르지는 않는다. 즉 '교언영색 선의의巧言令色 鮮矣義'라고 '옳음'과 대비했다면 이해가 쉬운데, 어째서 굳이 어짊과 대비시켰을까?

백화점 문 여는 시간에 가보면 직원들이 쭉 줄서서 90도 인사를 한다. 사람에 따라 다르겠지만 나로선 그 깍듯한 인사가 기껍지만은 않다. 나에게 인사하는 직원이 출근할 때 "어머니, 회사 다녀오겠습니다"라며 90도로 인사하고 나온다면 그런 인사가 당연할 수도 있다. 하지만 그들 대부분, "왜 이제야 깨웠어!"라며 짜증내고 나온 경우가 더 많지 않을까? 그런 이들이 하는 절은 나를 향한 절이 아니다. 내 지갑에 절하는 것이다.

내가 어릴 땐 선진국 사람들은 친절하다고 배웠다. 부분적으로는 맞는 이야기다. 하지만 그들의 친절은 우리가 흔히 떠올리는 '손님은 왕'이라는 말과는 전혀 다르다. 외국 어디를 가봐도 우리나라처럼 상점 직원을 하인 취급하는 나라는 없다. 유럽을 가본 사람들에게 들어보니 주인과 손님의 평등이 깨지지 않는 한도에서의 친절, 딱 거기까지다. 그 선을 넘어서면 선진국이 아니다.

나를 존경하지도 않으면서 돈 때문에 내게 자세를 낮추는 사람을 생각해보자. 그는 다른 곳에서도 늘 자세를 낮추며 살아갈 수 있을까? 사람은 과도하게 자신을 낮추면 불안해진다. 내가 무리에서 중요한 사람이 아니라는 것은 그만큼 생존 가능성이 낮다는 의미다. 인간의 본능이라는 건 몇천 년으로 쉽게 안 바뀐다. 국민연금에 실업수당이 있는 나라에서 산다고, 동굴 속에서 살 때 형성된 본능이 쉽게 바뀌지는 않는다. 나의 존재감이 낮아질 때 코티졸이라는 스트레스 호르몬이 팍팍 분출되는 것은 수십수백만 년 전에 살았던 진잔트로프스인이나 네안데르탈인이나 현대인이나 다 똑같다. 그럴 땐 다른 누군가와의 관계에서 자신의 우월성을 과시해서 희미해진 존재감을 회복해야 살 수 있는 것이 인간이다.

아이들은 폭력으로 이를 해결한다. 복종이나 규율을 강조하면 폭력성은 커진다. 아직도 학생을 강압적으로 대하는 과거의 잔재가 남아 있는 나라에서 학교폭력이 난무하고, 왕따가 심해지는 것은 어쩌면 당연한 결과다. 어른들은 진상을 부려서 이를 해결한다. 오늘 진상 손님 앞에서 고개를 숙였던 직원은 다른 어느 업소에 손님으로 가서 진상을 부리며 자신의 우월성을 확인한다. 진상짓의 폭탄 돌리기다.

문제는 폭력이나 진상짓으로 회복하는 자존심은 건강하지 않다는 데 있다. 상처는 흉터를 남긴다. 흉터가 커지면 몸은 제 기능을 못하게 된다. 우리는 한 번 근육 손상을 입은 운동선수가 몇 달을 재활하고도, 끝내 전성기의 기량을 회복하지 못하는 것을 종종 본다. 마음도 마찬가지다.

건강한 자존심은 나를 존중하고, 남도 존중하는 데서 나온다. 그 바탕은 인간이라면 누구에게나 있는 공감능력이다. 내가 남에게 공감받을 일을 하여 자존심을 지키고, 나 역시 남에게 공감하여 존중해주는 것. 그것을 어짊ᄂ이라 부른다. 자존심은 어짊에 뿌리를 박고 자랄 때 건강하다. 내 앞에서 교언영색을 내보이는 사람은 다른 어딘가에선 자기보다 약한 누군가를 짓밟을 사람이다. 그래서 어질지 못하다는 것이다. 교언영색으로 돈을 사면 안 된다. 남과 공감하는 마음이 망가지고, 원만한 대인관계를 유지하는 능력이 망가진다. 이건 나중에 돈으로 되살 수 없다.

위와 같은 경우는 내가 자존심을 팔아서, 어짊을 망쳐가며 돈을 사고 있다는 것을 나도 느끼고, 남도 본다. 하지만 나도, 남도 모르는 사이에 천천히 지불되는 것도 많다.

"나는 강직한 사람을 아직 못 보았다"라는 공자 말씀에 어떤 이가 답했다. "신정이 있습니다." 이에 공자께서 되묻길, "신정은 욕심이 많다. 어찌 강직하다 할 것인가."

子曰 吾未見剛者 或對曰 申棖 子曰 棖也慾 焉得剛　　(공야장, 10장)
자왈 오미견강자 혹대왈 신정 자왈 정야욕 언득강

여기 등장하는 신정이란 이가 어떤 사람인지는 잘 모르겠다. 주석에도 등장하지 않고, 다른 책에서도 이름을 찾을 수 없다. 그저 당시 노나라에서 강직하기로 이름 난 사람이었겠거니 추측할 따름이다. 어쨌든 핵심은, 욕심과 강직은 같이 못 간다는 것이다.

강직? 사실 그까짓 거 별로 중요하지 않을 수도 있다. 겉으로 나타나는 강직은 존재감이 흔들리는 사람이 뻗대는 모습인 경우가 많다. 그래서 우리는 강직을 별로 좋은 특성으로 보지 않는다. 그런데 겉으로는 유연하게 대처하지만 자기 원칙을 지켜내는 사람은 다르다. 자기확신을 갖고 존재감을 지키고 있는 사람이다. 삶의 보람을 아는 사람이다. 그런데 강직은 본디 자기긍정감·자존감·보람 등등의 반영인 경우가 많다. 이 진짜 강직이 욕심과는 같이 잘 지내기가 힘들다는 것이다. 사람의 정신적 에너지는 한계가 있고, 한곳에 쏠리면 다른 곳을 지키는 힘이 줄어들기 때문이다.

공자께서는 구이에 살고 싶어 했다. 누군가가 "그런 누추한 곳에서 어찌 하시렵니까?"라고 하자, 공자께서 되물었다. "군자가 거처한다면 어찌 누추함이 있겠습니까?"

子欲居九夷 或曰陋 如之何 子曰 君子居之 何陋之有　　(자한, 13장)
자 욕 거 구 이　혹 왈 루　여 지 하　자 왈　군 자 거 지　하 루 지 유

구이란 중국 사람들 기준으로 보면 동쪽 오랑캐의 땅이다. 아마 구이는 우리 조상이 살던 고조선쯤이었던 것 같다. 그렇게 보아 이 문장을 공자가 고조선이 노나라보다 더 법도에 맞는 삶을 사는 나라로 보았다는 증거로 내세우기도 한다. 그런 논쟁은 학자들에게

맡기자. 어쨌든 문맥으로 보면 물질적으로는 중국보다 어려운 지역이었나 보다.

"몇십 년을 바쳐 한 일이라고는 18평 아파트에서 35평 아파트로 이사 간 것뿐이구나"라고 한탄하는 일도 생기는 것이 우리 인생이다. 그 허무함을 '자기 집도 없는 불쌍한 사람도 많은데…'라고 생각하며 달래기도 한다. 하지만 떠돌아다니며 온 천하가 내 집이라고 생각하는 유목민들도 있다. 요즘도 산속에 살며 "이 산이 다 내 집이야"라고 말하는 사람이 있다. 그쯤 되면 구이에 살든 판자촌에 살든 큰 차이가 없을 것이다. 내가 추구하는 삶이 있고, 그 삶에서 보람과 자존감을 느끼면 물질적인 욕구에 대해서는 상대적으로 자유롭게 된다. 반대도 마찬가지다. 물질적인 것을 지키려는 노력을 줄이면 내가 추구하는 삶을 좇아갈 힘은 세 배로, 다섯 배로 늘어난다.

물론 이 글을 쓰는 나도 산에 움막 짓고 살 자신은 없다. 다만 발상의 전환이 사람을 편안하게 만든다는 것은 인정한다. 부정 영역인 편도체를 자꾸 키워 불안에 떨며 사느니, 긍정 영역인 전두엽과 전대상회피질을 자꾸 키워봐야겠다는 생각은 한다.

이제 소유에 대한 이야기를 정리해보자. 소유욕은 안전의 욕구라는 인간의 가장 기본적인 욕망과 관련되어 있다. 안전이 위협받을 때 소유를 늘리려고 하는 것은 지극히 당연하다. 이것을 아예 억제하라는 건 말이 안 된다. 그런데 문제는 적절한 선에서 멈추는 것이 쉽지 않다는 것이다. 첫번째는 조금이라도 가지게 되면 '안전하다'고 생각하는 기준 자체가 달라지기 때문이다. 두번째는 이익을 좇는 동안 내 의식구조 자체가 방어적·부정적이 되기 쉽기 때문이다. 세번째로 사람에게는 경쟁심이라는 문제가 있기 때문인데, 이 문제는 바로 이어지는 마당에서 다룰 것이다.

그렇다고 소유욕을 강제로 누르는 것 역시 바람직하지 못하다. 무리한 억제는 마음속의 '그림자shadow'라는 이름의 괴물을 만들기 때문이다. 결국 인간에게 필요한 것은 욕망끼리의 적절한 균형이다. 오지의 원주민이 빛나는 돌 하나로 위스키 한 병과 맞바꾸면 수지맞았다고 생각할 것이다. 하지만 그 돌이 위스키 수만 병의 가치를 갖는 다이아몬드라면 이야기가 좀 달라진다. 인간에게는 호기심, 명예욕, 인정의 욕구, 자기실현의 욕구 등등 많은 욕망들이 꿈틀거린다. 그 욕망의 만족이 주는 가치들을 제대로 알아야 한다. 그래야 무엇을 얼마큼 내주고 돈을 살지를 알 수 있다. 어디서 균형을 찾을지 알게 되면 소유욕도 적절한 수준에서 자연스럽게 조절된다. 배움의 기쁨이 대체 얼마나 크기에 군자는 의식주에 별 신경을 안 쓰게 되는지, 옳음을 지킨다는 자부심은 과연 눈앞의 이익에 홀리지 않게 할 만한 힘이 있는 것인지, 지름신의 강림을 막아주는 자기존중감이라는 부적은 어떻게 장만하는지 등등을 한번쯤은 알아볼 가치가 있다는 것이다.

인간의 욕망들은 서로 부딪히기도 하고, 서로 다른 욕망을 강화시키기도 한다. 논어의 세계를 탐험하며 그 욕망들의 지도를 만들어가 보자. 그 지도가 완성이 되고 나면 자신에게 적절한 정도의 돈이 어느 정도인지 견적서를 뽑을 수 있을 것이다.

둘째 마당

●

경쟁

경쟁심은 소유욕과 쌍벽을 이루는 욕망이다. 경쟁 없는 세상은 없다. 그러나 단 한 명의 승자가 모든 걸 독차지하는 '검투사형' 경쟁은 패자에게 쓰라림을 안길 뿐 아니라 승자의 삶까지 좀먹는다. 이를 즐거운 경쟁으로 바꾸는 방법은 없을까? 공자가 말한 '군자의 경쟁'이 무엇인지 살펴보자.

패배에 명분을 만들어주는 경쟁

군자는 경쟁하는 법이 없다. 굳이 있다면 활쏘기 정도다. 상대에게
절하고 올라가고, 지면 술을 마시니, 그것이 군자의 경쟁이다.

子曰　君子　無所爭　必也射乎　揖讓而升　下而飮　其爭也君子
자왈　군자　무소쟁　필야사호　읍양이승　하이음　기쟁야군자

(팔일, 7장)

경쟁 없는 세상은 없다. 모든 동물은 같은 종 안에서 경쟁한다.
경쟁에서 승리한 놈은 식량을 얻고, 배우자를 얻는다. 그리고 종의
유지를 위해 가장 중요한 일, 자신의 유전자를 후손에게 전하는 일
을 한다. 패배한 놈은 후손을 얻을 가능성이 줄어든다. 결국 승리하
게 만드는 유전자는 그 종에서 널리 퍼지고, 패배를 부르는 유전자
는 줄어들게 된다.

그런데 군자는 경쟁하는 법이 없단다. 과연 경쟁을 안 하면서도
자신의 유전자를 전달할 수 있을까? 물론 군자가 된다는 게 전적으

로 유전의 영향은 아니다. 하지만 군자가 되기 쉬운 기질이나 성격이란 것이 있을 수 있다. 진화 원리에 따르면 그런 유전자는 후손에게 전달되기에 불리할 법하다. 그렇다면 군자란 어느 한 시대에 돌연변이로 태어났다가 곧 인류에서 사라질 존재일까?

그런데 이어지는 말을 보면 군자도 경쟁을 전혀 안 하는 것은 아닌 모양이다. 군자의 경쟁, 즉 상대에게 절로써 예를 표하고 패한 쪽이 술잔을 드는 활쏘기 경쟁이 우리가 흔히 생각하는 경쟁과 다른 것이 무엇일까?

경쟁에는 두 가지 형태가 있다. 하나는 콩쿨형이요, 다른 하나는 검투사형이다. 쇼팽 콩쿨에서 은상을 받았다면 그건 대단한 것이다. 국제적으로 바로 인정을 받는다. 하지만 검투사는 결승까지 올라갔다 한들 아무런 의미가 없다. 마지막 한 명이 살아남을 뿐이다. 똑같은 경쟁이라도 이 두 가지 경쟁은 모습이 많이 다르다. 콩쿨에 나가는 이들은 그야말로 그 일을 좋아하는 사람들이다. 긍정적 동기에 자극을 받는다. 머릿속에서 도파민이 쏟아질 때 능력을 발휘한다. 반면, 검투사는 공포와 불안 동기에 자극을 받는다. 이를 이기려면 분노와 공격성을 끌어올려야 한다. 뇌는 아드레날린을 뿜어대기 시작한다. 싸움 전후에는 코티졸이라는 스트레스성 호르몬에 젖는다.

좋아하는 일을 하는 와중에 스스로를 발전시키기 위해 경쟁하는 것이라면 굳이 해로울 건 없다. 하지만 상대를 쓰러뜨리기 위한 경쟁이라면 대가가 크다. 머리는 강박·불안·불면 등에 시달려야 하고, 몸은 고혈압·심장질환·암 등이 좀먹어간다. 일껏 얻은 승리의 대가는 의료비로 탕진되기 십상이다.

군자의 활쏘기 경쟁이 검투사형 경쟁이 아님을 가장 뚜렷이 나타내주는 대목은 진 사람이 술을 마신다는 것이다. 이게 멋있다.(하이음下而飲을 "내려와 술을 마신다"로 해석하는 경우도 있지만 "진 사람이 술을 마셨다"로 보는 것이 다수설이다.) 왜 이긴 이가 술을 권하고, 진 사람이 마셨을까? 승자는 굳이 술이 필요 없고, 패자는 기분이 언짢으니 술로 푼다? 졌다고 언짢아한다면 군자라 하기에는 부족하다. 이를 '벌주'로 해석하는 경우도 종종 본다. 승자에게 상이, 패자에게는 벌이 주어져야 한다는 천박한 생각에서 못 벗어나는 해석이다. 술은 귀한 음식이다. 고대에는 더 그랬다. 벌로 술을 줄 이유가 없다. 패자에게 술은 보양의 의미다. 몸이 안 좋아서 진 듯하니, 이 술을 마시고 몸을 보하라는 뜻으로 술을 권하는 것이다. 패자에게 패배의 명분을 만들어주는 경쟁. 이것이 군자간 경쟁의 하이라이트다. '멋있다'는 말이 절로 나오며 고개가 끄덕여진다.

경쟁은 확실히 발전에 도움을 준다. 그렇다고 모든 경쟁이 검투사형일 필요는 없다. 공포는 사람을 방어적으로 만들고 적극성을 줄인다. 새로운 시도, 창조, 비약적 발전 등은 일 자체를 즐기는 사람들에게서 나오는 경우가 훨씬 더 많다. 불행히도 요즘의 대한민국에는 콩쿨형이 사라졌다. 마땅히 콩쿨형이어야 하는 경쟁마저도 검투사형으로 바뀌었다. 개그맨 박성광의 "일등만 기억하는 더러운 세상!"이라는 유행어가 이를 대변한다.

검투사형 경쟁이 판치는 세상은 좋은 세상이 아니다. 영화 〈글래디에이터〉를 보며 검투사 주인공 러셀 크로우에 감정이입을 하고

난 뒤에는 장기하의 〈싸구려 커피〉나, 형돈이와 대준이의 〈안 좋을 때 들으면 더 안 좋은 노래〉도 한 번쯤 들어보는 것이 좋다. 대부분 사람의 삶은 주인공의 삶이 아니다. 주인공이 빛나는 세상이 아니라 보통 사람이 편한 세상, 그게 좋은 세상이다.

괴로운 경쟁의 일그러진 탈출구
비굴과 교만

판다는 대나무 잎을 놓고 다투고, 개미핥기는 개미집을 놓고 다툰다. 종種이 같으면 원하는 자원도 같다. 생명체에게 종내 경쟁은 피할 수 없는 운명이다. 게다가 유성생식을 하는 동물종의 경우엔 치러야 할 경쟁이 하나 더 있다. 좀 더 우수한 형질을 가진 배우자를 얻기 위한 경쟁이다. 그 경쟁 덕분에 점점 더 나은 유전자가 후손에게 전달된다. 종의 유지와 발달에 유익한 특성은 본능으로 자리 잡게 된다. 경쟁심은 본능이다.

그런데 경쟁심에 부정적인 면이 많다는 것이 문제다. 경쟁심은 다른 욕심을 조절하는 능력을 떨어뜨린다. 경쟁심에 눈이 흐려지면 욕망은 터보엔진을 달게 된다. 돈에 대한 욕심은 사람을 무모한 투기의 벼랑으로 내달리게끔, 권력욕은 허위사실 유포라는 독극물에 손대게끔, 명예욕은 실험 조작의 화염 속으로 몸을 던지게끔 이끈다. 앞서 소유욕은 적당한 선에서 멈추는 것이 좋다고 했다. 하지만 경쟁심을 조절할 수 없다면 공허한 이야기일 뿐이다. 경쟁심은 끊임없이 소유에 집착하게 만드는 핵심 요소 중 하나이기 때문이다.

　게다가 경쟁은 그 자체로 괴롭다. 긴장과 스트레스로 뒷목이 서서히 굳어가는 느낌은 많이 불편하다. 사람은 괴로우면 고통을 줄이려 한다. 긍정적인 방법으로 고통을 극복하기도 하지만, 퇴행적인 수단으로 고통을 회피하기도 한다. 세상과 맞닥뜨리는 것이 두려울 땐 세상을 느끼는 감각을 둔하게 만드는 쪽으로 적응을 한다. 그렇게 감정이 무뎌진 것이 우울증이다. 공격적인 언어를 계속 듣게 되면 언어를 받아들이는 영역을 퇴화시킨다. 귀 가까이 붙어 있는 측두엽의 기능을 떨어뜨려, 말을 의미로 바꾸지 않고 그저 소리로만 받아들이게 한다. 이렇듯 사람은 퇴행을 이용해 마음의 상처를 줄이는 경우가 많다. 경쟁의 괴로움도 마찬가지다. 계속되는 경쟁 상황이 견디기 힘들면 성격을 타락시켜 적응한다. 비굴과 교만이 그 타락의 대표적인 모습이다.

　자공이 "가난해도 아첨하지 않고, 부유해도 교만하지 않으면 어떻습니까?"라고 물었다. 공자께서 "좋다. 하지만 가난해도 즐기며, 부유해도 예를 좋아하는 것만은 못하다"라고 답했다. 자공이 "시詩(시경)에 '깎아 다듬은 듯하고 조각해 갈아낸 듯하다'는 구절이 이를 두고 한 말입니까?"라고 묻자 공자께서 답하셨다. "사(자공)야, 이제 너와 시를 논할 수 있겠구나! 옛것을 알려주니 앞을 볼 줄 아는구나."

子貢曰 貧而無諂 富而無驕 何如 子曰 可也 未若貧而樂 富而好禮者也
자공왈 빈이무첨 부이무교 하여 자왈 가야 미약빈이락 부이호례자야
子貢曰 詩云 如切如磋 如琢如磨 其斯之謂與 子曰 賜也 始可與言詩己
자공왈 시운 여절여차 여탁여마 기사지위여 자왈 사야 시가여언시이

　〈아부의 왕〉이라는 영화(송새벽, 성동일이 나오는 2012년 작품인데 흥행은 잘 안됐다)를 보니 아부의 핵심은 '아침마다 냉장고에 자존심을 넣어두고 나오는' 것이란다. 아첨의 핵심은 자존심을 죽이는 것이고, 자신을 낮추는 것이다. 자공의 질문을 풀어보면 "가난해도 자신을 낮추지 않고, 부유해도 자신을 높이지 않는 것은 어떠합니까?"가 된다. 그렇다면 대부분의 사람은 가난해지면 자신을 낮추게 되는 것일까? 그런 경우가 많다. 가난은 신분의 격차를 만들고, 신분의 격차는 자존심의 격차를 만들기 때문이다.

　신분은 생각에 영향을 미친다. 노예의 경우를 보자. 해방된 노예는 대부분 "야, 자유다!"를 외치며 뛰쳐나갔을까? 갑오경장 때도 미국의 노예해방 때도 그렇지 않았다고 한다. 대부분의 노예는 자유인이 된다는 것을 두려워하고, 난감해했다고 나온다. 왜 그런 현상이 나타나는 걸까?

　저놈이랑 나랑 똑같은 사람인데 고개를 숙이고 살아야 한다는 것은 많이 고통스럽다. 그건 내가 좋은 배우자를 만나서 씨를 퍼뜨릴 확률이 상당히 낮다는 의미이기 때문이다. 인간은 생존을 위협하거나, 자신의 유전자를 퍼뜨릴 확률이 줄어드는 일에 대해서 고통을 느끼도록 설계되어 있다. 그건 본능이다. 이 고통을 달랠 수 있는 심리적 완충장치가 계급의식이다. "저놈은 나랑은 '리그'가 다르다. 나랑 마주칠 일이 없다"고 느끼면 그 고통이 줄어든다. 우리는 곰보다 힘이 약하다고, 호랑이보다 느리다고 자존심이 상하진 않는다.

마찬가지다. 계급의식은 그렇게 만들어진다.

가난이 계급은 아니다. 하지만 가난은 생존의 가능성, 좋은 배우자를 만날 가능성에 영향을 미친다. 그래서 준_準계급처럼 작동한다. 그럴 때 사람은 본능적으로 약자 전략을 취하게 된다. 아첨_諂이 대표적이다. 아첨은 흔히 무엇을 얻기 위한 것이라고 생각한다. 또는 강자로부터 자신을 보호하려고 하는 행동으로 본다. 물론 그런 면들도 있다. 하지만 그게 전부가 아니다. 내가 고개 숙여야 하는 놈이 나보다 나은 놈이라고 느끼면 자존심이 덜 상한다. 윗사람의 장점을 찾아내야 마음이 편해지는 심리. 그것이 아첨의 핵심 동력이다.

계층과 정당 지지의 미스터리도 이런 심리와 관련이 있다. 부자가 보수정당을 지지하는 것은 이해가 된다. 그런데 왜 가난한 사람들이, 경쟁에서 밀려난 저학력층이 보수정당을 지지하는 것일까? 왜 그들은 자신들과 출신이 비슷한 소탈한 대통령을 깔보고 욕하는 것일까? 세계란 높으신 양반들과 비천한 양민들로 나뉘어 있다고 여기면 패배자 의식이 줄어든다. 대통령은 우리와 씨가 다른 왕족이라고 생각하는 것이 차라리 편하다. 대통령이 우리와 같은 말투로 이야기하는 것은 세상이 단일 리그고, 자신들은 그 단일 리그에서 패배한 사람들이라는 것을 깨우쳐준다. 그게 싫은 것이다.(이외에 다른 심리도 몇 가지 더 작용한다. 나중에 관련된 이야기가 나올 때 더 다뤄보자.)

가난한 사람의 아첨만이 아니라 부자의 교만 역시 경쟁과 관련이 있다. 경쟁 상대를 줄이는 것, 리그가 다르다는 것을 기정사실화하는 것이 교만이다. 모든 이가 경쟁 상대이고, 누가 내 등에 칼을 꽂을지 모르는 삶은 너무 고달프다. 경쟁 상대를 줄이고, 내가 의식해야 하는 사람의 수를 줄여야 그나마 제명대로 살 수 있다. "너희들은 나와는 리그가 달라. 나를 경쟁 상대로 생각하지 말란 말이야!"라는 절규. 그것이 교만의 실체다. 그래서 자공이 물은 것이다. "가난해도 아첨하지 않고, 부유해도 교만하지 않으면 마음공부가 좀 됐다고 할 만합니까?"

공자께서 요즘 말로 자세히 답을 했다면 이렇게 말씀하셨을 것이다. "아첨과 교만이 없으면 좋지. 경쟁에 대한 강박에서 벗어났다는 것이니까. 그런데 경쟁심이라는 놈이 워낙 막강한 본능이거든. 그냥 눌러둔다고 되는 게 아니야. 본능은 누르면 괴물이 되거든. 그래서 다른 즐거움으로 인생을 채워야 돼. 내 마음속에 경쟁 본능이 날뛸 공간을 줄여주는 거지. 인생에는 많은 즐거움이 있다는 것을 알면, 가난해도 삶을 즐길 수 있게 되지. 그게 더 좋은 것이야. 부자라면 조금 더 여유가 있겠지. 사람들과 교류하는 즐거움을 느끼면 그 자체로 재미있기도 하거니와 경쟁심도 줄어들겠고. 예禮를 좋아함은 교류의 즐거움을 아는 것이니 단순히 교만하지 않은 것보다 더 좋은 일이지"라고. 그 뒤에 이어지는 말은 자공이 시경詩經에 나오는 시를 언급하며 공자님 말씀을 이해했는지 인증받는 과정인데, 주제와 큰 관련이 없으니 넘어가자.

어쨌든 경쟁은 괴롭다. 그 괴로움을 피하기 위해 아부나 교만으로 도망가게 만들 만큼 괴롭다. 괴로우면 태연할 수 없다.

군자는 태연하지만 교만하지 않고, 소인은 교만하지만 태연하지 않다.

子曰 君子泰而不驕 小人驕而不泰
자 왈 군 자 태 이 불 교   소 인 교 이 불 태

(자로, 26장)

이 말을 크게 실감한 적이 있었다. 내가 진료하는 한의원에 한 명 문대 여학생이 찾아왔다. 학생이 진료실에서 나를 대하는 태도는 매우 공손했다. 그런데 나중에 간호사들은 저렇게 건방진 애는 처음 봤다고 말했다. 상대에 따라 태도가 크게 변하는 성격이었다. 그 환자는 섭식장애로 병원을 찾았다. 다이어트 부작용으로 먹고는 토하고, 먹고는 토하는 일을 반복했다. 그런데 정작 체중은 정상치를 약간 밑돌았다. 애당초 다이어트가 필요 없는 환자였다.

상담을 하며 일상생활 이야기를 들어보니 사람 대하는 자세에 문제가 많았다. 교수님에게는 철저히 복종했다. 그런데 부모 나이뻘 되는 청소부 아주머니에게는 달랐다. 학교에서 청소하는 아주머니와 부딪힌 적이 있었나 보다. 왜 학생들이 다니는 시간에 청소를 하냐며 심하게 불쾌해했다. 그 이야기를 하는 가운데 "청소부 주제에" 라는 표현이 섞여 나왔다.

그 정도로 성격이 이중적인 사람을 좋아하는 이는 드물다. 그러나 본인은 주변의 배척을 받아들일 수 없었나 보다. 그럴 때 사람은 엉뚱한 데서 핑계를 찾는다. 그 학생은 외모를 핑계로 삼고, 무모한 다이어트를 시작한 것이다. 보호자에게 연락해서 다른 곳을 알아보라고 했다. 이런 경우엔 사고방식의 기본을 흔들어야 치료가 가능하다. 하지만 작은 클리닉에서 그런 치료를 시도하면 바로 반발할 가능성이 높다. 큰 병원에서, 대한민국에서 최고라는 권위로 누를

수 있어야 그나마 치료를 받아들일 가능성이 높다.

어릴 때부터 '경쟁, 오로지 경쟁'을 강조하며 억지로 명문대로 보낸 아이들 중에 그런 경우가 종종 보인다. 재벌가 사람 중에는 학우들과의 경쟁으로도 부족해서 후계자 자리를 놓고 형제간에도 치열한 경쟁을 치르기도 한다. 그러다보니 '맷값 줄 테니 좀 맞자'며 야구방망이를 휘둘러 전국민의 손가락질을 받는 사람까지 나온다. 그들의 교만은 사실은 불안에서 나오는 비명이다. 그래서 태연함은 교만과 같이 갈 수 없는 것이다.

상대의 아름다움을 완성해주다
이세돌과 구리의 동반자적 경쟁

앞에서 경쟁의 부정적인 면을 강조했지만, 이를 안다고 해서 경쟁심이 저절로 눌러지는 것은 아니다. 본능은 충족이 안 되면 괴롭기 때문이다. 이제 경쟁심을 조절할 수 있는 요령들을 생각해보자. 첫번째는 부정적인 심리와 긍정적인 심리 사이의 균형을 잡는 방법이다.

경쟁심만큼 마음을 불편하게 하는 것도 흔치 않다. 모두 가난한건 견딜 만하다. 몸은 힘들지만 마음이 크게 괴롭지는 않다. 하지만 나만 유독 가난할 때는 마음이 많이 불편하다. 인간은 원래 부정적인 요소에 더 빠르고 강하게 반응한다. 먹느냐, 먹히느냐의 문제를 놓고 생각해보면 알 수 있다. 먹히지 않는 것이 더 중요하다. 굶는다고 바로 죽지는 않는다. 시간을 두고 천천히 죽어간다. 대처할 여유가 좀 있다는 것이다. 하지만 먹히면 바로 죽는다. 그래서 공포는 희망보다 힘이 세다. 괴로움은 즐거움보다 힘이 세다. 패배의 쓰라림은 승리의 기쁨보다 크다.

하지만 부정적 자극은 동력으로 쓰는 데 한계가 있다. 끊임없는 공포는 도전보다는 회피를 부른다. 패배의 두려움이 너무 커지면 아예 승부를 포기하고 도망가게 된다는 것이다. 그래서는 경쟁을 통한 인간의 발전을 크게 기대하기 힘들다.

그런데 흔히 인간은 경쟁을 통해 발전해왔다고 한다. 어떻게 그런 일이 가능했을까? 방법은 기쁨을 적절히 배치하는 것이다. 기쁨은 완만히 작용하지만 꾸준하다. 하고, 또 하게 만든다. 그런데 앞에서도 말했듯이 사람들은 승리의 기쁨보다는 패배의 쓰라림을 더 기억하는 경향이 있다. 이래서는 곤란하다. 승리 이외에도 기쁨을 증폭시키는 다른 장치가 있어야 한다. 진화가 어떤 술책을 부린 것일까? 다음 문장을 보자.

군자는 다른 사람의 아름다움을 이루어주고, 남의 악함을 이루어주지 않는다. 소인은 이와 반대다.

子曰 君子成人之美 不成人之惡 小人 反是　　　　(안연, 16장)
자왈 군자성인지미 불성인지악 소인 반시

경쟁은 내가 못해도 상대가 더 못하면 이길 수 있다. 반대로 내가 잘해도 상대가 더 잘하면 질 수도 있다. 승부 자체에 목숨을 걸수록 상대가 못하기를 바라게 된다. 이게 소인의 경쟁이다.

2014년 바둑계에서는 한국의 이세돌 9단과 중국의 구리古力 9단

사이의 십번기가 화제였다. 십번기는 같은 상대와 열 판을 계속 두어 승부를 겨루는 방식이다. 중간에 4승의 차이가 나면 승부가 나고 치수置數(바둑에서 기력 차이가 날 때 대등한 경기를 위해 부여하는 이점의 정도)가 바뀐다. 즉 확실히 기량 차이가 난다고 공인되는 것이다. 이는 일본 바둑계의 전통적인 승부 방식이다. 특히 1940~50년대 일본 바둑계의 절대 강자였던 우칭위엔吳淸源을 중심으로 벌어졌던 몇 차례의 십번기가 유명하다. 십번기는 현대 바둑이 제대로 자리 잡힌 뒤에는 사라졌다. 너무 처절하기 때문이다. 바둑 프로기사는 승부욕에서 둘째가라면 서러워할 사람들이다. 그런 이들이 같은 상대와 계속해서 열 판의 바둑을 두어 승부를 겨룬다. 승부욕이 최고로 끓어오를 상황을 만들어주는 것이다. 당연히 지는 사람은 심한 내상을 입는다.

이 처절한 승부를 60년 만에 이세돌과 구리가 재현했다. 그런데 그 승부의 당사자 이세돌은 자기 인생의 가장 큰 행운은 구리를 만난 것이라고 말한다. 구리 역시 이세돌과 바둑을 두는 것이 인생의 가장 큰 즐거움이라고 말한다. 이 둘은 현대 바둑계의 이단아다. 요즘은 어떻게든 이기는 것을 최고의 가치로 치는 세상이다. 자신이 익숙한 길로 상대를 유도해서 반집을 이기더라도 확실하게 이기는 것, 이것이 요즘 프로기사들이 추구하는 길이다. 그런데 이세돌과 구리는 낯선 길로 들어서기를 즐긴다. 처음 가는 길에서 최선의 수를 찾아내는 과정 자체를 즐기는 것이다. 때론 유리한 상황에서도 적당히 마무리하는 일 없이 최선의 수를 찾고, 최강의 수를 던지는 경우도 많다. 둘 다 세계 정상에 여러 번 올랐지만 그전의 절대강자들과는 좀 다르다. 끝까지 손에 땀을 쥐게 하는 바둑을 둔다. 그러다 보니 때론 신예에게 어이없이 당하기도 한다.

승부사와 구도자求道者는 양립하기 쉽지 않은 길이다. 그러나 이세돌과 구리는 그 두 길 가운데 어느 쪽도 포기하지 않으려 한다. 그래서 그들은 라이벌이 필요하다. 자신의 수에 물러서지 않고 최강의 수로 맞받아치는 상대가 있다는 것이 너무 고맙다. 그들은 서로를 배려하고, 상대에게 문제가 생기면 같이 걱정을 해준다. 상대가 나와 격돌할 때 최고의 상태로 최선을 다해 부딪혀주기를 원하기 때문이다. 이런 것을 이른바 동반자적 경쟁자라고 한다. 가히 군자의 경쟁, 서로의 아름다움을 이뤄주는 경쟁이라 할 만하다.(십번기는 이세돌의 승리로 끝났다. 이세돌에게 축하를 보내면서, 구리가 내상이 심하지 않기를 기원한다. 그의 아름다운 바둑, 세계 최고의 포석 감각을 계속 볼 수 있기를 기대한다.)

기쁨은 승리에서만 오는 것이 아니다. 실력이 늘고 있다는 감각 자체가 기쁨을 준다. 이것이 진화가 부린 술책의 핵심이다. 발전의 성취감을 경쟁과 연결시켜 '패배의 괴로움'과 '승리의 기쁨' 사이의 불균형을 보완한 것이다. 축구의 토너먼트 시합에서 보면 하위 리그 팀이 상위 리그 팀을 이기는 경우가 가끔 있다. 아마추어나 세미프로 선수로 구성된 팀이 8강, 4강에 오르더니 마침내 우승 후보와 맞붙는다. 상대편 선수 한 명 연봉이 우리 팀 1년 운영비의 열 배쯤 되는 팀과 겨룬다. 팽팽한 경기 끝에 대개 아쉬운 패배를 당하곤 하지만 그들은 패배의 슬픔에 젖지 않는다. 최선을 다한 만족감을 느낀다. 그런 것이 경쟁의 아름다움이다.

요즘은 과도한 스트레스를 요구하는 세상이다 보니 스트레스라면 무조건 나쁜 것이라고 생각한다. 하지만 스트레스는 지나친 것이 문제이지, 전혀 없다고 좋은 게 아니다. 무중력 훈련을 받는 우주 비행사는 다리 근육이 약해지고, 척추가 늘어난다. 중력 스트레스가 없어진 것을 몸이 귀신같이 아는 것이다. 뇌도 마찬가지로 스트레스가 없으면 늘어진다. 경쟁도 그래서 필요하다.

경쟁자가 없는 세상은 재미없다. 패배의 쓰라림도, 두려움도 어느 정도는 느끼는 편이 좋다. 하지만 그것이 발전의 즐거움을 덮을 정도라면 사람은 위축돼 경쟁에서 도망치거나, 강박에 사로잡혀 악귀惡鬼가 된다. 누구보다 승부욕이 강한 이세돌과 구리가 최선의 수를 찾아내는 즐거움으로 그 스트레스를 이겨내는 모습은 그래서 아름답다.

'경쟁 과정에서 내가 얻은 것이 무엇인가'를 되새긴다면 승패에 대한 집착에서 벗어나 편해질 수 있다. 자기실현 욕구나 지적 호기심은 패배로 지친 내 마음을 위해 따끈한 매생이 칼국수 한 그릇을 끓여주며 어깨를 다독인다. 푸근한 목소리로 "세상에는 승패 이외의 다른 것도 많아"라고 속삭여주는 것이다.

내가 만드는 나만의 의자
긍지가 있는 사람은 다투지 않는다

경쟁심을 조절하는 두번째 요령이다. 환경을 인식하는 눈을 바꾸는 방법이다. 이 이야기는 동물의 경쟁에 대한 이야기로 시작해보

자. 보통 인간은 그나마 이성으로 경쟁심이 조절이 되지만, 동물은 훨씬 더 처절한 경쟁을 벌인다고 한다. 그런데, 진짜 그럴까? 서양의 전통은 동물은 철저하게 이기적이라고 보았다. 반면 인간은 신이 준 덕성이 있어서 이타적인 행동도 할 수 있다는 것이다. 대충 '신 〉 인간 〉 가축 같은 착한 동물 〉 야생동물 〉 악마'라는 식의 계단구조로 본 것이다. 그러나 동양은 동물과 인간의 본성이 상당히 비슷하다고 본다. '반포지은反哺之恩(까마귀는 어미새가 기력이 떨어져 더이상 먹이를 못 구하게 되면 자식이 먹이를 물어다주면서 어렸을 때의 은혜를 갚는다)'이니 '수구초심首丘初心(여우가 죽을 때 제가 살던 굴이 있는 언덕 쪽으로 머리를 둔다)'이니 하는 표현에서 보듯 짐승과 사람의 거리가 꽤 가깝다.

현대의 연구 결과는 동양의 관점을 지지한다. 동물도 결코 이기적이지만은 않다는 것이다. 과거의 동물 연구는 주로 긴장 상태의, 스트레스를 받은 표본에 근거한 것이 많았다. 가둬놓고 관찰한 경우가 보통이기 때문이다. 그게 아니더라도 인간이 접근하면 야생동물은 스트레스를 받는다. 그런 상황에서 관찰한 것이다. 그런데 요즘은 무인카메라 기술이 많이 좋아졌다. 덕분에 동물의 생태를 있는 그대로 관찰할 수 있게 되었다. 그렇게 관찰해보니 동물 역시 인간 못지않게 이타적인 면이 많다는 것이 밝혀졌다.

미어캣이라는 동물이 있다. 애니메이션 〈라이온 킹〉에 등장했던 '티몬'이라는 친구가 미어캣이다. 미어캣은 집단생활을 한다. 미어캣의 집단거주지에는 가장 높은 곳에서 망을 보는 놈이 있다. 매나 독수리 같은 천적이 나타나면 파수꾼이 큰 소리를 지른다. 동료들이 다 피한 것을 확인하고 나서 도망친다. 물론 파수꾼은 잡아먹힐 위험이 매우 높다. 하지만 절대 먼저 도망치지 않는다. 세월호 관련자 여럿을 부끄럽게 만들 만한 이타적인 행동이다.

우리나라에서 『휴머니즘의 동물학』이라는 제목으로 번역된 책이 있다. 비투스 드뢰셔Vitus B. Dröscher라는 생태학자가 쓴 이 책에는 미어캣 이야기를 포함해 동물의 이타적인 행동에 관한 이야기가 잔뜩 나온다. 사실 진화의 과정을 생각해보면 당연한 일이다. 생존을 유리하게 만드는 유전자는 점점 널리 퍼지게 된다. 그런데 개체의 생존에만 너무 집착하면 집단의 번영은 불리해질 수 있다. 그래서 지나치게 이기적인 행동만 하게 만드는 유전자는 오히려 줄어들게 된다. 비록 그 개체에는 유리하더라도 종족의 수가 줄면 결국 유전자의 전달이 힘들어지기 때문이다. 그래서 지구 위에서 멸종되지 않고 살아남은 종은 이기적 경향과 이타적 경향이 적당히 섞여 있기 마련이다.

그런데 문제는 어떤 경우에 이기적인 행동을 하고, 어떤 경우에 이타적인 행동을 하느냐는 것이다. 드뢰셔의 책에서는 생존 환경이 나빠지면 이기적이 되고, 생존 환경이 좋아지면 이타적인 행동이 늘어난다고 설명한다. 이 역시 진화의 결과다. 생존을 의자 뺏기 놀이에 비유해보자. 애초에 앉을 의자의 수가 부족할 때가 있다. 나눠 먹다가는 다 굶어 죽을지도 모른다. 그런 상황에서는 강한 놈 위주로 살아남아야 그나마 멸종을 피할 수 있다. 그럼 의자가 넉넉할 때는? 당연히 최대한 개체수를 늘리는 쪽으로 가는 편이 유리하다. 동물의 본능이라는 것도 꽤 정교하다. 무조건 한 방향으로만 작동하

는 건 아니라는 이야기다. 이기적 본능과 이타적 본능을 같이 가지
되, 환경에 따라 그중 유리한 쪽이 더 활성화되도록! 그렇게 프로그
램이 짜여 있다.

인간의 문제로 돌아가보자.

장문중은 자리를 도둑질한 사람이다. 유하혜가 어진 것을 알고도 함
께 자리를 하지 않았다.

子曰 臧文仲 其竊位者與 知柳下惠之賢而不與立也   (위령공, 13장)
자 왈   장 문 중   기 절 위 자 여   지 유 하 혜 지 현 이 불 여 립 야

장문중은 공자보다 60년 정도 앞서는 노나라의 대부大夫다. 공자
시대의 노나라는 몇몇 대부가 실권을 쥐고 흔들던 시절이다. 반면
장문중 시절에는 왕권이 제대로 살아 있었다. 장문중은 네 명의 왕
을 모시면서 대부들 가운데 가장 윗자리를 차지했던 사람이다. 행
정을 제법 잘 했는지, 공자 시절까지도 좋은 평이 남아 있었다. 그런
장문중에 대해 공자는 상당히 박한 평을 내린 셈이다.

유하혜라는 인물은 평가하기가 좀 어렵다. 덕이 높기로 유명한
사람으로 몇 가지 전설적인 이야기가 아직도 전해온다. 공자라면
당연히 높이 평가할 만하다. 그런데 그 이야기를 살펴보면 지나친
이상주의로 보이는 구석도 있다. 내가 배심원이라면 "장문중은 유
하혜가 현실 정치에 어울리지 않는다고 판단했다"에 표를 던질 것
이다. 하지만 공자는 달리 본다. 장문중이 유하혜를 왕에게 천거하
지 않은 것은 그가 자기 자리를 위협할까봐 그랬다는 것이다. 장문
중의 속마음은 알 방법이 없다. 공자의 판단에 동의할지는 타임머

68

신이 발명되는 날까지 유보하기로 하자. 다만 어느 회사를 가도 대리끼리보다는 과장끼리, 과장끼리보다는 부장끼리 더 치열하게 경쟁하기 마련이다. 한정된 자리를 놓고 다툴 때 공정할 수 있어야 경쟁심을 진짜 잘 다스리는 사람이라는 것은 새겨둘 이야기다.

앞에서 이야기한 동물의 경쟁이 심해지는 경우나, 장문중의 경우나 마찬가지다. 자리가 줄어들면 아드레날린의 분비가 늘어나고 투쟁적이 된다. 본능이 알아서 그렇게 시키는 것이다. 그럼 어떻게 해야 할까? 지나친 스트레스는 피하고 싶은 법이다. 도전을 시작하기 전에 '여기까~지'라고 미리 선을 그어놓고 시작해야 할까? 아니면 의자가 넉넉하게 보장되는 영역에서만 경쟁을 해야 할까?

그래도 만물의 영장이라며 으스대는 게 사람이다. 동물과는 다른 점이 있을 것이다. 동물은 상황을 그대로 받아들인다. 하지만 사람은 자기 나름으로 해석을 해서 받아들인다. 여기서 사람과 동물의 차이가 생긴다. 동물의 의자 뺏기는 의자의 수가 정해져 있다. 환경이, 자연이 정해준다. 사람의 의자 뺏기는 다르다. 자기 의자의 수가 몇 개라고 판단하느냐에 따라 의자 수가 달라진다는 것이다. 그렇다면 사람의 의자에는 어떤 것이 있을까?

군자는 죽을 때까지 이름을 얻지 못하는 것을 싫어한다.

子曰 君子疾沒世而名不稱焉　　　　　　　　　　　　(위령공, 19장)
자 왈　군 자 질 몰 세 이 명 불 칭 언

그런데 이 말은 '군자는 경쟁을 하지 않는다'는 앞서의 가르침과 부딪히는 느낌이 있다. 현재 살아 있는 한국인 가운데 이름만 대면 국민 대부분이 알 만한 사람이 몇이나 될까? 그중에서도 학식·덕망·업적 등으로 이름이 알려진 사람만 추리면 또 몇이나 될까? 한 100명? 일반인의 관심은 연예인이나 스포츠 스타가 워낙 많이 뺏어간다. 그러니 사회문제에 관심이 많고, 책이라도 제법 읽는 사람들 사이에서 아는 정도면 세상이 알아주는 것으로 보자. 그래봐야 한 500명? 우리 국민이 5000만이 좀 넘으니 대략 10만 대 1이다. 이름을 알리기 위해선 10만 대 1의 경쟁을 뚫어야 하는 것이다.

그런데 이 경우는 장문중이 유하혜에게 느꼈던 경쟁심(사실인지는 확실치 않지만 공자는 그렇게 판단했던)과는 결정적으로 다른 점이 있다. 이름 알리기는 의자 뺏기가 아니다. 100명을 기억하고 있는 사람의 머릿속에 내 이름을 기억시키기 위해서 기존의 누군가를 빼내야 하는 게 아니라는 것이다.

군자는 자기 자신에게서 구하고, 소인은 남에게서 구한다.

子曰 君子求諸己 小人求諸人 (위령공, 20장)
자 왈 군 자 구 제 기 소 인 구 제 인

이 문장은 구하는 것의 대상을 밝히지 않아서 해석이 제각각이다. 우선 "(일이 잘못되었을 때) 군자는 자신을 책망하고, 소인은 남을 책망한다"로 해석하는 경우가 많다. 군자가 자책을 즐기는 마조히스트라면 모를까, 별로 마음에 들지 않는 해석이다. 죄책감을 삶의 기반으로 삼는 강박증이 느껴진다. "군자는 원인을 자신에서 찾고, 소인은 남에게서 찾는다" 정도면 봐줄 만한 해석이다. 주체성에 주목하면서, 늘 개선하고자 하는 태도를 강조하는 해석이다. 하지만 여전히 반성에 초점이 있고, 또한 과거에 초점이 있다. 좀 더 진취적으로 해석해보자. **"군자는 인생의 목표나 의미를 자신에게서 찾고, 소인은 남에게서 찾는다"**라고 보면 어떨까?

부장·이사·상무 같은 직책을 자리라고 보면 자리는 한정되어 있다. 장문중이 차지했던 수석 대부의 자리는 한 나라에 오직 하나뿐이다. 하지만 간부 직원이라고 모두 부하 직원들에게 인정받는 것은 아니다. 위로 올라가는 것을 자리로 생각하지 않고, 인정받고 존경받는 것을 자리라고 생각하면 많이 달라진다. 거래처에서 신뢰받는 과장, 경비원이나 청소원에게서도 진심에서 우러나오는 존경을 받는 부장… 이런 것들은 나 스스로 설정하는 자리이며 내가 목표로 삼을 수 있는 자리다. 그렇게 자리에 대한 생각을 바꿔보면 어떨까? 자리가 갑자기 많아진다. 낚시 의자를 가방에 넣어 다니며 전철에서 펴놓고 앉는 사람을 본 적이 있다. 자기 의자를 스스로 준비하면 자리 뺏기에 뛰어들 이유가 없다.

미술사 이야기를 잠깐 해보자. 19세기 후반 유럽에는 살롱전이라는 것이 있었다. 요즘의 미술대전에 해당하는 셈이다. 살롱전에서 입상하는 그림들은 주로 낭만파나 신고전파의 작품이었다. 그런데 그림은 사진 같아서는 안 된다고 생각한 화가들이 있었다. 자기의 느낌, 대상에서 받는 인상을 전면에 내세우는 것이 그림이라고 생각했다. 그들은 살롱전에 목매지 않고 자신들의 그림을 전시했다. 그리고 그 그림들이 인상주의라는 새로운 사조를 낳았다. 한정된 파이를 차지하는 경쟁이 아니라, 파이의 크기를 늘리는 경쟁을 한 셈이다.

앞에서 발전의 즐거움이 지나친 경쟁심을 누그러뜨리는 핵심이라고 했다. 그런데 발전의 기준을 잘 잡아야 한다. 가장 좋기로야 자기가 발전하고 있는 정도를 스스로 알아서 만족하는 것이다. 하지만 그건 지나치게 이상적인 이야기다. 다른 이들과 더불어 사는 사람이 남으로부터 완전히 초연하기는 쉽지 않다. 다만 남의 평가나 세상이 만들어놓은 기준 그 자체를 목표로 삼느냐, 아니면 그걸 자신이 잘 가고 있는지를 점검하는 데 도움되는 점검표 정도로 삼느냐에 따라 사는 모습은 많이 달라진다. 군자는 이름을 얻지 못하는 것을 싫어하지만 그렇다고 경쟁심을 자극해서 스스로를 망치지 않는다. 목표를 자기 안에서 찾기 때문이다.

자리라는 관점에서 보았을 때, 경쟁심의 완화에 가장 크게 도움이 되는 것은 '자기긍정감'이다. 자기긍정감이란, 나는 이미 내 의자를 가지고 있다는 느낌이다. 그러면 굳이 경쟁에 뛰어들고픈 충동이 줄어든다. 자기긍정감은 '긍지'라는 말로 바꿀 수 있겠다.

군자는 긍지가 있지만 다투지 않고, 어울리지만 편을 짓지 않는다.

子曰 君子 矜而不爭 群而不黨
자왈 군자 긍이부쟁 군이부당

(위령공. 21장)

흔히 통용되는 위의 번역과 다르게, 나는 이 문장을 **"군자는 긍지가 있어서 경쟁을 하지 않고, 화합을 알아서 편을 가르지 않는다"**로 번역하고 싶다. 긍지에는 두 가지 뜻이 있다. 양날의 검이다.

대개 긍지란 자신의 위치에 대한 자부심이라고 생각한다. 국회의원으로서의 긍지, 명문대생으로서의 긍지 같은 것 말이다. '무엇'으로서의 긍지다. 이런 긍지에 집착하는 사람은 오히려 경쟁적이 되거나 투쟁적이 되는 경우가 많다. 앞에서 교만이 '불안에서 나오는 비명'이라고 했는데 역시 이에 해당된다. 이는 집단과 집단이 부딪칠 때 뚜렷해진다. 요즘은 서울에 본교를 두고, 지방에 분교를 둔 대학들이 제법 많다. 그런 대학의 본교생 중에는 지방 분교생이 자기들과 같이 OO대생이라고 말하는 것, 분교생과 본교생이 같은 커뮤니티에 들어가는 것 등을 유난히 못 견뎌하는 학생들이 있다. 이런 게 편을 가르는 대표적인 행동이다. 이런 것을 긍지라고 생각한다면 '긍지가 있지만~'이라는 번역이 맞다. 많은 이들이 긍지 때문에 다투고 긍지 때문에 편을 가르는데, 군자는 그렇지 않다는 것이다.

하지만 진짜 긍지는 다르다. 군자의 긍지란 자기 자신으로서의 긍지다. 이세돌로서의 긍지고, 구리로서의 긍지다. 그런 긍지가 있는 사람은 지위나 사회에서의 위치는 지금 잠시 걸치고 있는 옷에 불과하다고 생각한다. 다른 누구도 내가 될 수는 없기 때문에 나는 나만의 의자를 가지고 있고, 경쟁에 민감할 이유가 없어진다. 이게 진짜 긍지다. 이 문장이 '긍지가 있어서…'로 번역되어야 하는 이유다. 긍지가 있어서 굳이 다투지 않고, 편을 가르지 않는 것이다.

경쟁심을 조절하는 핵심 두 가지는 말했다. 그런데 발전의 즐거움과 긍지 외에, 큰 흐름에서는 벗어나지만 현실에서는 쓰기 좋은 방법이 하나 더 있다. 세번째 요령이다. 아예 무지하게 센 놈을 내 머릿속에 담아두는 것도 한 방법이다.

내가 심히 쇠약해졌구나. 꿈에서 주공을 뵙지 못한 것이 오래다.

子曰 甚矣 吾衰也 久矣 吾不復夢見周公　　　　(술이, 5장)
자왈 심의 오쇠야 구의 오불복몽견주공

공자께서 노년에 한 이야기로, 바꿔 말하자면 평생을 꿈에 그릴 만큼 주공周公을 생각하며 살았다는 뜻이다. 공자는 늘 주나라 초기의 정치를 이상으로 생각했다. 주나라 문왕을 도와 그 정치제도를 만든 것이 주공이다. 공자는 그 주공을 늘 머리에 두고 살았다.

인명사전에서 공자를 찾으면 사상가라고 나온다. 사상가란 늘 같은 세대 혹은 바로 그 직전 세대의 사상가들에게 경쟁심을 느끼기 마련이다. 논어에는 여러 인물에 대한 인물평이 나온다. 어떤 학자는 그 평에서 경쟁심의 냄새를 맡기도 한다. 그러나 전체적으로 공자의 인물평은 균형이 잘 잡혀 있다. 경쟁심에 휘둘릴 정도는 아니었다는 뜻이다. 먼 옛날의 인물, 전설적인 인물을 늘 생각하며 그를 닮고자 노력하다 보면 지금 내 주위의 사람에 대한 경쟁심은 누그러지기 마련이다.

뚜렷이 담고 싶은 인물이 떠오르지 않는다면, 그리고 부모와의 관계가 좋았다면 자기 부모를 생각하는 것도 한 방법이다. 어떤 부모든지 자식에게는 실제보다 조금은 더 좋은 모습을 보이려고 한다. 굳이 그 실체를 알려고 애쓸 필요는 없다. 그저 내가 기억하는 모습을 실체라고 생각하자. 그리고 내 부모님만큼은 살아봐야겠다는 생각만 늘 하자. 그 정도만 해도 주변 사람에 대한 경쟁심이 조금은 누그러진다.

이로써 개인의 입장에서 경쟁의 조절에 필요한 이야기는 얼추 했다. 못 다한 이야기는 나중에 다른 욕망들을 다루며 나오게 될 것이다. 다만 개인이 다 알아서 하라고 하는 것은 좀 무책임하다. 인간의 욕망 대부분은 사회 분위기의 영향을 받는다. 그중에서도 사회의 영향을 가장 강하게 받는 것이 경쟁심이다. 그 이야기만 간단히 하고 마무리하자.

사회적 경쟁조절 장치
품위 있는 경쟁은 가능하다

2013년 7월 3일 전주월드컵경기장에서 희한한 일이 벌어졌다. 전북 현대와 성남 일화의 경기에서 전북의 최은성 골키퍼가 자기 편 골문에 공을 차 넣은 것이다. 사연인즉슨 이렇다. 성남의 한 선수가 쓰러졌는데 경기가 그냥 진행되자 공을 가진 성남 선수가 공을 밖으로 차냈다. 그래야 경기가 중단되고, 치료가 가능하기 때문이다. 치료가 끝나고 경기가 다시 시작됐다. 성남 선수가 차 냈으니 경기는 전북의 던지기로 시작됐다. 이 경우엔 공을 받은 선수가 곧바로 상대팀에게 넘겨주는 것이 관례다. 물론 공을 받은 전북팀의 이동국 선수도 그렇게 했다. 그런데 좀 강하게 찼나보다. 공교롭게도 앞으로 나와 있던 골키퍼의 키를 넘어 득점이 되고 만 것이다. 성남팀에서는 일부러 강하게 찬 것이 아니냐고 항의했다. 결국은 전북팀이 자살골을 만들어서 1점씩 비기는 것으로 무마했다.

모든 운동경기에는 정해진 규칙이 있다. 나아가 규칙은 아니지만 불문율이라 불리는 관례도 있다. 야구에서 보면 투수가 가끔씩 타자 몸쪽으로 빈볼(위협구)을 던진다. 특히 자기편 선수가 위협당하거나 하면 여지없이 보복성 빈볼이 날아온다. 그런데 여기에도 관례가 있다. 류현진이 활약하는 미국의 내셔널리그를 보면 상대 투수가 타석에 설 때는 위협구를 던지지 않는다. 투수가 위험한 투구를 할 때마다 바로 다음 이닝에서 그에게 직접 보복하면 야구 경기 자체가 진행될 수 없다. 대부분의 투수가 부상으로 시즌을 마치게 되기 때문이다. 농구에서는 팔꿈치를 사용하면 충돌이 크지 않아도 반칙을 선언하는 관례가 있다. 농구에서는 높은 공을 다투기 위해 점프를 하는 경우가 많다. 뛰었다가 내려올 때 명치 부위가 상대 팔꿈치에 맞으면 상당히 위험하다. 그래서 팔꿈치가 상대 가슴쪽으로 향하면 스치기만 해도 바로 호각을 부는 것이다.

이런 관례를 어기는 경우도 물론 있다. 수원 삼성과 카타르 알사드의 경기에서 성남과 전북 간 경기와 비슷한 상황이 벌어졌다. 그런데 알사드 선수가 자기 동료가 삼성으로 넘겨주는 볼을 가로채 골을 넣어버렸다. 경기는 난투극으로 번졌고, 카타르에겐 축구 후진국이라는 낙인이 찍히고 말았다.

공자는 관례에 대해 이렇게 말했다.

활을 쏠 때 과녁을 꿰뚫지 않는 것은 힘이 서로 다르기 때문이다. 이것이 예전의 도이다.

子曰 射不主皮 爲力不同科 古之道也 　　　　　(팔일, 16장)
자 왈　사 부 주 피　위 력 부 동 과　고 지 도 야

활쏘기는 분명히 살상을 위해 시작되었다. 그런데 정작 분노나 적개심이 타오를 때는 과녁이 잘 맞지 않는다. 끝과 끝은 통하는 것일까? 가장 폭력적인 행위가 경기가 되면 가장 정신 집중을 요구한다는 것이 참으로 묘하다. 어쨌든 활쏘기가 힘을 과시하는 판이 되어버리면 정신 집중을 훈련한다는 원래 목적은 사라지게 된다.

그런데 활쏘기란 어차피 전쟁 연습이다. 힘도 강할수록 더욱 좋은 것이 아닐까? 꼭 그렇지만은 않다. 전쟁이라고 상대를 다 죽이는 게 최선은 아니라는 것이다. 사람 사는 모든 일은 비용과 효과를 다투는 행위다. 다 죽이는 것은 얻는 것에 비해 잃는 것이 너무 많다. 전쟁 역시 이기는 데 필요한 만큼만 하는 것이 효율적이다. 경제적으로 따질 때 당연히 그렇거니와, 심리학의 관점에서도 그렇다. 살상은 이긴 사람도 피폐하게 만든다. 죽이는 만큼 나도 망가진다. 감정이 조절돼야 무차별 살상을 하지 않는다.

무왕이 주나라를 세운 이후 활쏘기에서는 과녁 맞히는 것을 중시하되 꿰뚫지 않는 게 관례가 되었다고 한다. 그러나 주나라 왕실이 약해지고, 제후들이 군사력을 과시하는 풍토가 되면서 분위기가 바뀐다. 주피主皮, 즉 과녁을 꿰뚫어버리는 일이 다시 빈번해진 것이다. 활쏘기에 과녁을 꿰뚫으면 안 된다는 규칙은 없다. 축구 경기에서 상대가 부상 치료를 위해 공을 밖으로 차 냈을 때는 다시 돌려줘야 한다는 규칙이 없는 것과 마찬가지다. 그러나 모두들 관례를 지킨다. 경기를 하는 목적에 대한 사회적 합의가 있기 때문이다.

사회적 합의를 중시하는 것은 어릴 때부터 훈련이 되어야 한다. 규칙을 어긴 승리는 당연히 무효가 돼야 하지만, 관례를 어긴 승리도 칭찬이 아니라 비난받는 사회 분위기가 되어야 한다. 관례에는 타인에 대한 배려, 서로에 대한 신뢰, 오래된 경험의 존중 등이 같이 녹아 있기 때문이다. 이 훈련에 가장 좋은 것이 체육활동이다. 운동경기는 아드레날린이 분출되는 경쟁 상황에서 이뤄진다. 그 상황에서 규칙을 지키고, 관례를 존중하는 버릇을 어릴 때부터 익히게 해야 한다. 그런 사람들이 모여 있는 사회여야 경쟁심이 조절된다. 이른바 '노블리스 오블리제'는 하루아침에 나오는 것이 아니다.

그런 훈련이 되어 있어야 시위에 가스통을 들고 나오지 않는다. 방어를 한답시고 방패 모서리로 시위대를 찍지 않게 된다. 체육시간을 줄여 영어나 수학을 가르치는 나라는 미래가 어둡다. 방과후에는 자기들끼리 어울려 뛰어놀면서, 관례를 어기면 배척받는다는 것을 몸으로 익혀야 한다. 그 시간을 학원에 모여 다시 경쟁을 하는 아이들은 왕따나 학교폭력을 당연한 것으로 받아들인다. 그런 아이들이 사회로 나가면 사회를 강퍅하게 만든다. 화합이니 예절이니 하는 것은 단군시대의 일로 치부해버린다. 과녁을 꿰뚫는 세상이 되었다고 공자가 한탄했던 춘추시대의 모습조차도 요즘의 대한민국에 비하면 한참 선진사회다.

셋째 마당

●

비교

사사건건 비교하길 즐기는 인간의 성향 역시 진화의 결과다. 하지만 비교의 방식을 바로잡는 일은 소유욕이나 경쟁심을 조절하는 것보다는 쉽다. 게다가 바른 비교는 다른 욕망의 조절을 많이 도와준다. 이번 마당에서는 바른 비교에 도움이 되는 것들을 다뤄본다.

다다익선의 배신

군자는 두루 친하지만 편을 가르지 않고, 소인은 패를 지어 견주지만
두루 사귀지 않는다.

子曰 君子 周而不比 小人 比而不周 　　　　　　　　(위정, 14장)
자왈　군자　주이불비　소인　비이부주

　글자대로 풀면 "군자는 두루 미치지만 비교하지 않고, 소인은 비
교하지만 두루 미치지 않는다"가 된다. 하지만 보통 위와 같이 주周
는 '편을 가르지 않고 두루 친한 것'으로, 비比는 '패를 지어 견주는
것'으로 해석하는 경우가 많다. 우리나라의 유학은 주자학 영향을
가장 크게 받았다. 그런데 주자학을 세운 주희朱熹는 지나친 이상주
의자로 탄압을 꽤 받은 분이다. 이상주의자는 자신이 탄압받는 이
유가 패거리 문화에 있다고 생각하는 경향이 있다. 위 문장을 당파
와 관련하여 해석한 것에도 그런 심리적인 배경이 깔려 있지 않을
까 싶다. 어쨌든 논어를 공부하는 사람이 주로 양반이었던 점을 생

각하면 그런 해석도 나쁘지는 않다. 조선 후기로 넘어가면 잘나가는 양반들은 당파싸움을 주업으로 삼기 시작한다. 그 당파싸움에 질린 영조가 왕명을 내려 성균관 들머리에 비석을 세웠다. 그 비석에 새긴 구절이 바로 이 문장이다. 조선만 그랬을까? 어쩌면 지금의 대한민국도 주자의 해석을 따르는 편이 더 적절한 상황일지도 모른다.

하지만 나는 그냥 글자 그대로 '두루 미친다'와 '비교한다'에 초점을 맞춰 해석하고 싶다. '비교'는 파당派黨보다 훨씬 중요한 주제다. 사람은 늘 비교를 하며 산다. 그런데 사람의 비교 방식에는 쉽게 눈치 채지 못하는 문제점들이 많다. 이것들만 바로잡아도 군자에 여러 발 가까이 갈 수 있다. 게다가 파당을 짓는 일도 비교하는 마음과 관련이 많다. 굳이 이 문장을 '군자 소리 듣고 싶거든 패 가르기 하지 마'라고 해석하겠다면 말릴 도리는 없다. 그런데 그런 해석은 군대의 사병 수첩 읽는 느낌을 준다. 깊이 있는 좋은 문장들을 갖다 놓고 죄다 계명이나 강령 수준으로만 해석하는 것은 좀 촌스럽다. 그러니 파당의 문제는 잠시 접어두고 비교의 문제에 집중해보기로 하자.

배리 슈워츠Barry Schwartz의 명저인 『선택의 심리학The Paradox of Choice』 이라는 책에는 선택에 관한 재미있는 이야기들이 많이 나온다. 선택의 모순을 하나 살펴보자. 모처럼 여름휴가를 가게 되었다. 어딘가를 가고 싶다. 선택지가 하나인 것이 좋을까? 여럿인 것이 더 좋을까? 갈 수 있는 곳이 하나뿐이라면 그곳이 마음에 안 들어서 포기하고 집에 있는 경우도 꽤 있을 것이다. 선택할 곳이 여럿이면 그중 어느 하나는 마음에 들 가능성이 높다. 집을 떠나 휴가를 갈 경우가 더 많을 것이다. 이게 일반적인 생각이다.

그런데 실험의 결과는 그 반대다. 한 집단에게는 '산에 갈래? / 집에 있을래?'를 묻고 선택하게 한다. 두번째 집단에게는 '바다에 갈래? / 집에 있을래?'를 묻고 선택하게 한다. 세번째 집단에게는 '산에 갈래? / 바다에 갈래? / 집에 있을래?' 셋 중에 선택하게 한다. 집에 있겠다는 선택이 가장 많이 나온 집단이 어디였을까? 세번째 집단이었다. 왜 이런 현상이 일어날까?

첫번째 이유는 '잔상 효과'다. 우리는 산을 생각할 때는 산에서 즐기는 모습을 상상한다. 문제는 그 상상이 마치 이미 이뤄진 것과 같은 잔상을 마음속에 남긴다는 점이다. 이 잔상이 바다에 대한 다음 번 평가에 영향을 미친다. '바다로 갈까? 말까?'만을 생각한다면 바다로 가는 비용과 바다에서 즐기는 즐거움의 두 가지만 가지고 평가한다. 바다로 가는 비용(=돈+시간+노력)보다 즐거움이 크다고 생각하면 가는 것이다. 그런데 먼저 산에 가는 생각을 하고 난 뒤라면 그 비용이 '돈+시간+노력+산에 대한 포기'로 늘어난다. 실제로 산에 간 것이 아니다. 그러니 집에 콕 틀어박히는 선택지와 바다에 가는 선택지만 비교하는 게 이성적인 판단이다. 그러나 우리의 무의식은 엉뚱하게 비용을 부풀려 계산한다. 이번엔 바다를 포기하고 다시 산을 생각해본다. 이제는 산에 가는 비용에 바다에 대한 포기라는 비용이 더 들어간다. 그래서 결국 '그냥 집에 있을래'를 선택하는 경우가 늘어난다는 것이다.

억지라고 할 사람도 있을 것이다. 분명히 상식과 어긋난 결과다.

하지만 확실히 실험으로 나온 결과다. 『선택의 심리학』에는 비슷한 실험이 상당히 많이 나온다. 슈퍼에 신제품 잼을 전시하는데 6가지 맛을 전시한 경우가 24가지를 전시한 경우보다 훨씬 더 매출이 높았다는 실험도 있다. 선택지가 많다고 꼭 좋은 것은 아니라는 이야기다.

두번째 이유는 '차이'에 대한 집착이다. 우리의 비교 전략이 가지고 있는 근본적인 문제점이다. 비교를 할 때 같은 부분은 눈에 덜 뜨이고, 다른 부분은 눈에 확 들어온다. 일부러 차이에 초점을 맞추기 때문에 그런 것이 아니다. 자연히 그렇게 된다. 애당초 우리의 감각 자체가 그렇게 진화했기 때문이다. 생각해보면 당연하다. 서로 같은 부분은 어느 쪽을 선택하든 차이가 날 것이 없다. 그러나 서로 다른 부분은 내 선택에 따라 미치는 영향이 달라진다. 모든 생물은 효율이 높은 방향으로 진화를 한다. 그래서 인간의 뇌는 '같음 → 무시 / 다름 → 주의'라는 전략을 선택한 것이다. 그런데 문제가 있다. 효율에는 마땅히 위험이 따른다. 효율적이며, 동시에 안전한 방식은 찾기 쉽지 않다.

휴가 여행의 장점은 상당히 많다. 일상에 쫓기지 않고, 긴장할 필요가 없으며, 남의 지시를 받을 필요가 없고, 새로운 경험을 해볼 수 있다. 그런데 산이냐 바다냐를 가지고 고민에 빠지는 순간 이런 휴가 여행의 기본적인 장점은 다 무시된다. 우리의 비교 전략이 차이에 과도하게 초점을 맞추는 약점을 가지고 있기 때문이다. 그러다 보면 결국은 '산에 가봐야 (바다에 비해서) 힘만 들고 땀만 나지' '바다에 가봐야 (산에 비해서) 사람만 북적대고 바가지나 쓰지'라는 단점만 머리에 남는다. 그래서 '방콕!'을 택하게 된다. 비교에 파묻히면 이렇게 기본을 잊게 된다.

현명한 사람은 원하는 내용을 먼저 생각한다. 그리고 지불할 수 있는 자원을 생각한다. 지불할 수 있는 자원 이하의 비용으로 원하는 것 이상의 대상을 찾으면 더 이상 찾지 않는다. 다른 것과 비교도 하지 않는다. 무한 비교를 하다보면 원하던 것이 휴식이었는지, 수영이었는지, 높은 곳에서 보는 경치였는지 헷갈린다. 결국 근본을 잊는 것이다.

군자가 두루 미친다는 것은 지금 내 앞에 놓인 상황에 대해서 두루 생각한다는 것이다. 근본이 되는 것들 가운데 빠뜨린 건 없는지 두루 살핀다. 하지만 다른 상황과 굳이 비교하지는 않는다. 주어진 선택지에서 최선을 찾는 것이 군자다. 반면 소인은 끊임없이 비교한다. 선택지가 열이면 열, 스물이면 스물을 죄다 비교하려 든다. 그렇게 비교에 파묻히면서 근본을 놓친다. 그래서 두루 미치지 못하는 것이다. 외양을 열심히 비교해 가장 화려한 것을 고르지만 바닥은 살피지 않는다. 그렇게 만든 배를 물에 띄우면 곧 가라앉기 마련이다.

비교라는 큰 주제를 이해하면 파당의 문제는 쉽게 이해가 된다. 간단히 이야기하자. 비교와 파당의 사이에는 불안이라는 놈이 숨어 있다. 군자가 비교에 파묻히지 않을 수 있는 까닭은 중심에 '나'라는 것이 서 있기 때문이다. 하지만 소인은 판단의 중심에 '남'이 있는 경우가 많다. 항상 '남보다'라는 생각 때문에 무한 비교로 달려간다. 최선을 찾았다고 생각할 때까지 비교를 한다. 그래도 여전히 불안하다. 내가 찾은 것이 진짜 최선일까? 더 찾아야 하는 것이 아닐까? 이런 허접한 생각에서 벗어나오지 못하기 때문이다. 불안하면 패거리를 모은다. 비슷한 선택을 한 사람끼리 무리를 짓는 것이다. 그러고는 다른 선택을 한 사람들을 흉보고, 비난한다. 이것이 파당의 시작이다. 옳아서 주장하는 것이 아니다. 내가 옳다고 믿어야 마음이 편해지기 때문에 그리 주장하는 것이다.

자로 무게를 잴 수 있을까?
평가의 기준은 하나가 아니다

비교는 우리가 사물의 특성을 파악하는 데 사용하는 가장 기본적인 전략이다. 아스팔트 덩어리 같은 모양의 자동차가 도로에서 천천히 다가온다고 생각해보자. 알아채기 힘들 것이다. 자동차는 주변과 색이, 광택이, 움직임이 다르기 때문에 인식된다. 그 차이를 찾아내는 것이 우리 인식기능의 첫번째다. 우리 몸이 호흡하듯이, 우리 머리는 비교를 한다. 비교하지 않고 살 수는 없다. 비교가 멈추면 생각이 멈추기 때문이다.

그런데 비교는 평가로, 평가는 경쟁으로 이어진다는 점이 문제다. 비교 전략이 잘못되면 바른 평가가 힘들어진다. 게다가 잘못된 비교는 필요 이상의 경쟁에 빠져들도록 만든다. 경쟁 마당에서 지나친 경쟁심을 조절하는 방법을 몇 가지 이야기했다. 하지만 자녀를 늘 옆집 아이와 비교하는 부모는, 배우자를 늘 옆집 사람과 비교하는 아내나 남편은 경쟁심에서 쉽게 빠져나오지 못한다. 이럴 때는 경쟁심을 누그러뜨리려 애쓰는 것보다 비교의 방식을 바로잡는 편이 빠르다.

바른 비교의 기본은 비교하려는 속성에 맞는 잣대를 고르는 것이다. 예를 들어보자. 친구와 나의 월수입은 쉽게 비교할 수 있다. 이건 숫자로 딱 떨어지니까 속성과 잣대를 굳이 구분할 필요조차 없다. 그런데 '누가 잘 버냐?'를 따진다면 조금 이야기가 달라진다. 이때는 수입의 안정성 문제도 함께 따져야 한다. 꼬박꼬박 월 200만 원을 버는 사람이 들쑥날쑥하게 250만 원을 버는 사람보다 더 나은 수입구조를 가졌다고 볼 수 있기 때문이다. 이때 월수입은 속성이면서 동시에 '잘 번다'라는 다른 속성을 재기 위한 하나의 잣대이기도 하다. 즉 안정성과 월수입이라는 두 가지 잣대를 함께 고려해야 '잘 번다'라는 속성이 제대로 비교가 된다. '누가 부자냐?'라는 속성을 따지면 더 복잡해진다. 현재 가진 재산과 앞으로 벌 것이라고 예상되는 기간 등도 함께 고려해야 한다. 만약 월급은 적어도 땅부자인 사람이 같이 밥 먹고 나서 월수입만 따지며 "니가 더 부자니까 돈 내"라고 하면 얌체 소리밖에 들을 것이 없다. 그래도 여기까지는 봐줄 만하다. "개는 나보다 훨씬 더 행복하지, 나보다 50만 원이나 더 벌거든"이라는 정도까지 가는 사람도 있다. 이 정도면 피해망상이 시작되는 조짐이다.

길이는 자를 가지고 비교한다. 무게는 저울로 비교한다. 물론 자로 무게를 비교할 수 있는 경우도 있다. 똑같은 쇠공 두 개를 비교하는 경우다. 이때는 지름의 길이만 재도 어느 것이 무거운지 알 수 있다. 문제는 쇠공과 나무공의 무게를 비교할 때도 자를 들고 나오는 사람이 있다는 것이다. 여러 가지 재료로 공을 만들 수 있다는 걸 모르면 이렇게 된다. 자신이 중요하다고 생각하는 요소(잣대)가 모든 것을 결정한다고 믿는 사람들이 생각보다 많다. 남자 키가 180cm 이하면 루저라는 둥, 천안함 침몰에 대해 합리적 의문을 보이면 무조건 빨갱이라는 둥…. 이런 게 다 자로 무게를 재자는 뻘짓이다.

맹무백이 공자께 물었다. "자로가 어집니까?" 공자께서는 "모르겠습니다"라고 답했다. 다시 묻자 "유(자로)는 천승지국(전쟁이 났을 때 1000대의 마차를 동원할 수 있는 나라. 즉 규모가 제법 되는 제후국)에서 군사를 다스릴 수 있으나 그 어짊은 모르겠습니다"라고 답했다. "염구는 어떻습니까?"라고 묻자 "1000가구의 마을이나 백승의 나라에서 재상을 할 수 있으나, 역시 어진지는 모르겠습니다"라고 했다. "적(공서화)은 어떻습니까?" "띠를 두르고(관복을 갖춰 입고) 조정에 서서 빈객과 더불어 이야기할 수 있으나(외교를 원만하게 처리할 수 있으나) 어진 것에 대해서는 모르겠습니다."

孟武伯問 子路仁乎 子曰 不知也 又問 子曰 由也 千乘之國 可使治其
맹 무 백 문　자 로 인 호　자 왈　불 지 야　우 문　자 왈　유 야　천 승 지 국　가 사 치 기
賦也 不知其仁也 求也 何如 子曰 求也 千室之邑 百乘之家 可使爲之
부 야　불 지 기 인 야　구 야　하 여　자 왈　구 야　천 실 지 읍　백 승 지 가　가 사 위 지
宰也 不知其仁也 赤也 何如 子曰 赤也 束帶立於朝 可使與賓客言也
재 야　불 지 기 인 야　적 야　하 여　자 왈　적 야　속 대 립 어 조　가 사 여 빈 객 언 야
不知其仁也　　　　　　　　　　　　　　　　　　　　　　　(공야장, 7장)
불 지 기 인 야

보통은 이 문장을 어짊仁을 제대로 이루는 것이 그토록 힘들다는 쪽에 초점을 맞춰서 해석한다. 물론 그 뜻도 옳다. 하지만 어짊이라

는 하나의 잣대로 모든 것을 재지 않는 공자의 태도 역시 주목할 가
치가 있다. 어짊은 어짊대로, 능력은 능력대로 인정하는 것이다. 비
슷한 문장이 또 있다.

> 시(자고)는 어리석고, 삼(증자)은 둔하고, 사(자장)는 치우치고, 유(자
> 로)는 거칠다.
>
> 柴也愚 參也魯 師也辟 由也喭　　　　　　　　　　(선진, 17장)
> 시 야 우　삼 야 로　사 야 벽　유 야 언

'자왈'이 빠져 있지만 이름을 바로 부른 걸 보면 공자가 제자를 평
한 것이다. 앞서 본 문장에서 자로 · 염구 · 공서화에 대해 각각의
능력과 장점을 말했다면, 이번에는 제자들의 부족한 점을 언급한다.
사람은 누구나 장단점이 있다. 옳은 비교란 그 사람의 어느 한 구석
을 함부로 확대해석해 다른 모든 부분으로 연결시켜 평가하지 않는
것이다.

> 회(안연)는 거의 (도에) 가까웠지만 자주 쌀독이 비었다. 사(자공)는
> 명을 받지 않았지만 재산을 늘렸고, 생각한 것이 잘 들어맞았다.
>
> 子曰 回也其庶乎 屢空 賜 不受命 而貨殖焉 億則屢中　　(선진, 18장)
> 자 왈　회 야 기 서 호　루 공　사　불 수 명　이 화 식 언　억 즉 루 중

바로 이어지는 문장이다. 이쪽이 더 흥미롭다. 공자께서 가장 아
꼈던 제자인 안연과 가장 가까웠던 제자인 자공에 대한 평이다. 여
기서 "명을 받지 않았지만"에 대한 해석이 갈린다. 공자를 이상주
의자 · 교조주의자로 보는 사람들은 이를 "공자님 말을 따르지 않았

다"로 해석한다. 안연은 쌀독이 비었어도 도를 지켰고, 자공은 공자의 말을 따르지 않고 재산을 늘리는 데 신경을 썼다고 보는 것이다.

글쎄? 제자가 배를 곯는 것을 대견하다고 보는 게 스승의 도리일까? 안타까워야 정상이 아닐까? 안연에 대해서는 **"가장 도에 가까운 것은 안연이었으나 배를 곯는 것은 아쉬웠다"**로 해석해야 할 것이다. 자공에 대한 언급도 마찬가지다. 돈을 모으는 것을 나무랐다면 그 뒤에 "생각한 것이 잘 맞았다"라는 칭찬을 해석할 방법이 없다. 공자가 죽고 제자들이 3년간 묘를 지켰는데, 자공은 다들 돌아가고도 혼자 남아 3년을 더, 꼬박 6년상을 치른 제자다. 사람 사이의 관계는 상호 관계다. 공자가 자공을 그리 낮춰 보았다면 6년 동안 묘를 지키는 것은 납득하기 힘든 일이다. '명을 받지 않았다'의 의미는 **'벼슬을 하지 않았다'**로 보는 해석이 옳을 것이다.

공자의 시대에 천자는 실권 없이 이름만 남았고, 제후조차 권위가 떨어져 제후의 신하인 대부가 나라를 좌지우지했다. 좀 배웠다는 사람들의 관심은 힘 있는 대부의 눈에 드는 일이었다. 그렇게 벼슬자리라도 얻어야 삶이 편해지기 때문이다. 공자의 제자들도 배움의 최종 목적은 벼슬길인 경우가 대부분이었을 것이다.

그중에 벼슬에 관심이 없는 사람을 둘 꼽으라면 안연과 자공이다. 안연은 자기가 가장 즐기는 도 닦는 일을 하려고 가난을 감수하며 살았다. 자공은 장사와 여행을 택했다. 그렇게 모은 돈으로 공자 교단을 먹여 살렸다. 훗날 벼슬길에 오르지만, 역량을 증명하고 명성을 얻은 뒤의 일이다. 대부의 뜻을 무조건 따르지 않고 자기 판단을 어느 정도 반영할 수 있는 환경이 되어서야 벼슬을 했다는 것이다.

길은 달랐으나 잘못된 법도 아래서도 어떻게든 벼슬을 얻으려 안달하지는 않았다는 점에서 둘은 비슷했다. 도를 지킨다는 하나의 기준으로 보자면 안연이 가장 뛰어나다. 하지만 그럭저럭 도를 쫓아가면서도 현실과의 타협점을 잘 찾는 면에서는 자공이 더 탁월했다. 공자는 이 둘의 장단점을 그렇게 말씀하신 것이다.

공자는 자신이 중요하게 생각했던 어짊이나 도를 닦는 것에 대해서도, 이를 절대적인 하나의 잣대로 들이밀지는 않는다. 어짊은 아직 못 이루었어도 자신의 제자요, 나름 능력이 있고, 각자 모자라는 구석도 있으나 다 취할 장점이 있다. 도에 아무리 가까이 가도 배를 곯는 것은 여전히 안타깝다. 이런 것이 여러 잣대를 동시에 인정하는 태도다. 제자에 대한 평만이 아니다. 남에 대한 평 역시 마찬가지다.

자공이 물었다. "공문자가 어떻게 문文이라 불립니까?" 공자께서 답하길 "민첩하며 배우는 것을 좋아하고, 아랫사람에게 묻는 것을 부끄러워하지 않았다. 그렇기 때문에 문이라 일컬은 것이다."

子貢問曰 孔文子 何以謂之文也 子曰 敏而好學 不恥下問 是以謂之文
자공문왈 공문자 하이위지문야 자왈 민이호학 불치하문 시이위지문
也
야
(공야장, 14장)

공문자는 위나라 대부인 공어孔圉라는 인물이다. 죽은 뒤에 위나라 왕이 공문자孔文子라는 시호를 내렸다. 왕이 시호를 내린다는 것 자체가 백성들에게 본받을 만한 사람이라고 공인하는 것이다. 게다가 '문文'이라는 글자는 학문과 인품이 모두 뛰어난 최우수 등급의

사람에게 붙이는 시호에 든다. 요즘으로 치자면 최고 등급인 금관 문화훈장을 받은 셈이다. 그런데 자공은 '공문자가 그 등급의 위인은 절대 아닌데?'라는 생각이 들었던 모양이다. 그래서 공자께 물은 것이다.

공문자는 위나라에서 나름 공이 많았던 사람이다. 하지만 행적을 보면 인품이 아주 뛰어난 사람은 아니었던 듯싶다. 왕권 다툼이 벌어졌을 때 법도에 따르지 않은 듯 하며, 대부 간 세력 다툼에서 개인적인 이유로 다른 대부를 공격하려 했던 적도 있다.(『좌전』에는 인륜에 어긋나는 짓도 꽤 한 사람으로 나온다. 하지만 『좌전』은 위작이라는 의심도 받는 책이다. 또 결론을 먼저 내고 사실을 짜 맞추는 요즘 황색언론 같은 면모도 일부 보인다. 공자의 어투로 볼 때 『좌전』의 기록만큼 저열한 사람은 아닌 듯하다.)

어쨌든 자공이 보기에는 영 아니다 싶은데, 공자께서는 '문'이라는 칭호를 받을 만하다고 보았던 모양이다. 그다음 문장이 공자의 대답인데 여러 가지로 새길 것이 많다. 자기가 늘 옳다고 생각하는 사람이 민첩하다. 틀릴 가능성을 고려하는 사람은 신중하다. 그래서 민첩하며 동시에 배움을 좋아하는 사람은 드물다. 머뭇거리지 않고 때에 맞춰 행동하되, 늘 배우려고 하면 그건 높이 평가할 만하다. 게다가 아랫사람에게 묻는 것 또한 대단하다. 지위는 일에 대한 권한을 정해주는 하나의 잣대일 뿐이다. 지위가 학식이나 인품을 모두 포함하는 잣대는 결코 아니다. 하지만 사람들은 그렇게 행동하지 않는다. 자기도 모르는 내용을 질문하는 제자를 좋아하는 교수는 매우 드물다. 심지어는 한두 해 선배만 되어도 후배의 모든 일에 대해 멘토 노릇을 하려 든다. 배움을 토대로 하는 학교도 그러니, 회사나 공직 사회는 더 말할 것도 없다. 대부분의 사람들은 직위라는 자 하나면 길이뿐만 아니라 무게도, 온도도, 압력도 죄다 잴 수 있는 것처럼 행동한다. 예나 지금이나 불치하문不恥下問은 가히 문의 칭호를 받을 만한 태도다.

확실히 공자께서 사람을 평가하는 기준은 예리하다. 그런데 공자의 대답을 보면 내용보다 태도가 더 멋있다. 자공의 질문은 행실에 관한 것이다. 하지만 공자는 그 부분은 언급조차 안 한다. 왜 언급을 안 했을까? 그토록 명예로운 문文이라 하더라도 나름의 기준이 있으니 그 기준에만 맞으면 된다고 본 것이다. 이는 뒤집어보면 문이 들어가는 시호를 받았다고 인품의 모든 면을 인정할 필요는 없다는 뜻도 숨어 있다. 시쳇말로, 참 쿨하다. 무엇을 평가하느냐에 따라 기준을 정한다는 것이다.

이런 공자의 태도는 유명인을 다루는 우리나라 언론의 모습과 바로 대조가 된다. 인기 연예인이나 운동선수는 일반 대중에게 미치는 영향력이 크다. 이를 생각하면 보통 사람보다는 조금 조심해야 하는 것이 맞다. 하지만 그 친구들이 도 닦은 고승처럼 살 수는 없는 일이다. 인기인으로 산다는 것은 늘 스트레스를 받는다는 의미다. 어쩌면 또래의 일반인보다 실수할 가능성은 더 높을 수도 있다. 그런데도 작은 실수라도 하면 언론에서는 난리가 난다. 대중이 그동안 보냈던 찬사에 대한 배반이라며 설쳐댄다. 말투만 보면 돈 떼먹고 도망간 채무자를 닦달하는 대부업체 직원과 다를 바 없다. 그간 크게 칭송했던 것이 억울하다는 듯이 목소리를 높인다. 그러나 칭송이란 채권채무 관계가 아니다. 그냥 접으면 그만이지, 그렇게 난리칠 일이 아니다.

연기자라면 맞지 않는 역을 부당한 방법으로 따냈을 때 비판받는 것이 옳고, 운동선수라면 성의 없이 경기를 치렀을 때 욕먹는 것이 맞다. 그러나 그 외의 일에 대해서는 일반인에게 적용하는 기준보다 특별히 높아야 할 이유가 없다. 뒤집어보면 인기인의 말이라고 해서 옆집 아저씨 말보다 더 중히 받아들일 이유가 없다는 얘기와 같다. 인기라는 잣대가 인품을 재는 잣대로 취급되고, 인기인의 말이 석학의 말처럼 뻥튀기가 되는 세상은 이제 좀 벗어나야 할 때가 되었다.

무한 비교와 무한 경쟁의 올가미
세상의 잣대와 나의 잣대

다양한 잣대를 적용하지 못하는 사람의 태도는 크게 둘로 나뉜다. 하나는 자신만의 잣대를 지나치게 고집하는 것이다. 다른 하나는 세상의 잣대를 무조건 받아들이는 것이다. 둘 다 좋은 비교방법은 아니지만 경쟁의 문제와 관련해서 생각하면 후자가 더 문제다. 자기의 자를 고집하는 사람은 꼴불견이기는 하지만 경쟁심으로 세상을 어지럽히지는 않는다. 그저 제 잘난 멋으로 살아갈 뿐이다. 또 남의 잣대를 무시하기는 해도 대놓고 싸움을 걸지는 않는다. 하지만 세상의 잣대를 무조건 받아들이면 심각해진다. 사회적으로는 다른 잣대를 가진 사람을 배척하고 공격하게 된다. 개인적으로는 무한 경쟁이라는 개미지옥에 갇히게 된다. 자신의 잣대를 고집하는 문제는 독선 마당에서 다루기로 하고, 여기서는 세상에서 중시되는 자尺라고 무조건 받아들여야 하는지 먼저 생각해보자.

자장이 물었다. "선비가 어떠하면 통달했다고 할 수 있습니까?" 공자께서 되물었다. "네가 통달이라고 하는 것이 무엇이냐?" 자장이 대답했다. "나라에서도 반드시 (이름이) 들리고, 집안에서도 반드시 (이름이) 들리는 것입니다." 공자께서 답하길 "그것은 (이름이) 들림이지 통달이 아니다. 무릇 통달이라는 것은 바탕이 곧고 옳음을 좋아하며, 말을 살피고 안색을 살피어 스스로를 낮출 수 있는 것이니 (이렇게 되면) 나랏일에 통달하고, 집안일에 통달하게 된다. 무릇 (이름이) 들린다는 것은 안색을 꾸며 어짊을 취하면서 행동은 어긋나고, (그 평판에) 머무름에 의심이 없는 것이니, (그렇게 하여) 나라에서 (이름이) 들리고, 집안에서 (이름이) 들리는 것이다."

子張問 士何如斯可謂之達矣 子曰 何哉爾所謂達者 子張對曰 在邦
자 장 문 사 하 여 사 가 위 지 달 의 자 왈 하 재 이 소 위 달 자 자 장 대 왈 재 방
必聞 在家必聞 子曰 是聞也 非達也 夫達也者 質直而好義 察言而觀色
필 문 재 가 필 문 자 왈 시 문 야 비 달 야 부 달 야 자 질 직 이 호 의 찰 언 이 관 색
慮以下人 在邦必達 在家必達 夫聞也者 色取仁而行違 居之不疑 在邦
려 이 하 인 재 방 필 달 재 가 필 달 부 문 야 자 색 취 인 이 행 위 거 지 불 의 재 방
必聞 在家必聞   (안연, 20장)
필 문 재 가 필 문

자장은 공자님과 나이 차가 좀 나는 후기 제자다. 여느 젊은이처럼 출세나 명성에 관심이 많고 그것을 '통달'의 잣대로 보는 자장에게 공자가 새로운 기준을 제시한 것이다.

유명한 음식점과 제대로 된 맛집은 다르다. 2류, 3류의 맛인데도

이름만 유명한 음식점이 한둘이 아니다. 하지만 잘 모르는 동네에서 식사 대접할 일이 생기면 할 수 없다. 인터넷을 뒤져야 한다. 음식이 시원찮아도 "유명하다고 해서 왔는데 별로네" 한마디면 양해를 구할 수 있기 때문이다. 그런 것이 세상의 자다.

하지만 마음이 통하는 사람에게 대접할 때는 그렇게 하지 않는다. 내가 가본, 진짜 맛있는 집으로 데리고 간다. 일도 그렇다. 내 일을 맡길 사람이라면 어떻게든 통달한 사람을 찾는다. 하지만 공적인 일을 맡길 때는 이름 있는 사람에게 맡기는 편이 안전하다. 내가 독박을 쓸 위험을 피할 수 있기 때문이다.

맡는 쪽의 입장은 어떨까? 한 번 이름을 얻으면 큰일을 할 기회가 많아지고, 큰일을 했다는 것만으로 이름이 다시 올라간다. 그러다가 자기가 기준이 되는 위치까지 올라가면 그다음부터는 탄탄대로다. 세상이 알아서 내 기준에 맞춰주니, 무얼 해도 남보다 유리하다. 유명한 음식점이 되면 실력 있는 주방장이 알아서 찾아온다. 주인은 그저 돈만 세면 된다. 올라타기는 힘들지만, 한 번 올라타면 알아서 굴러가는 기차. 큰 실수만 조심하면 계속 타고 나아갈 수 있는 기차. 그것이 명성이라는 이름의 기차다. 그 기차에 한 번 올라타려고, 너나 할 것 없이 홍보에 목숨을 건다. 공자 시대에도 다르지 않았나 보다.

그런데 그 기차에 올라타면 과연 행복이 보장될까? 바꿔 묻자면 명성은 그 자체로 행복이 되는 것일까? 아니면 명성이 행복이 되기 위해서는 또 다른 조건이 필요한 것일까?

자장이 녹봉을 받는 방법을 물으니 공자께서 말씀하셨다. "많이 들어 의심나는 부분은 빼고, 말을 신중하게 하면 허물이 적다. 많이 보아 위험한 것을 빼고, 행동을 신중하게 하면 후회가 적다. 말에 허물이 적고, 행동에 후회가 적으면 녹이 그 안에 있다."

子張 學干祿 子曰 多聞闕疑 愼言其餘則寡尤 多見闕殆 愼行其餘則寡
자장 학간록 자왈 다문궐의 신언기여즉과우 다견궐태 신행기여즉과
悔 言寡尤 行寡悔 祿在其中 (위정, 2장)
회 언과우 행과회 녹재기중

또 자장이다. 간록干祿은 관리가 되어 녹봉 받는 것을 가리킨다. 공자는 관리가 되어 녹봉을 많이 받고 싶은 제자에게 뭐라고 하셨을까? "너는 왜 늘 세속적인 성취에만 신경을 쓰니?"라고 야단치셨을까? 아니다. 자장은 녹을 받는 구체적인 방법을 물었지만, 공자님은 녹봉을 받을 자격을 갖추는 수양의 방법을 말한다. "음식점이 대박이 나려면 어찌해야 합니까?"라고 묻는데, 맛있는 음식을 만드는 레시피를 가르쳐준 셈이다.

자장이 세속적이라고 너무 탓하지는 말자. 젊을 때는 다 그런 법이다. 자장도 나이가 들어서는 '자장 왈'로 시작하는 그럴 듯한 말을 논어에 남기게 된다. 사람은 누구나 의미 있는 삶을 살고 싶어 하고, 중요한 사람이 되고 싶어 한다. 특히 젊을수록 그렇다. 그런데 젊을 때는 모른다. 무엇이 의미 있는 삶인지, 어떤 사람이 중요한 사람인지를. 그래서 세속적인 기준에 끌릴 수밖에 없다.

문제는 세상의 평가 기준이 그리 정교하지 못하다는 데 있다. 세상은 어떤 것들을 주로 평가 기준으로 삼을까? 우리의 삶에 영향을 크게 미치는 순서대로? 꼭 그런 것은 아니다. 많은 영역에서 공식적

인 서열과 실제 영향력의 서열은 다르다. 평가 기준의 서열도 마찬가지다. 눈에 보이지 않게 숨어 서열을 조정하는 것이 있다.

사람은 사회적 동물이다. 사람을 지구상 최강의 일진으로 존재하게끔 만든 능력은 소통과 협동 능력이다. 그래서 인간은 기준을 공유하려는 경향이 있다. 그런데 동시에 사람은 집단 내에서 튀고자 하는 경향도 가지고 있다. 자신에게 유리한 기준, 자신에게 중요한 기준을 관철시키려는 경향도 있다는 것이다. 모든 생물은 다른 종과의 경쟁과 동종 내에서의 경쟁이라는 두 가지 숙명을 타고난다. 끊임없이 자신을 내세우려 하면서도 동시에 합의를 찾아내어 사회를 유지시키려 하는 것, 그것이 인간이라는 복잡한 존재다.

이런 모순된 욕구를 동시에 만족시키려면 방법은 하나밖에 없다. 명확하고 확실한 것을 기준으로 삼아야 한다. 평가의 용이성. 그것이 평가 기준의 서열을 조정하는 보이지 않는 손이다. 그중 대표적인 것이 숫자다. 숫자로 딱 떨어지는 것을 비교의 기준으로 삼으면 누군가가 시비 걸 확률이 많이 줄어든다. 그러다 보니 숫자로 표현할 수 있는 것은 실제보다 더 핵심적인 가치로 받아들여지는 경향이 있다. 녹봉은 그 자체로 '숫자'다. 명성은 그 이름을 아는 사람의 '숫자'가 많다는 것이고, 직위는 높은 서열의 '숫자'를 가진다는 의미다. 그것이 젊은 자장의 관심사다. 하지만 숫자 중심 사고는 숫자로 표현할 수 없는 것의 가치를 묻어버리게 만든다.

세상에 나온 지 70년이 넘었지만 아직도 어른을 위한 동화의 첫손에 꼽히는 생텍쥐페리의 『어린왕자』에는 이런 대목이 나온다. "어른들에게 '창가에는 제라늄 화분이 놓여 있고, 지붕 위에는 비둘기가 있는 장미색 벽돌집을 보았어요'라고 말하면 그들은 어떤 집인지 상상하지 못한다. 그들에게는 '10만 프랑짜리 집을 보았어요'라고 말해야 한다. 그러면 '아! 멋진 집이구나'라고 말한다."

원래 사람은 숫자를 맹신하는 경향이 있다. 게다가 시장이라는 것이 생기고, 화폐경제가 생기면서 모든 가치를 시장가치 중심으로 따지게 되었다. 나는 집 주변의 가장 좋은 산책길이 어딘지 안다. 어느 가게가 친절한지 알고, 어느 음식점이 맛있는지도 안다. 다른 동네로 이사를 가면 이 모든 것이 없어진다. 새로 이사 간 집의 가격이 이전 집과 같더라도 이 두 집의 가치를 동등하다고 볼 수 있을까? 숫자로는 결코 잡히지 않는 일상에서의 소소한 행복은 별로 중요하지 않은 것일까? 몇십 년을 살아온 땅을 빼앗으며 그저 공시지가에 조금 더 붙여주면 정당한 것일까? 예상 수입을 정확히 산정해준다는 호프만식 계산법에서 그가 하던 일에서 느껴왔던 보람에 대한 가치는 어디로 날아가는 것일까?

여기서 이야기가 더 나가면 세상에 대한 전면적인 비판으로 넘어가게 되니, 이 정도에서 자제하기로 하자. 어쨌든 숫자가 늘 좋은 기준이 아니라는 것은 마음에 담아두는 편이 좋겠다. 공자는 자장에게 말한다. 세상의 기준에 너무 민감하지 말라고, 숫자로 나타나는 기준은 별 게 아니라고. 녹봉이나 명성은 내가 떳떳할 때 행복에 기여한다. 내가 자신이 없을 때는, 그것을 지키기 위해 안간힘을 쓸 때는 녹봉도 명성도 내 발목을 묶는 족쇄일 뿐이다. 그러니 음식점 대박 날 생각은 먼저 맛있는 음식을 만드는 법부터 배우고 나서 하라는 것이다.

세상의 기준을 맹목적으로 받아들이면, 그래서 숫자나 서열에 민감해지면, 엉뚱한 것을 좇기 쉽다. 게다가 쉽게 멈추지도 못한다. 숫자는 묘하게 사람을 자극하는 힘이 있다. 귓가에 붙어 '조금만 더, 조금만 더'라고 속삭인다. 그 속삭임을 따르다 보면 큰 것, 높은 것, 빠른 것, 강한 것에 대한 집착이 생기게 마련이다. 적당함에 대한 감각이 흐트러지기 때문이다. 공자 역시 적당함에서 벗어나는 걸 경계했다.

> 자공이 물었다. "사(자장)와 상(자하) 가운데 누가 더 현명합니까?" 공자께서 "사는 지나치고, 상은 미치지 못한다"라고 대답했다. 자공이 다시 물었다. "그럼 사가 더 낫습니까?" 이에 공자께서 답하셨다. "지나친 것은 미치지 못한 것과 같다."

子貢問 師與商也 孰賢 子曰 師也過 商也不及 曰然則師愈與 子曰
자공문 사여상야 숙현 자왈 사야과 상야불급 왈연즉사유여 자왈

過猶不及 (선진, 15장)
과유불급

유명한 과유불급 이야기다. 이와 관련된 이야깃거리는 우리 주변에 넘치도록 많다. 그동안 소재를 축구니 바둑이니 하는 쪽에서 찾았으니, 이번에는 육아 문제를 한번 이야기해보자. 조기교육이랍시고 글자나 수식을 어릴 때부터 가르치는 부모들이 있다. 위험한 짓이다. 아이에겐 두뇌 발달 정도에 맞는 지적 자극이 가장 좋다. 추상 체계를 다루는 측두엽은 만 6세, 즉 72개월이 넘어야 발달하기 시작한다. 그 이전에는 숫자나 문자 같은 기호체계를 배우는 것은 뇌 발달에 안 좋다. 어릴 때는 단어도 자기가 보고, 만지고, 느낄 수

있는 구체적인 사물 위주로 배우는 것이 바람직하다. 그래야 두뇌가 고르게 발달된다.

인간의 진화 속도는 빠르지 않다. 인간은 아직도 구석기시대의 환경에서 최적의 인성 발달과 두뇌 발달이 이뤄지도록 설계된 채 태어난다. 어린 시기에 정보가 지나치게 쏟아져 들어오면 뇌 발달에 지장이 생긴다. 아이는 극성스럽지 않은 보통 부모가 키울 때 성격도, 지능도 가장 잘 발달한다. 그런데 여기서 보통이라는 것은 2015년 대한민국의 평균적인 부모라는 뜻이 아니다. 인류 몇만 년 역사, 지구 곳곳의 부모들 평균을 말하는 것이다. 옆집 아이와 우리 애를 끊임없이 비교하고, 하나라도 뒤처지면 큰일 난다고 여기는 대한민국의 보통 부모는 범국가적으로 경쟁을 몰아치는 이상한 나라에서나 관찰되는 특이한 부모다. 늘 과過해서 결국은 불급不及한 상태로 만드는 부모다.

과유불급이 진리가 되는 이유는 간단하다. 세상에는 공짜가 없기 때문이다. 어느 하나에 지나친 에너지를 쏟으면 다른 곳에 쏟을 에너지가 부족해진다. 그런데 사람의 삶은 가장 부족한 부분의 영향을 가장 강하게 받는다. 소유 마당에서 이야기한 최소양분율의 법칙(식물이 자랄 때 성장 속도는 그 식물에게 가장 부족한 영양분의 양에 의해 결정된다)은 삶의 어느 영역에나 고르게 적용된다. 아이는 놀아야 하고, 싸움도 해야 하고, 넘어져서 다쳐도 봐야 한다. 그래야 겉보기에만 화려할 뿐 어느 한 쪽으로 물이 새는 불량 물통이 되지 않는다.

아이를 잘 키우는 방법은 간단하다. 옆집 아이와 비교하지 않으면 된다. 특히 숫자로 나타나는 영역에서 비교하지 않는 것, 그것이 핵심이다. 숫자로 표시되는 영역의 능력은 대한민국의 대부분 아이들에게 이미 넘친다. 그 아이들이 중학교, 고등학교를 거치며 서서히 열등생이 되는 이유는 다른 영역이 망가지기 때문이다. 자존감, 다양한 경험, 행복감 등 숫자로 표현하지 못하는 영역에서부터 금이 가기 시작한다. 그렇게 망가지기 시작하면 결국은 숫자로 표현되는 영역의 능력 역시 혼자 버티지 못하고 같이 무너진다. 과한 것은 덜고 모자란 것은 채우는 교육이 바른 교육이며, 공자가 행한 방식이다.

자로가 물었다. "들으면 곧바로 실행해야 합니까?" 공자께서 "아버지와 형이 살아 계신데 어떻게 듣자마자 행하겠느냐"라고 답하셨다. 염유(염구)가 "들으면 곧바로 실행해야 합니까?"라고 묻자 공자께서는 "들으면 곧바로 실행해야 한다"고 답하셨다. 이에 공서화가 물었다. "자로의 물음엔 '아버지와 형이 계시다' 하시고, 염유의 같은 질문엔 '들으면 곧바로 실행해야 한다'고 하시니, 어떤 까닭인지 알 수 없어 감히 여쭙습니다." 공자께서 답하셨다. "염유는 물러서기 때문에 나아가게 한 것이고, 자로는 용맹한 까닭에 물러서게 한 것이다."

子路問 聞斯行諸 子曰 有父兄在 如之何其聞斯行之 冉有問 聞斯行諸
자 로 문 문 사 행 제 자 왈 유 부 형 재 여 지 하 기 문 사 행 지 염 유 문 문 사 행 제
子曰 聞斯行之 公西華曰 由也問聞斯行諸 子曰 有父兄在 求也問聞斯
자 왈 문 사 행 지 공 서 화 왈 유 야 문 문 사 행 제 자 왈 유 부 형 재 구 야 문 문 사
行諸 子曰聞斯行之 赤也惑 敢問 子曰 求也退故進之 由也兼人故退之
행 제 자 왈 문 사 행 지 적 야 혹 감 문 자 왈 구 야 퇴 고 진 지 유 야 겸 인 고 퇴 지

(선진, 21장)

필요한 것은 순위 싸움에 앞서는 것이 아니다. 자신에게 지금 부족한 점을 채우는 것이다. 용맹도 적당한 것이 좋고, 신중함도 적당한 것이 좋다. 공자를 특정 가치의 표상으로 삼고 싶어 하는 사람들이 많다. 그들은 공자라는 이름을 일방통행 도로 옆에 표지판처럼 세워 놓는다. '공자의 길'이라는 편도 티켓을 판다. 자신들이 파는 티켓의 목적지도 모르면서 말이다. 많은 종교나 사상이 비슷한 짓을 한다. 그러나 공자는 넓은 벌판의 중심을 고민하는 사람이다. 스스로도 그렇고, 제자들에게 가르치는 것도 그렇다. 그래서 군자는 비교에 매몰되지 않는다고 하는 것이다. 비교는 높낮이나 너비 등 크기를 따지는 행위다. 거기서 방향을 잊으면 크기는 아무 의미가 없다.

세상의 자는 원래 문제가 많다. 별로 중요하지 않은 잣대가 일시적인 유행에 따라 강조된다든지, 여론을 장악할 수 있는 집단이 별스럽지도 않은 것을 중요한 잣대로 내세운다든지 하는 일은 늘 일어난다. 그러나 세상의 잣대를 의심 없이 믿다 보면 엉뚱한 것을 기준으로 비교하는 경우가 많아진다. 게다가 그것으로 끝이 아니다. 세상의 잣대를 무조건 따라가는 짓에는 벌금 외에도 과태료가 두 가지나 더 붙는다.

첫번째로 비교의 대상이 되지 말아야 할 것을 비교의 대상으로 삼게 한다. 예전의 비교는 그나마 내 주변의 몇 사람과의 비교였다. 세상의 기준을 가지고 따진다고 해도 마냥 비교에 매몰될 위험이 적었다. 그런데 요즘 세상은 너무 많은 정보를 제공한다. 예전에는 반안潘安이 미남이라도, 서시西施가 미녀라도 다 이야기로 듣고 상상할 뿐이었다. 그러나 요즘은 많은 사람들이 거의 매일 저녁 TV를 통해 연예인을 옆집 사람처럼 만난다. 게다가 드라마에서는 성격조차 매력적이다. 내 남자를 도민준(〈별에서 온 그대〉)과 비교하거나, 내 여자를 지혜수(〈괜찮아 사랑이야〉)와 비교하면 곤란하다. 우리의 비교 본능은 그저 몇몇이 모여 살던 작은 집단 사회에서 형성된 것이다. 요즘 같은 정보의 홍수 시대에 맞는 본능이 아니라는 것이다. 오늘날은 세상의 기준에 매몰되지 않는 것, 내게 소중한 것을 찾아내는 것이 그래서 더 중요해졌다.

두번째로는 무한 비교에 파묻히게 하는 부작용이 있다. 인터넷을 한 시간을 뒤져 3000원 싸게 샀다고 좋아하는 사람이 있다. 그 사람에게 3000원 줄 테니 나를 위해 한 시간 인터넷을 검색해 자료를 찾아달라면 안 한다. 당연하다. 2015년 최저임금이 시급 5580원이다. 3000원에 할 리가 없다. 그에게 중요한 것은 3000원이 아니다. 남들보다 싸게 샀다는 성취감. 그게 그 사람이 한 시간의 노동을 한 이유다. '석기시대의 본능', 그것이 최선을 찾으라며 무한 비교를 강요하고, 결과적으로 우리의 노동을 착취하는 악덕 고용주의 이름이다. 비교할 대상이 둘, 셋이었을 때 형성된 본능이 몇백, 몇천을 놓고 같은 짓을 하라고 몰아세우는 것이다. 앞서도 밝혔듯이 무한 비교는 절대 최선의 결과를 찾아내지 못한다. 무한 비교는 빈대 잡자고 초가삼간 태우는 짓이다. 진짜 소중한 것이 무엇인지를 까맣게 잊게 만든다.

비교에 걸려 넘어진 자, 비교를 짚고 일어서라
나만의 기준을 찾아서

'하나의 잣대에 매달리지 말자' '세상에서 중요시하는 잣대라고 무조건 맹신하지 말자' '무한 비교에 매달리지 말자' 대충 이 정도가 비교에 대한 결론이다. 그런데 그냥 하지 말라고 하고 끝내면 좀 무책임해 보인다. 알면서도 잘 못하는 것이 사람이기 때문이다. 잘못된 비교에 빠지지 않는 요령을 검토해보자.

보조국사 지눌 선사의 어록에 '땅에서 넘어진 자 땅을 짚고 일어서라'라는 구절이 있다. 민간의학에서는 '독초가 난 자리 옆에 해독제가 있다'라는 말도 있다. 잘못된 비교에서 벗어나는 길 역시 비교에 있다. 우리의 비교 본능은 차이를 찾는 일에 민감하다. 하지만 공통점은 어떨까? 공통점 역시 비교에서 찾을 수 있다. 공통점을 찾는 능력과 차이점을 찾는 능력이 균형을 잡으면 비교는 더 이상 무서운 함정이 아니다. 우리의 이해를 돕는 좋은 도구가 된다.

> (공자는) 마을 사람들과 술을 마실 때는, 막대를 짚은 사람이 나간 뒤에 나왔다.
>
> 鄉人飲酒 杖者出 斯出矣　　　　　　　　　　(향당, 10장)
> 향인음주　장자출　사출의

이 문장은 때로는 "노인이 나갈 때는 따라 나섰다"로 보기도 한다. 노인보다 먼저 자리를 뜨지 않았든, 노인이 나갈 때는 배웅을 했든 결론은 같다. 예의를 지켰다는 말이다. 대부의 자리를 맡든, 많은 제자들에게 존경받는 스승이 되든, 그건 그 집단에서의 문제다. 동네 사람과 술을 마실 때는 더 연장자가 있으면 그에게 예를 표하는 것이 맞다. 그것이 당시 인간끼리의 공통 예절이다. 그건 요즘도 마찬가지다. 국회의원이든 장관이든 사적인 술자리에서는 연장자에게 예의를 표함이 맞다.

어느 젊은 국회의원에게서 비슷한 모습을 본 적이 있다. 돼지저금통을 모아 정치인의 후원금을 전달하는 자리였다. 저금통에서 나온 동전들이 수북하게 모여 마대자루에 담겼다. 동전이 담긴 마대자루는 제법 무겁다. 그런데 어느 국회의원이 마대자루를 번쩍 들고 옮겼다. "아니 의원이 직접 옮겨? 허리라도 다치면 어쩌려구?" 그때 그 의원의 답이 "제가 제일 젊잖아요"였다.

자리와 무관하게 사람은 사람이다. 사람이라면 공통적으로 느끼는 감정이 있다. 사람이라는 공통점과 자리라는 차이점 사이의 균형을 잡는 사람은 존경받을 가치가 있다. 나는 요즘도 그 국회의원의 정치적 행보에 많은 관심을 가지고 있다. 사람에 따라, 모임에 따라 차이점에 주목하는 사람이 있다. 하지만 사람의 본성에, 사람이 모이는 자리의 공통점에 초점을 맞추는 사람도 있다. 독자 눈에는 어느 사람이 나아 보이는가? 뒤쪽의 사람이 나아 보인다면 자신도 그런 사람이 되기 위해 노력할 일이다.

공통점과 차이점에 대해서는 할 이야기가 많다. 하지만 이 이야기는 나중에 다름 마당과 어짊 마당에서 본격적으로 하기로 하자. 어쨌든 공통점과 차이점을 보는 눈에 균형이 잡히면 상황을 고려한 비교가 가능해진다. 우리는 사람을 비교할 때 그가 이룬 업적을 기준으로 비교하는 경우가 많다. 하지만 무언가를 이루는 데는 환경의 영향이 크다. 사람에 대한 평가는 과정을 고려해야지, 결과만 보고 할 수는 없다.

> 먼저 예악으로 나간 사람은 야인이고, 나중에 예악으로 나간 사람은 군자다. 만일 쓴다면 나는 먼저 나간 이를 쓸 것이다.
>
> 子曰 先進 於禮樂 野人也 後進 於禮樂 君子也 如用之則吾從先進
> 자왈 선진 어예악 야인야 후진 어예악 군자야 여용지즉오종선진
>
> (선진, 1장)

이 문장에서 선진과 후진에 대한 해석은 구구하다. 예악이라는 개념이 없던 시절에 먼저 예악을 생각한 옛사람과 요즘 사람으로 보기도 하고, 공자님의 초기 제자와 후기 제자로 보기도 한다. 야인과 군자의 구분도 벼슬을 한 사람과 아닌 사람으로 보기도 하고, 거칠고 질박한 사람과 제대로 갖춘 사람으로 나누기도 한다. 어쨌든 어떤 분야이건 처음 개척하고, 처음 배운 사람은 어딘가 부족하고 모자라기 마련이다. 많은 시행착오가 쌓여 체계적으로 정리가 된 것을 배우는 사람이 제대로 배우고 세련되게 활용한다. 그런데 그 다음 말이 반전이다. 공자는 자신이라면 부족하고 거친 사람을 쓰겠다고 한다.

한때의 일등이라는 것이 있다. 위키피디아 백과사전에서 마라톤 세계신기록을 검색해보면 1908년의 4회 런던올림픽 기록부터 나온다. 2시간 55분 18초다. 요즘은 동호인 중에도 3시간 안으로 들어오는 사람들이 있다. 올림픽에서 최초로 2시간 30분의 벽을 깬 것

이 우리나라의 손기정이다. 1936년 베를린올림픽에서 2시간 29분 19초를 기록했다. 요즘은 그 기록으로는 올림픽에 나가기도 힘들다. 1960년 로마올림픽에서는 에티오피아의 아베베가 맨발로 뛰어 2시간 15분 16초를 기록한다. 4년 후 도쿄올림픽에서는 운동화를 신고 뛰어 2시간 12분 12초를 기록한다. 요즘도 코스 상황이나 기상 조건이 좋지 못한 대회에서는 2시간 12분대 기록으로 우승하는 경우가 가끔 있기는 하다. 하지만 현재 세계최고 기록은 2시간 3분 38초이고, 전세계적으로 2시간 10분 이내의 기록을 가지고 있는 선수만 해도 수백 명이 넘는다. 그렇다면 왜 위키피디아는 동호인 수준의 기록, 대회 참가기준 이하의 기록, 수백등 밖의 기록을 모아 놓고 있을까?

그것은 당시의 환경, 당대의 훈련 방법을 전제로 했을 때 최고의 기록이었기 때문이다. 사람에 대한 바른 평가, 사람 사이의 올바른 비교는 그가 처한 환경에서 얼마나 해냈는가를 기준으로 해야 한다. 누구든 익숙한 환경에서는 잘 배우면 제법 잘할 수 있다. 하지만 새롭고 낯선 환경에서 얼마나 해낼 수 있는가는 다르다. 스스로 깨우친 것이 많은 사람이 잘 하지, 배웠다고 잘 하는 것이 아니다.

'공통점 찾기' '상황 고려하기'만큼 좋은 방법이 하나 더 있다. 나와 나를 비교하는 방법이다. 프로 운동선수들이 많이 하는 방법이다. 자신이 가장 컨디션이 좋았을 때의 영상자료를 보며 지금의 자세와 그때의 자세를 비교하는 방법이다.

옛 사람들이 말로 하지 않은 것은 행동이 따라가지 못하는 것을 부끄럽게 여겼기 때문이다.

子曰 古者 言之不出 恥躬之不逮也 　　　　　(이인, 22장)
자왈 고자 언지불출 치궁지불체야

　생각을 말로 내뱉으면 그 말에 갇혀 잘못된 것인지 알면서도 따라가는 경우가 많다. 심리학에서는 말의 그런 영향을 가리켜 '선언효과'라고 부른다. 어쨌든 말해놓고서 못 지키는 것은 창피하다. 하지만 말로 했다고 해서 무조건 지키는 것도 곤란하다. 경험해보니 잘못되었음을 알았는데도 체면 때문에 따라가는 경우도 있다. 그래서 말을 조심하는 것이다. 하지만 말로 안 했다고 그 일을 쉽게 포기하면 그것도 잘 하는 짓이 아니다. 그래서는 발전이 없다. 공자 말씀이 옛날 사람은 말 안 하고 그냥 뭉갰다는 뜻은 아닐 것이다. 말로 하지 않았다는 것에는 마음에는 늘 담아두었다는 속뜻이 담겨 있다. 내가 처음 먹은 마음과 지금의 상황을 계속 비교했다는 것이다.

　고교 동창 이야기를 하나 하자. 지금은 굉장히 가깝게 지내는 친구지만 고등학교 때는 그리 친한 편은 아니었다. 친구의 친구라서 그저 얼굴, 이름 아는 정도로 지냈다. 그와 가까워지게 된 계기가 있다.(그 친구는 그때 일을 기억이나 할는지 모르겠다.)

　그 친구가 군대에서 휴가를 나왔을 때 같이 술자리를 가진 적이 있었다. 친구는 그때 내무반에서 최고참이라고 했다. "이제 편하겠네?"라고 했더니 아니라고 한다. 하사관이나 소대장에게 정강이를 걷어차이는 게 일과라고 한다. 왜 그러냐고 물었더니 후임들을 때리지 않아서 그렇단다. 자기가 내무반 최고참이 되고 내무반 내에

구타와 기합을 다 없앴다는 것이다. 그러자 소대장이며 하사관이며 '고참이 기강을 안 잡는다'고 사소한 걸로 트집 잡아 계속 괴롭힌다는 것이다. "나 좀 안 까이게 하자"라고 한마디만 해도 후임병들이 알아서 다른 내무반보다 훨씬 더 잘하는데 다른 내무반 고참들의 불만 때문에 당하는 것 같다고 한다. "계속 그렇게 지낼 거야?"라고 물었더니 친구는 "몇 달 안 남았는데 버텨봐야지"라고 대답했다. 그때 새삼 '멋있는 친구구만'이라고 느꼈다. 그리고 그때의 감정이 만날 때마다 조금씩 더 친해지게 만든 계기가 되었다.

요즘 군대 이야기가 아니다. 30년도 더 된 이야기다. 그렇다고 그 친구가 운동권 출신도 아니고 특별히 고집이 센 것도 아니다. 그저 자기가 이병, 일병 때 느꼈던 것을 잊지 않고 있다가 병장이 되었을 때 실행했을 뿐이다. 신병일 때의 자기와 병장인 자기를 비교하는 것, 직원일 때 자기와 경영자가 된 자기를 비교하는 것. 이런 비교를 열심히 하다 보면 굳이 남과의 비교에 혈안이 되는 일이 줄어든다.

> 증자가 말했다. "나는 매일 나 자신에 대하여 세 가지를 살펴본다. 남을 위한 생각에 충실하지 못하지는 않았는가? 친구와 사귀는 데 신의가 없지는 않았는가? 배운 것을 제대로 익히지 않은 것은 없었는가?"
>
> **曾子曰 吾日三省吾身 爲人謀而不忠乎 與朋友交而不信乎 傳不習乎**
> 증자 왈 오 일 삼 성 오 신 위 인 모 이 불 충 호 여 붕 우 교 이 불 신 호 전 불 습 호
>
> (학이, 4장)

공자님 말년에 수석 제자 노릇을 했던 증자의 말이다. 그가 강조한 이 세 가지가 정말 가장 중요한 것인지 아닌지는 넘어가기로 하

자. 어쨌든 자신을 남과 비교하지 않고, 자신이 세운 기준과 비교한다는 것. 이게 중요하다. 사람은 늘 비교한다. 비교를 통해 자신이 신념을 지키고 있는지, 또 늘 발전하고 있는지를 느끼고 싶기 때문이다. 그 기분을 가장 잘 느낄 수 있는 방법은 현재의 자신을 과거의 자신이나, 자신이 세운 기준과 비교를 하는 것이다. 그 일만 자주 해도 남과의 비교는 줄어들게 된다. 나에 대해서뿐만 아니다. 가족을 대할 때도 마찬가지다. 그리 되면 30점 받던 내 아이가 40점만 받아와도 "실력이 늘었네!"라며 칭찬해줄 수 있게 된다.

넷
째

마
당

●

독선

세상의 잣대를 무조건 따르는 사람 반대편에는 자신의 잣대만을 고집하는 사람이 있다. 사람은 원래 자신의 생각에 빠지기 쉬운 경향이 있다. 이런 경향이 사회에서 자신의 위치를 확보하려는 욕심을 만나면 독선의 함정을 피하기 힘들다.

생각이 우물에 빠진 날

내가 종일 먹지 않고, 밤새 자지 않고 생각한 적이 있지만 도움이 되지 않았다. 배우는 것만 못했다.

子曰 吾嘗終日不食 終夜不寢以思 無益 不如學也
자왈 오상종일불식 종야불침이사 무익 불여학야
(위령공, 15장)

'우물을 파도 한 우물을 파라'는 말이 있다. 좋은 말이다. 하지만 두 가지는 알고 있어야 한다. 첫번째로 그냥 재미로 파는 것이면 모르려니와, 물을 얻기를 바란다면 먼저 지세를 살펴야 한다. 물이 안 나오는 자리에서는 아무리 파도 안 나온다. 두번째로 자지도, 먹지도, 쉬지도 않고 파면 4번 요추와 5번 요추 사이의 추간판椎間板이 자리를 지키지 않고 튀어 나온다.(이 상태를 세상에서는 간단히 '디스크'라고 부른다.) 실제 우물에만 해당되는 이야기가 아니다. 생각의 우물도 마찬가지다. 공자가 직접 말한 경험담을 봐도 그렇다.

생각은 걸핏하면 외곬으로 빠지는 경향이 있다. 심각한 알코올

115

중독 상태에 있는 환자는 술의 좋은 점을 잔뜩 열거할 수 있다. 대부분 맞는 이야기다. 하지만 현실은 그렇지 않다. 그가 말하는 장점이 틀려서가 아니다. 그가 외면하고 있는 단점이 있기 때문이다. 인간은 기억을 재료로 생각을 한다. 그러나 그 기억은 공정하게 떠오르지 않는다. 일정한 흐름대로 떠오른다.

부부싸움의 경우를 생각해보자. 부부싸움은 대부분 사소한 일로 시작된다. 하지만 일단 시작하면 점점 커지는 경우가 많다. 싸우기 시작하면 잊고 있었던 서운한 기억들, 억울한 기억들이 하나둘 떠오른다. 어떤 부부들은 바둑 복기하듯이 미주알고주알 지난 일을 꺼내놓으며 싸움을 키운다. '부부대화법'류의 책이라도 한 권쯤 읽은 부부들이나 조금 참을성 있는 부부들은 이야기가 번지게 하지 않으려고 최대한 노력을 한다. 하지만 머릿속에 떠오르는 생각을 억누르며 말하려다 보니 쓰는 단어나 말투가 점점 날카로워진다. 한참을 싸우다 보면 '내가 도대체 이 인간이랑 왜 사나?'라는 생각이 든다. 머리에 떠오르는 것은 죄다 나쁜 기억뿐이지 좋은 기억은 도무지 떠오르지 않는다.

시간이 지나 마음이 가라앉고 나서 생각해보면 꼭 그런 것도 아니다. 살면서 좋았던 일도 적잖이 있다. 그런데 왜 싸우는 중에는 나쁜 기억만 떠오르는 걸까? 좋은 기억이 하나라도 떠오른다면 싸움이 그렇게 험악해지지 않을 텐데, 그게 안 된다. 어떻게든 화해해보려는 마음이 들 때에야 단체수련회를 끝내고 돌아오는 좋은 기억들은, 왜 싸움 와중에는 '꼭꼭 숨어라 머리카락 보일라'를 하고 있는 것일까?

뇌가 작동하는 원리를 알면 이해가 된다. 사람이 머리에 동시활성화시킬 수 있는 기억은 보통 7개 정도라고 한다. 컴퓨터에 비유하자면 동시에 7개 정도의 창을 띄울 수 있다는 것이다. 문제는 지금 화면에 떠 있는 내용과 관련된 창이 우선적으로 떠오른다는 점이다. 컴퓨터는 스포츠 중계 동영상, 바둑 사이트, 워드프로세서, 포털사이트, 웹진, 인터넷 고스톱… 이런 식으로 다양한 창을 띄울 수 있다. 하지만 우리 머리의 작동 방식은 야동을 띄우면 야동만 일곱 개가, 축구 동영상을 띄우면 축구 동영상만 7개가 뜨는 식이다. 내 머릿속의 DJ는 어쩌다 트로트를 하나 틀게 되면 계속해서 트로트 메들리를 트는 버릇이 있다.

이런 방식은 효율적인 면도 있다. 하나의 목표를 가지고 일을 할 때라면 관련된 것 위주로 떠올라야 한다. 관련 없는 것은 당분간 머리에 떠오르지 않는 편이 차라리 좋다. 그래서 인간의 회상 방식이 그런 방향으로 진화한 것이다. 그러나 목표를 결정해야 할 때도 그러면 곤란하다. 결론을 내려야 할 때도 역시 문제가 된다. 긍정적인 경우든, 부정적인 경우든 하나의 생각에 빠져서 벗어나지 못하기 때문이다. 알코올 중독자의 머리에는 술의 장점만, 부부싸움을 하는 부부의 머리에는 배우자의 단점만 계속 떠오른다. 숙련되지 않은 이성은 바른 결론으로 잘 가지 못한다. 감정이 어떤 분위기mood를 형성하면 우리의 머리는 그 분위기에 맞는 내용으로만 7개의 창을 띄운다. 그런 상황에서는 아무리 열심히 생각을 해봐야 결론이 뻔하다. 차라리 기분이 바뀔 때까지 아무 생각도 하지 않고 있는 게 낫다.

그나마 그런 일들이 한 번 그러고 넘어가면 크게 문제될 건 없다. 나중에 돌이켜보면 자신의 생각이 지나쳤다는 것을 느끼게 되기 때문이다. 하지만 문제가 있으면 그 자리에서 해결이 되어야 한다고 믿는 사람, 하나를 생각하면 결론이 나올 때까지 그 생각에 사로잡혀 있는 사람은 문제를 키우게 된다. 혼자만의 생각으로 머릿속에서 박사급 논문을 쓰고, 때론 아예 자신의 머릿속에다 새로운 세상을 하나쯤 만든다. 부지런함은 미덕이고 게으름은 악덕이라지만, 생각의 경우에는 꼭 그런 것만은 아니다.

사람이란 가볍게 생각했던 것에서 잘못이 발견되면 쉽게 바꾼다. 하지만 결론에 도달할 때까지 노력한 것이 크면 클수록 쉽게 그 생각을 버리지 못한다. 그렇게 사로잡히면 주종 관계가 바뀐다. 생각이 사람을 섬겨야 바른 관계다. 하지만 거꾸로 생각의 포로로, 생각의 노예로 살아가는 사람이 적지 않다. 몸은 부지런한 것이 좋지만, 생각은 좀 게으른 편이 안전한 경우가 많다.

외곬이라는 열차의 종착역을 사람들은 독선이라고 부른다. 자신이 섬기는 생각이 절대적으로 옳다고 주장하는 상태다. 우리는 독선적인 사람을 자율적이고 배짱 좋고 적극적인 사람으로 착각하는 경우가 있다. 하지만 아니다. 독선이란, 내 생각을 신처럼 모시고 그 신에 봉사하는 삶을 사는 사람들에게서 나타나는 현상이다. 내 신(생각)이 부정否定당하는 것을 절대 견딜 수 없는 겁쟁이일수록 독선적인 경우가 많다. 겁이 없는 사람은 깨지는 것을 두려워하지 않는다. 제대로 하려면 여러 번 깨져봐야 하기 때문이다.

무엇을 열심히 하는 상태를 집중이라고 한다. 그런데 한번씩 빠져나와 제대로 가는지 확인하는 것이 진짜 집중이다. 빠져나올 줄 모르고 무조건 머리를 처박는 것은 몰두沒頭라고 한다. 숨이 막힐 때까지 파고들다가 질식하는 병이다. 빠져나와서 다른 사람은 어떻게 생각하는지도 찾아보고, 자신의 생각을 다른 사람과 나눠도 보고 해야 한다. 특히 나와 다른 생각을 하는 사람과 이야기를 해봐야 한다. 그것이 공자가 말한 배움이다.

엉뚱한 땅에서 우물을 파면 물은 나오지 않으면서 허리만 망가지듯, 생각과 배움 사이에 균형이 없으면 생각을 해도 소득은 없이 시야만 좁아진다. 공자처럼 숙련된 이성을 갖춘 분도 생각만 해서는 안 되더라고 하는 걸 보면 우리네 보통 사람은 당연히 그럴 것이다.

여우의 기준으로만 두루미를 본다면
나를 고집하지 않아야 상대가 보인다

앞 마당들에서 한 이야기를 정리해보자. 경쟁 본능은 두 개의 경기에 주로 등장한다. 하나는 자원 획득 경기다. 소유 본능과 팀을 이뤄 등장한다. 불안감이 줄어들고, 자존감이 높아지면 소유 본능은 경기를 재미없다고 느끼기 시작한다. 이렇게 되면 경쟁 본능도 경기를 수비 위주로 대충하기 시작한다. 두번째 경기가 좀 복잡하다. 존재 가치 인정 경기다.

이 경기의 밑바닥에는 자신의 유전자를 후손에게 남기려는 본능도 깔려 있다. 일단 내가 쓸 만한 유전자를 가진 괜찮은 놈이라는 사실을 남들에게 보여줄 수 있어야 한다. 그래야 배우자를 얻을 수 있는 확률, 더 나아가 좋은 배우자를 얻을 수 있는 확률이 높아진다. 그래서 이 경기도 제법 치열해진다. 이 경기에서 주로 사용하는 전술이 비교다. 그런데 엉뚱한 것을 잣대로 비교를 하기 시작하면 경기를 망친다. 기가 막히게 상대를 제치고 골을 넣었는데, 알고 보니 우리 골대에 넣은 자살골이더라 하는 식이다.

그런데 바른 잣대에 대해서 할 이야기가 더 남았다. 바른 잣대를 찾지 못하는 이유는 크게 두 가지다. 비교 마당에서는 세상의 잣대를 무조건 따라가는 쪽에 초점을 맞췄지만, 하나가 더 있다. 자기 쪽으로 기울어진 잣대를 사용하는 문제다. 경기에 비유하자면 규칙을 이해하려 하지 않고, 규칙을 자신에게 편하게 바꾸려 한다는 것이다. 그것이 독선이다.

사람은 근본적으로 자기중심적이다. 이솝 우화에서 여우는 두루미를 초대해놓고 두루미가 먹을 수 없는 넓적한 접시에 음식을 담아 주었다. 그런데 이게 꼭 두루미를 골탕 먹이려고 그런 것일까? 그저 자신이 아는 가장 좋은 식사를 대접한 것일 수도 있다. 평소에 두루미를 지켜보고 두루미가 가장 좋아하는 생선을 메뉴로 선택했을지도 모른다. 그러고는 정말 아끼는 귀중한 로얄알버트 접시를 꺼냈을지도 모른다. 그러나 두루미는 골탕을 먹었다고 생각할 수밖에 없다. 여우가 자신을 기준으로 생각했기 때문에 문제를 일으켰다는 것, 그것이 이솝 우화의 진실일지도 모른다. 그래서 중요한 것이 남을 아는 일이다.

남이 나를 알지 못하는 것을 걱정하지 말고, 내가 남을 모르는 것을 걱정하라.

子曰 不患人之不己知 患不知人也
자왈 불환인지불기지 환부지인야 (학이, 16장)

여기서 '모른다/안다'라는 게 가리키는 건 뭘까? 보통은 가치나 능력을 알아주는 것으로, 의역을 하자면 '나를 중요시하느냐'의 의미로 본다. 쉽게 말해서 "출세 못했다고 열 받지 마"로 해석한다는 것이다. 그럼 아예 뒤의 문장도 솔직하게 해석을 해볼까? '남을 모르는 것을 걱정하라'는 말은 "투덜댈 시간 있으면 잘나가는 사람에 대해 연구하라"는 말로 번역하면 아주 솔직해진다. 요즘같이 책 안 읽는 시대에도 꾸준히 팔리는 '성공의 비결'류의 책마다 넘쳐나는 말이다. 이렇게 해석하고 넘어가도 충분히 좋은 이야기다. 특히 출세하는 것에 목매다는 사람이라면 새겨둘 만한 이야기다.

그런데 그렇게 해석하자니 공자가 한 말로 보기엔 좀 품위가 없어 보인다. '안다'라는 것을 감정과 사고방식 등으로 범위를 넓혀보면 어떨까? 훨씬 더 중요하면서도 재미있는 주제가 된다. 왜 남편은 나를 알아주지 않는가? 왜 아내는? 왜 부모는? 왜 내 친구들은? 누구나 살면서 한 번쯤 느껴보는 감정이다. 이걸 한번 생각해보자.

우리가 가장 먼저 인식하는 것은 '나'다. 그리고 이 '나'는 세상을 인식하는 기본이 된다. 아이들의 동화에서 동물이나 사물이 모두 의인화돼서 등장하는 것도, 원시종교가 애니미즘에서 시작된 것도 다 그런 이유다. 세상의 모든 것들이 나와 비슷한 원리로 움직인다고 생각하기 때문이다. 아주 어릴 때는 아예 나와 남의 구분조차 모호하다. 아기들은 엄마와 강하게 이어져 있다고 느낀다. 배고플 때 울면 입에 젖을 물려주는 엄마는 내가 울음으로 조정하는 나의 일부다.

하지만 언제까지나 나 중심 사고에서 머물 수는 없다. 아이들이 '싫어!' '안 해!'를 입에 달고 사는 시기가 있다. 나와 세상이 분리되어 있다는 사실을 강하게 느끼기 시작하는 때다. 나를 중심으로 하는 세상이 무너지고 있다는 상실감이 그렇게 표현된다. 그때부터 아이는 우주의 중심이라는 권좌에서 내려오기 시작한다. 이제 나 아닌 남을 배워야 한다.

그런데 그것은 나를 지우고 백지에서 시작하는 것이 아니다. 나로부터 한 발씩 넓혀 나가는 것이다. 그래서 문제가 된다. 남자는 여자를 자신과 이러저러한 점이 다른 '사람'이라고 생각한다. 하지만 남자가 생각하는 '사람'의 상당 부분은 여전히 남자다. 여자 역시 마찬가지다. 여자의 속성을 '사람'의 속성으로 생각하는 경향이 적지 않다. 남녀 사이의 다툼은 '남자'와 '여자'가 달라서 생기는 것이 아니다. 만일 다른 것 자체가 문제라면 우리는 개나 고양이 같은 반려동물과 매일 피터지게 싸워야 한다. 하지만 대부분 그렇게 살지 않는다. 남녀 사이 싸움의 원인은 따로 있다. 남자가 생각하는 '사람'과 여자가 생각하는 '사람'이 달라서 생기는 것이다.

남이 나를 모른다는 것을 걱정한다는 건 무슨 의미일까? 나에 대한 제대로 된 정보가 상대방에게 전달되지 않았다고 생각하는 것이다. 그런데 그 '제대로 된' 정보는 정확한 것일까? 그건 나에 대해 나 스스로 내린 평가일 뿐이다. 그리고 나만의 잣대로 잰 것이다.

내가 남을 모른다는 것을 걱정하라는 말은 상대의 잣대를 알고자 하라는 의미다. 그래야 다른 사람의 행동의 이유를 알 수 있다. '좋은 식사 대접'이라는 행위에 대해 바른 평가를 하려면 '재료' '요리 방법' '식기의 가격'이라는 잣대만으로는 부족하다. 그 평가에 '먹기 편한 그릇'이라는 잣대도 포함된다는 것을 알아야 한다. 그걸 알면 나를 상대에게 이해시키는 것 역시 쉬워진다. 음식을 병에 담아서 먹어야 편한 동물이 있다는 것을 알아야 "나는 접시가 편해"라고 정확히 전달할 수 있다. 그렇지 않으면 엉뚱하게 '두루미는 생선을 싫어하나?'라고 오해하게 될 뿐이다.

세상의 잣대를 무조건 따라가지 않는 것이나, 자신의 잣대를 고집하지 않는 것이나 기본은 같다. 열린 마음으로 많이 듣고, 많이 보는 것이다.

> 자장이 녹봉을 받는 방법을 물으니 공자께서 말씀하셨다. "많이 들어 의심나는 부분은 빼고, 말을 신중하게 하면 허물이 적다. 많이 보아 위험한 것을 빼고, 행동을 신중하게 하면 후회가 적다. 말에 허물이 적고, 행동에 후회가 적으면 녹이 그 안에 있다."

子張 學干祿 子曰 多聞闕疑 愼言其餘則寡尤 多見闕殆 愼行其餘則寡
자 장 학 간 록 자 왈 다 문 궐 의 신 언 기 여 즉 과 우 다 견 궐 태 신 행 기 여 즉 과
悔 言寡尤 行寡悔 祿在其中   (위정, 18장)
회 언 과 우 행 과 회 녹 재 기 중

비교 마당에서도 나왔던 문장이다. 그때는 세상의 잣대를 중시하는 자장의 질문에 초점을 맞춰서 설명을 하느라 공자의 대답에 대해서는 간단히 넘어갔다. 이번에는 공자의 대답을 놓고서 이야기해 보자.

이 대답에서는 궐闕이 논란이 된다. 이를 "많이 듣되 의심나는 것은 '빼고', 많이 보되 위험한 것은 '빼고'"로 해석하는 경우가 많다. 공무원 처신으로는 이 해석이 정답일지도 모르겠다. 예나 지금이나 공조직에서 일하면서 가늘고 길게 버티려면 무사안일주의가 으뜸

이다. 하기는 강을 살리는 짓인지, 죽이는 짓인지도 모르면서 수십조를 쏟아 넣는 무모함보다는 그나마 무사안일주의가 백성을 덜 괴롭히는 태도인지도 모르겠다. 하지만 공자가 추천하는 관리의 태도라고 보기에는 영 어색하다.

궐闕은 '줄이고'로 해석하는 편이 옳다. **많이 듣고 많이 들어 의심을 줄이고, 위험을 줄이라**는 것이다. 그런데 이게 간단한 말이 아니다. 원래 많이 듣고 많이 보면, 의심나는 것도 늘어난다. 대부분의 지식은 단편적이다. 그래서 모이면 충돌하기 마련이다. 보수적인 언론만 계속 접하면 의심나는 부분이 없다. 세상에는 열심히 잘하시는 나라님들과 공연히 투덜대는 불평분자가 있을 뿐이다. 세상에 대한 해석이 간단해진다. 진보적인 언론만 계속 봐도 간단하다. 보수 쪽의 사람들은 다 이기주의자이고, 진보 쪽의 사람들만 공동체를 생각하는 사람들이라고 생각하면 화는 날지언정, 머리가 복잡하지는 않다. 하지만 둘 다 접하면 복잡해진다. '도대체 누구 이야기가 맞는 거야?'라는 의심이 생긴다.

길은 두 가지다. 스스로를 가두어 의심을 없애는 방법이 하나다. 이른바 믿음의 길이다. 독선으로 가는 8차선 대로다. 다른 길은 모순되어 보이는 두 가지 사실 아래 흐르고 있는 흐름을 깨달을 때까지 계속 더 듣고 더 보는 길이다. 어느 한쪽이 옳고 그른 것이 아니라, 각각 자기가 보는 시각에 따라 더 중요하다 여기는 면을 강조하고 있다는 것이 보일 때까지 배워야 한다. 공부가 목의 구조와 혀의 구조를 아는 데까지 가야 두루미의 불평 원인을 알게 되는 것과 같다. 이게 공자가 권하는 길이다.

듣는 이는 간데없고 깃발만 나부껴
'지적질'을 향한 본능의 꼬드김

그래서 독선에 빠지지 않는 첫걸음은 견문을 넓히는 것이다. 그런데 살다 보면 사회적으로 꽤 인정받는 위치에 있으면서 독선적인 사람을 종종 만나게 된다. 아니 어쩌면 사회적으로 지위가 높은 사람이 더 독선적인지도 모르겠다. 이런 경우는 견문이 좁아 그렇다고 보기는 힘들다. 그렇다면 왜 그런 일이 생기는 것일까?

사람은 타인의 기준을 알면서도 무시하는 경우가 있다. 의도적인 무시가 아니다. 본능의 꼬드김에 의한 무의식적 편향이다. 예를 들어보자. 건강은 중요한 잣대 중 하나다. 그렇다면 우리가 지켜야 하는 적절한 건강 수준은 어느 정도일까? 몸에 조그만 이상도 없는 수준을 늘 지켜야 하는 것일까? 어떤 사람이 에베레스트산을 오르겠다고 할 때 그것을 막을 권리가 의사에게 있을까?

우리가 건강을 지키려고 하는 것은 건강해야 하고 싶은 일을 할 수 있기 때문이다. 건강에 해롭다는 이유로 하고 싶은 일을 모두 참는다면 건강을 지켜야 할 이유가 없다. 돈을 금고에 쌓아두고 세 끼를 라면으로 때우며 사는 것과 다를 바 없는 삶이다. 의사의 권리이자 의무는 "당신이 에베레스트산을 오른다면 이러저러한 건강상의 위험이 예상된다"는 이야기를 해주고, 그 위험을 줄일 수 있는 방법을 가르쳐주는 것까지다. 결정은 본인이 하는 것이다.

현실에서는 어떨까? 자신의 지시를 지키지 않았다고 환자를 마구 야단치는 의사가 한둘이 아니다. 다른 분야도 마찬가지다. 금융

인은 자신이 권하는 분야에 투자하지 않는 투자자를 바보 취급한다. 교사는 아이를 놀게 놓아둔다고 부모를 무책임한 사람 취급한다. 왜 그러는 것일까? 이유는 간단하다. 사람은 누구나 자신이 의미 있는 사람이기를 원한다. 그래서 자기가 하는 일이 중요한 일이라고 생각한다. 이건 본능이다. 사실 일을 신명나게 하려면 꼭 필요한 마음 자세이기도 하다. 문제는 나만 그런 게 아니라는 점이다. 남도 마찬가지다. 모두가 각각 자기 마음속에 중요한 것을 하나씩은 품고 있다. 의사가 '건강 천국, 질병 지옥' 깃발을 높이 쳐든다고 모든 사람이 그 의견을 따라줄 리는 없다. 그래서 공자가 말씀하신다.

사람이 과한 것은 각자의 무리에 속하니, 과한 것을 보면 이로써 어짊을 알 수 있다.

子曰 人之過也 各於其黨 觀過 斯知仁矣
자 왈 인 지 과 야 각 어 기 당 관 과 사 지 인 의   (이인, 7장)

어짊에 대한 이야기는 나중에 어짊 마당에서 본격적으로 다룰 테니 간단히만 이야기해보자. 좋은 것을 알게 되면 이를 남과 나누려고 한다. 어진 사람일수록 그렇다. 원래 맛있는 것은 나눠 먹을 때 더 맛있는 법이다. 그런데 다른 사람의 입맛을 고려하지 않고 억지로 먹이면 어진 것이 아니다. 표정이나 말투에서 '아, 저 사람은 이 음식이 별로구나'를 눈치챌 수 있어야 제대로 어진 것이다. 그래서 자신이 과하기 쉬운 영역에서 진짜 어진 사람과 아닌 사람이 갈라지는 법이다.

남에게 어떤 음식을 권하는 좋은 방법은 따로 있다. 내가 맛있게 먹는 모습을 보여주는 것이다. 그러면 상대도 한 번 먹어보고 싶게 된다. 근본 원리를 다루는 것일수록 더욱 그렇다. 종교나 사상은 어떻게 전파해야 할까? 겁주거나 수치심을 자극해서 전달하는 것이 바른 방법일까? 겉으로는 따르게 할 수 있을지 몰라도 속마음을 바꾸기는 어렵다. 물론 주체성이 약한 사람에게는 그런 방법이 먹히기도 한다. 경쟁 마당에서 비굴이 어떻게 생기는가를 설명할 때 언급했던 원리다. 하지만 그렇게 전달되는 종교나 사상은 뿌리가 약하다. 좋은 선교 방법은 따로 있다. 내가 행복하고 평화로운 모습을 보여주어 다른 사람이 따라오게 만드는 것, 그것이 진짜다.

그렇게 해도 안 되는 것은 애당초 안 되는 일이다. 근본 기질과 살아온 과정이 다르고, 지금 처한 환경이 달라서 삶의 기준이 다르기 때문에 안 되는 것이다. 내가 아는 무언가를 모르기 때문에 내 말을 안 따르는 것이 아니라는 이야기다. 강권하는 사람은 그것이 정말 중요하기 때문이라고 말한다. 하지만 아니다. 사람이 자기 기준을 고집하는 영역은 대부분 자신의 존재가치 증명과 관련이 있다. 자신이 평생을 바쳐서 이룬 것인 경우 당사자는 그 가치를 객관적으로 보기 힘들다. 반대로 자신이 가장 강하게 결핍을 느끼는 영역에서도 그렇게 되기 쉽다. 그것에 올인하고 있는 모습을 인정받고 싶기 때문이다. '돈이 최고다'라든가 '가방끈이 짧으면 사람 구실 못한다'라는 말을 어떤 사람이 많이 하는지 살펴 보면 안다. 내게 그것이 중요하게 보이는 이유는 그 깃발이 원래 높은 깃발이기 때문이라서가 아니다. 내가 혼신의 힘을 다해서 그 깃발을 쳐들고 있기 때문에 높아 보이는 것이 아닌지를 한 번쯤은 생각해볼 필요가 있다.

경쟁·비교·독선은 사실 바탕이 같다. 집단 내에서 남보다 좀 나은 사람이고자 하는 욕망이다. 앞에서 비교에 매달리는 것은 규칙은 받아들이면서 경쟁심을 불태우는 것이고, 독선은 규칙 자체를 자기에게 유리하게 해석하려는 것이라고 했다. 그래서 사회에서 좋은 지위를 확보하고 있는 사람일수록 독선으로 흐르기가 더 쉽다. 악마도 대상에 따라 꼬드기는 말이 다르다. "규칙 자체를 흔들어봐"라는 유혹은 주로 잘나간다는 사람의 귓가에 대고 속삭여진다.

사회적 위치와 독선이 합쳐지면 주로 '지적질'로 나타나게 된다. 무엇을 좀 알게 될수록, 또 나이가 들수록 가장 조심해야 하는 태도를 하나만 꼽으라면 그게 지적질이다. 내가 독선에 빠져 있는 건 아닌지 스스로 점검해보려면, 지적질을 하는지 아닌지부터 돌아보면 된다.

자공이 사람들을 비교하는데 공자께서 말씀하셨다. "사(자공)는 똑똑하구나. 나는 그럴 여가가 없다."

子貢 方人 子曰 賜也 賢乎哉 夫我則不暇
자공　방인　자왈　사야　현호재　부아칙불가　　　　　(헌문, 31장)

이런 걸 보면 공자도 인간적인 면모가 있다. '똑똑하다'라는 말이 은근한 핀잔이다. 그런데 핀잔 속에도 뼈가 있다. 사람을 제대로 비교하려면 넓게 알아야 한다. 반면 지적질은 자기의 잣대를 아무에게나 들이대는 것이다. 지적질이 아니라 제대로 된 비교를 하는 것은 어렵다. 여러 기준에 다 통달해야 하기 때문이다. 그러니 "똑똑하구나"라고 말하는 것이다. 그렇다면 공자가 그럴 여가가 없다는 것은 무슨 뜻일까? 일이 많아서? 아니, 사람을 이해하는 폭을 넓히고, 나와 다른 사람을 보면 배울 점을 생각하고, 그러다 보면 비교하는 일에 관심을 덜 가지게 된다는 것이다.

앞에서도 말했듯이 자공은 공자와 가장 가깝게 지내는 제자였다. 그런 제자가 함부로 지적질을 하는 건 아닌지 걱정이 되었나보다. 그래서 자공에게 묻는다.

공자께서 자공에게 말씀하셨다. "너와 안회(안연) 중에 누가 나으냐?" 자공이 답하여 말했다. "어찌 감히 안회를 바라보겠습니까? 안회는 하나를 들으면 열을 압니다. 저는 둘을 알 뿐입니다." 공자께서 답하셨다. "(그와) 같지 않다. 너와 나는 (그와) 같지 않다."

子謂子貢曰 女與回也 孰愈 對曰 賜也 何敢望回 回也 聞一以知十 賜
자 위 자 공 왈 여 여 회 야 숙 유 대 왈 사 야 하 감 망 회 회 야 문 일 이 지 십 사
也 聞一以知二 子曰 弗如也 吾與女 弗如也   (공야장, 8장)
야 문 일 이 지 이 자 왈 불 여 야 오 여 여 불 여 야

공자가 자공에게 대놓고 돌직구를 던졌다. 그런데 자공이 아무렇지도 않게 받았다. 스승이나 제자나 참 쿨하다.

마지막 '오여여 불여야吾與女 弗如也'에서 해석이 갈린다. 안연이 제자 주제에 공자보다 뛰어나다는 게 말이 안 된다고 생각하는 주석가가 많다. 그래서 나온 해석이 몇 개 있다. 하나는 '오여여 불여야'를 "나와 너는 서로 다르다"로 해석하는 경우다. '너는 아직 내 수준이 아니니, 나처럼 행동하면 안 된다'라면 공자가 자공에게 할 수 있는 말이다. 하지만 안연과 자공을 비교하다가, 갑자기 공자와 자공

을 비교하면서 말을 끝낸다는 것이 좀 뜬금없다. 그보다 더 어색한 해석도 있다. 여與를 '허락한다'라는 동사로 보는 해석이다. 많이 쓰는 말은 아니지만 '허여許與한다'라는 말이 있다. 어떤 자격이나 권한을 허락한다는 것이다. 그래서 위의 문장을 끊는 곳을 달리해서 오여吾與(나는 인정한다) 여불여야女弗如也(네가 그와 같지 않다는 것을)로 끊어서 해석하는 것이다. 그런데 '네가 잘났다는 것을 인정한다'라면 말이 되지만, '못났다'라는 것을 허락한다는 말은 아무리 봐도 이상하니 너무 궁색한 해석이다. 그런 주석가에게 하고 싶은 말은 한마디다. 공자는 쿨한 분입니다.

공자는 자공이 자신의 잣대를 모든 것의 기준으로 보지는 않는지 걱정했다. 그래서 안연을 어떻게 생각하는지 물은 것이다. 안연은 여러 가지에서 공자와 삶의 색깔이 다르다. 공자도 직관이 약한 분은 아니지만 그래도 생각하고, 또 확인하며 다듬는 분이다. 안연은 직관으로만 따지면 공자보다도 더 뛰어났던 것 같다. 공자께 무얼 듣고 나서 질문하는 법이 없었다고 한다. 그래서 안연이 어리석은 게 아닌가 의심도 해봤지만, 행동하는 것을 보니 말한 바를 확실히 깨닫고 응용까지 한다. 그러다 보니 공자가 '안연은 내게 도움이 안 된다'는 푸념도 한다. 공자처럼 탐구열이 강한 분은 똑똑한 제자가 가끔 '스승님 그건 이런 것이 아닐까요?'라고 부족한 부분을 지적해주는 경우도 있기를 바란다. 그런데 그게 없다는 것이다. 이런 것이 직관이 강한 사람의 특징이다. 지엽적인 부분은 대범하게 무시하고 큰 줄기가 맞으면 핵심만 딱 받아들이는 것이다. 그러니 질문도 없다.

자공은 공부하는 태도에서는 공자와 비슷하다. 질문하고 확인하며 다져가는 유형에 가깝다. 주변의 대부나 관리들은 자공을 매우 높게 평가한다. 때론 공자보다 더 높게 평가하는 사람도 있다. 사실 자공은 높은 대접을 받을 자격이 있다. 이상과 현실을 조화를 시키는 감각이 발군이다. 문제는 그런 대접을 받다보면 '내가 제일 잘나가'라는 가락을 콧노래로라도 흥얼거리게 되기 쉽다는 것이다. 하지만 자공은 안연과 스스로의 차이를 인정한다. 자신이 가지지 못한 직관력의 가치를 확실히 인정하는 것이다. 그 정도면 '음, 자공이 함부로 자기 기준에만 매어서 지적질이나 하는 것은 아니군'이라며 안심할 만하다. 그래도 확실히 하려고 덧붙인다. "그렇다. 안연은 너나 나와는 다르다"라고 말이다. 스승이나 제자나 다른 이의 장점을 인정하는 데 걸림이 없다.

미치는 것은 미칠 때까지만
지나칠수록 되돌아오기 힘들다

사람이란 살면서 지나친 짓을 하기 마련이다. 때론 지나친 짓이 필요할 때도 있다. "미쳐야 미친다"라는 말이 있다. 당구를 300점 이상 치는 사람은 천장이 당구대로 보인 경험이 있는 사람이고, 바둑이 아마 5단 정도 되는 사람은 고시 공부하듯 바둑 공부를 해본 적이 있는 사람이다. 한번쯤은 미쳐狂보아야 경지에 미칠達수 있다. 사람이 살면서 한 번도 무엇에 푹 빠져본 적이 없다면 너무 팍팍한 삶이다. 경지에 가봐야지만 아는 삶의 재미라는 것이 있기 때문이다. 하지만 기억해야 할 것이 있다.

지나친데도 고치지 않으면 그것이 잘못이다.

子曰 過而不改 是謂過矣
자 왈 과 이 불 개 시 위 과 의

한 번쯤은 지나친 짓을 할 수도 있다. 그런데 그렇게 지나치다는 것을 알면 고쳐야 한다. 문제는 그 상태를 정당하다고 우기기 시작하면서 생겨난다. 무엇에 미치고자達 노력할 때는 자신이 미친狂 상태라는 것을 인정하고 있어야 한다. 아예 직업적인 당구 선수가 되거나 프로 기사가 된다면 모르겠지만, 재미로 하는 것이라면 더욱 그렇다. 미치면達 더 이상은 미치지狂 말아야 한다. 그렇게 되면 당구나 바둑으로 얻은 집중력을 세상살이에 써먹을 수 있다. 더불어 평생을 함께할 좋은 취미도 가지게 된다. 하지만 미친達 뒤에도 여전히 미쳐狂 있으면 결국은 생활도, 취미도 잃게 된다.

문제는 사람이 지나치다고 느낀다고 해서 이를 고치는 게 쉽지 않다는 점이다. 사람은 사회적 동물이다. 내가 틀렸다는 사실을 인정하는 것은 앞으로 다른 사람이 나의 말을 존중할 가능성이 낮아진다는 뜻이다. 그래서 일단은 자기가 옳다는 증거를 찾을 때까지는 찾아보게 된다. 의식적으로 그렇게 하는 게 아니다. 본능적으로 그렇게 된다. 그런데 증거라는 것은 찾아보면 한도 끝도 없이 나오게 되어 있다.

학습이론을 체계화한 것으로 버러스 스키너Burrhus Skinner라는 심리학자가 있다. 스키너가 부리로 레버를 쪼면 모이가 나오는 장치에 비둘기를 넣고 실험을 했다. 그런데 쫄 때마다 매번 모이가 나오는 것이 아니라, 불규칙한 간격으로 나오게 장치를 만들어놓았다. 어느 비둘기가 한 번 펄쩍 뛴 뒤에 레버를 쪼자 그때 모이가 나왔다. 이 비둘기는 한동안 같은 행동을 반복한다. 다른 비둘기는 오른쪽으로 한 번 돌고 나서 레버를 쫄 때 모이가 나왔다. 그러자 이놈은 레버를 쪼기 전에 꼭 오른쪽으로 한 번을 돌았다. 미국의 심리학자이자 작가인 마이클 셔머Michael Shermer는 자신의 책 『믿음의 탄생The Believing Brian』에서 이를 "비둘기의 기우제"라고 재치 있게 표현했다.

사람은 덜할까? 셔머는 오히려 더 할 수도 있다고 말한다. 비둘기는 몇 번 실패하면 점프와 모이가 관계가 있다는 생각을 버린다. 하지만 사람은 아직 시도해볼 게 많다. 점프하는 사람은 점프의 높이를 바꿔보고, 각도를 바꿔본다. 도는 사람은 맘보 리듬으로, 차차차 리듬으로, 탱고 리듬으로 어느 리듬이 답인지를 알 때까지 돈다. 미신은 그렇게 탄생한다. 로또 번호를 예측할 수 있다고 믿는 사람이 그토록 많은 이유다. 그런 사람들은 자신들이 틀렸다는 걸 좀처럼 깨닫지 못한다.

끝이구나. 나는 자신의 허물을 보고 마음속으로 스스로 꾸짖는 사람을 아직 보지 못했다.

子曰 已矣乎 吾未見能見其過而內自訟者也 　　　　(공야장, 26장)
자 왈　이 의 호　오 미 견 능 견 기 과 이 내 자 송 자 야

공자는 열심히 가르쳐도 세상이 이를 잘 받아들이지 않는 것이 많이 답답하셨나 보다. 특히 자신의 허물을 진심으로 꾸짖는 사람

이 없는 현실에 절망했다. 송訟을 글자 그대로 해석해서 "자기 잘못을 송사訟事(재판)하듯이 따져보는 사람을 보지 못했다"로 해석하기도 한다. 사실 송사하듯 따져보아도 마찬가지다. 앞에서 말했듯이 우리 마음속의 판사는 기본적으로 한쪽으로 기울어 있기가 쉽기 때문이다.

1950년대 미네소타 주 미니애폴리스 시의 한 중년 여인이 외계인으로부터 메시지를 받았다는 주장을 했다. 그 주장이 주변 사람들에게 받아들여지면서 종말론을 믿는 모임이 생겨났다. 그들은 대홍수로 인류는 멸망하고, 외계인들이 우주선을 타고 와 자신들만 구원한다고 믿었다. 그래서 믿음에 따라 정상적인 사회생활을 포기했다. 그러고는 종말에 대비하는 집단생활을 시작했다. 하지만 그들이 예언했던 12월 21일 밤에 우주선은 오지 않았다. 대홍수는커녕 비도 한 방울 내리지 않았다. 그들은 자신들이 틀렸다는 것을 인정했을까?

아니다. 아침이 왔을 때 기자를 불러들였다. 그러고는 그들의 기도에 신이 응답해 종말 계획을 바꾸었다고 주장했다. 심리학자 레온 페스팅거Leon Festinger 교수가 잠입시킨 한 연구원이 이 과정을 자세히 기록해두었다. 그의 연구는 인지부조화 이론으로 완성된다. 인간의 불합리한 믿음이 어떻게 강화되는지를 설명하는 중요한 이론이다.

인지부조화란 자신이 알고 있는 사실끼리 부딪힌다는 것이다. 이럴 때 사람은 무언가 불편한 느낌을 받는다. 당연하다. 인간이 무언가를 알려 하는 것은 어떻게 대처할지 결정하기 위해서다. 그런데 알고 있는 사실들끼리 부딪히면 길을 잃게 된다. 당연히 불안해진다. 이럴 때 대부분의 사람들은 자신이 가던 길이 옳다고 믿고 싶어한다. 늘 읽던 신문을 펼치고, 늘 가던 사이트를 방문한다.

자신과 다른 주장을 하는 사람들을 배척할 이유는 넘치도록 많다. 그들은 자신의 이득을 위해 사실을 왜곡하는 사람이거나, 진실을 직면할 정도의 배짱이 없는 사람들이라고 생각하면 그만이다. 또는 불순한 세력에 선동되어 속고 있는 사람이거나 자신의 무능력을 세상에 대한 불만으로 바꾸어 공정한 시각을 잃은 사람일 수도 있다. 근거가 없으면 만들면 된다. 비슷한 생각을 하는 사람끼리 모여 내 주장을 너의 근거로 삼고, 너의 주장을 내 근거로 삼으면 된다.

독선이라는 나무는 그렇게 자라난다. 세상의 종말이 오지 않은 것도 얼마든지 이유를 댈 수 있는데, 내 예측이 조금 틀린 것쯤이야 독선의 틀을 무너뜨리지 않고도 얼마든지 이유를 찾을 수 있다. 내가 갇혀 있는 우물의 벽은 그렇게 높아져간다.

연못은 물의 소유권을 주장하지 않는다
독선은 내가 나를 사기치는 것

독선으로 빠지지 않는 방법은 생각보다 간단하다.

유(자로)야, 너에게 안다는 것을 가르쳐주랴? 아는 것을 안다고 하고, 모르는 것을 모른다고 하면 아는 것이다.

子曰 由誨女知之乎 知之爲知之 不知爲不知 是知也   (위정, 17장)
자 왈 유 회 여 지 지 호 지 지 위 지 지 부 지 위 부 지 시 지 야

136

초등학교 저학년 아이에게 '5 빼기 3'을 물으면 2라고 대답한다. '3 빼기 5'를 물으면 "그런 게 어딨어요"라고 대답한다. 아직 빼기에 대해서 잘 모르는 보통 아이다. '마이너스 2'라고 대답하는 아이도 있다. 쓸데없이 선행학습을 시켜 머리를 망가뜨리고 있는 아이다. 얘는 빼기를 아는 아이인지, 모르는 아이인지 알 수가 없다. "빼는 수가 더 큰 경우는 안 배웠어요"라고 대답하면 배움에 대해 열려 있는 아이다. "빼는 수가 더 큰 경우도 있나요?"라고 반문하는 정도면 싹수가 보이는 아이다.

지식의 목적은 활용에 있다. 활용하려면 그것이 적용되는 범위를 확실히 알아야 한다. 자동차는 적절한 속도로 달릴 때는 훌륭한 운송도구다. 하지만 일반승용차를 시속 200km로 몰면 자살도구가 될 뿐이다. 내가 무엇을 안다고 하려면 그 앎이 적용되는 범위가 어디까지인지도 함께 알아야 한다. 그 적용범위를 넘어서는 것에 대해서는 모른다고 말할 수 있어야 한다. 사기꾼은 제대로 아는 사람은 노리지 않는다. 잘 모르는 사람도 노리지 않는다. 모르면서 아는 체하는 사람이 사기꾼의 먹잇감이 된다.

독선이란 내가 스스로를 속이고 있다는 것을 모르는 상태다. 또 내가 부분적으로 아는 지식을 엉뚱한 다른 영역에까지 확대 적용하고 있는 것이다. 내가 나 자신에게 사기꾼이 되고 있는 것. 그것이 독선이다.

계로(자로의 자字)가 귀신 섬기는 것에 대해서 물었다. 공자께서 말씀하셨다. "아직 사람도 (제대로) 섬기지 못하는데 어찌 귀신을 (제대

로) 섬기겠느냐?" "감히 죽음에 대해 묻습니다." "아직 삶에 대해서
도 모르는데 죽음을 어찌 알겠느냐?"

季路問事鬼神 子曰 未能事人 焉能事鬼 曰敢問死 曰未知生 焉知死
계 로 문 사 귀 신 자 왈 미 능 사 인 언 능 사 귀 왈 감 문 사 왈 미 지 생 언 지 사

(선진, 11장)

이 문장에 대해서 굳이 설명을 붙일 필요가 있을까? 모르는 것을
모르는 대로 놓아두는 공자의 태도를 감상해보자.

모르는 것을 모른다고 하지 못하는 이유는 내가 아는 것의 가치
가 떨어진다는 느낌 때문이다. 두루 통하는 만고의 진리를 알고 있
다고 생각하면 뿌듯하다. 하지만 내가 알고 있는 것이 부분적인 사
실에 불과하다고 생각하면 왠지 초라한 느낌이 든다. 그래서 사람
은 독선에 빠진다.

이런 부작용은 소유의 문제와도 관련이 있다. 지식을 개인이 소
유하는 재산처럼 생각하는 것이 문제다. 사실 인간의 소유물 대부
분이 개인에게 나누어진 지는 그리 오래되지 않았다. 인류 역사의
대부분에서 많은 것들이 공동재산이었다. 물을 마시기 위해 수도를
깔고, 수도세를 내며 사먹는 세상이 얼마나 되었을까? 그보다는 시
냇물 떠마시던 시기가 훨씬 더 길었다. 산에서 나는 과일이나 나물
은 그냥 아무나 따고 캐 먹는 것이었다. 그런 세상에서 사람이 공동
체 내에서 대접을 받게 하는 것은 덕성이나 능력이었다. 지적인 능
력 역시 마찬가지였다. 그 시절에 중요한 것은 단순한 지식의 양보
다는 문제해결 능력이었다. 논리력·추리력 같은 것들.

세상은 바뀌었다. 지식이 가장 중요한 개인 소유물로 취급되는

세상이 되었다. 하지만 여러 번 말했듯이 진화란 그리 빠른 속도로 이뤄지지 않는다. 지식을 사회의 공유재로 사용해온 몇십만 년 동안 인간에게 심어진 본능과, 지식을 개인의 소유로 취급하는 현대 사회 사이의 부조화가 인간을 혼란스럽게 만든다. 그 혼란을 먹고 독선이라는 요물이 자라난다.

전할 뿐 짓지 않고, 옛 것을 믿고 좋아하니 나를 노팽에 비하고 싶다.

子曰 述而不作 信而好古 竊比於我老彭　　　　　　　　(술이, 1장)
자 왈　술 이 부 작　신 이 호 고　절 비 어 아 노 팽

노팽老彭은 은나라의 현명한 대부라는 설, 노자와 팽조라는 설, 노자라는 설 등이 있다. 어쨌든 중요한 것은 세상에 온전히 창작이란 없다는 것이다. 이어서 또 말씀하신다.

묵묵히 익히고, 배우는 것을 싫증내지 않고, 다른 사람을 가르치는 데 게으르지 않을 뿐이니, 내 것이 무엇 있겠는가?

子曰 黙而識之 學而不厭 誨人不倦 何有於我哉　　　　　(술이, 2장)
자 왈　묵 이 식 지　학 이 불 염　회 인 불 권　하 유 어 아 재

오대산의 연화담은 넓고 깊다. 연화담에 담긴 그 많은 물은 연화담의 것일까? 아니다. 이 계곡, 저 계곡이 흘려준 물일 뿐이다. 그래서 연화담은 물을 가두지 않고 다시 흘려보낸다. 작은 연못에 보랏빛 물감을 한 포대쯤 풀면 물은 보랏빛으로 바뀐다. 못이 작기 때문이고, 흐르지 않기 때문이다. 그 연못을 놓고 물이란 원래 보라색이라고 주장하는 것. 그것이 독선이다. 연화담을 보라색으로 만들려

고 물감 수십 포대를 부어 넣어도 어림없다. 깊고 넓기 때문이요, 계속 흐르기 때문이다.

연화담이 계속 맑을 수 있는 것은 그 물의 소유권을 주장하지 않기 때문이다. 굳이 물의 소유권을 주장하지 않아도 사람들 입에서 "어허! 경치 좋구나"라는 말이 나오도록 자신을 넓히고, 깊게 했기 때문이다.

●

다름

사람은 저마다 다르다. 그래서 세상이 돌아간다. 다름을 배제하게 만드는 심리, 다름을 받아들일 수 있는 방법에 대해 논어에서는 어떤 힌트를 얻을 수 있을까.

서로 달라야 함께하기에도 좋다

군자는 화합하지만 같지는 않고, 소인은 같지만 화합하지 못한다.

子曰 君子 和而不同 小人 同而不和 　　　　　　　(자로, 23장)
자 왈 　군 자 　화 이 부 동 　소 인 　동 이 불 화

　나무 기둥은 그냥 흙 위에 세우면 썩기도 쉽고, 벌레가 먹기도 쉽
다. 그래서 주춧돌을 놓고 그 위에 기둥을 세운다. 그런데 자연석은
울퉁불퉁해서 기둥을 반듯하게 세우기가 힘들다. 제일 간단한 방
법은 돌의 윗면도 평평하게 다듬고, 기둥의 밑면도 평평하게 다듬
어 세우는 방법이다. 모난 부분을 다듬어 맞추는 방법. 이것이 동同
이다. 그런데 이렇게 되면 기둥이 돌 위에서 미끄러진다. 물론 평소
에는 무게가 있으니 잘 버틴다. 하지만 옆에서 큰 힘이 가해질 때는
이야기가 다르다. 지진이라도 한 번 나게 되면 맥없이 무너진다. 서
로 붙어 있지 않고 미끄러지니, 이것이 불화不和다. 그렇듯이 소인은
같지만 화합하지 못한다小人 同而不和.

그런데 그랭이 기법이라는 것이 있다. 기둥의 밑면을 돌의 울퉁불퉁한 면에 맞추어 깎아서 세우는 방법이다. 이렇게 되면 흔들림에 훨씬 강하다. 우리나라 옛 건물의 기둥은 그랭이 기법으로 된 것이 많다. 우리 조상은 여기서 한발 더 나아가 돌로 벽을 쌓을 때도 그랭이 기법을 적용했다. 자연석을 최소한만 다듬어 울퉁불퉁한 채로 서로 맞물리게 만드는 것이다. 물론 돌 사이에 빈틈이 생긴다. 크게 빈 곳은 작은 돌을 살짝 다듬어 채워 넣는다. 그래도 작은 틈은 생긴다. 하지만 이렇게 작은 공간은 놓아두는 편이 오히려 안전하다. 큰 충격이 왔을 때 돌 사이의 공간에서 충격이 흡수된다. 빈 공간이 많은 스펀지가 충격을 흡수하는 것과 마찬가지 이치다. 고구려 성벽이 아직도 남아 있는 이유가 이런 까닭이다.

이런 건축 기술이 잘 구현된 곳이 불국사다. 불국사는 서쪽과 남쪽이, 낮은 비탈진 지형에 세워진 건물이다. 주춧돌과 기둥 사이에는 당연히 그랭이 기법을 썼다. 그리고 기둥 사이를 그랭이 기법으로 맞춘 돌을 채워 넣어 동쪽·북쪽과 같은 높이로 만들었다. 불국사는 반경 600m 안에 활성 단층이 3개가 지난다고 한다. 단층이란 지각을 이루는 암석끼리 서로 어긋난 흔적이 있는 곳이고, 활성단층이란 최근에 움직인 흔적이 있는 단층이다. 이런 곳은 지진이 올 확률이 높다. 실제로 경주에는 779년에 엄청난 지진이 있었다. 하지만 불국사는 전혀 망가지지 않았다. 기둥 사이에 채워 넣은 돌들이 지진의 충격을 분산시켜 건물을 지켜낸 것이다. 돌이 서로 다른 모양을 유지하고 있으니 부동不同이다. 그러나 이 다름이 지진을 견뎌내는 화和를 만들어 낸다. 군자는 화합하지만 같지는 않다君子 和而不同.

건물만 그런 것이 아니다. 사람도 마찬가지다. 똑같은 사람들끼리 모여 있으면 화합이 어렵다. 같은 자원을 놓고 경쟁하기 때문이다. 모든 사람이 붉은색만 좋아한다면 붉은 염료의 값은 천정부지로 치솟을 것이다. 사람마다 좋아하는 색이 다르기 때문에 내 마음에 드는 색의 옷을 구해 입을 수 있다. 모든 남자가 한 여자만 좋아한다면 인류는 멸종되었을 것이다. 짚신도 제 짝이 있다고, 서로 끌리는 이성이 다르기 때문에 인류가 살아남았다.

다름은 집단을 이룰 때 더욱 중요해진다. 서로 달라야 자신의 역할이 생겨나기 때문이다. 조난에 대한 연구 결과를 읽은 적이 있다. 조난을 당했을 때 구성원들의 면면이 다양할수록 생존 확률이 높다는 것이다. 오래전에 읽은 것이라 정확한 내용은 기억이 나지 않지만 그럴 듯한 이야기다. 남녀가 섞여 있고, 아이 · 어른 · 노인이 섞여 있을 때 인간은 어려움을 더 잘 견딘다. 집단 내에서 위치가 있고, 할 일이 있을 때 더 힘을 내기 때문이다. 모두를 같다면 모두가 경쟁자가 된다. 모두가 하나의 의자를 노리기 때문이다. 당연히 화합은 물 건너가기 십상이다. 서로의 다름을 인정할 때 사람은 자신의 의자를 가지게 되고, 경쟁보다는 화합을 찾게 된다.

다르면 간격도 생긴다. 그 사이에서 삶이 생겨난다. 산이 있고 강이 있어서 곳곳이 온도가 다르고, 그에 따라 기압이 달라진다. 그래서 바람이 분다. 덕분에 오염 물질은 희석되고, 영양 물질은 고루 나뉘게 된다. 사람도 마찬가지다. 자신과 다른 사람에게 끌리게 되어 있다. 어떤 생물이든 유전자가 동일하면 멸종할 위험이 크다. 특정 환경에 적응력이 떨어지기 때문이다. 그래서 유성생식을 하는 모든 동물은 자신과 유전자가 좀 차이가 나는 대상에게서 매력을 느끼도록 진화했다. 유전자가 다르면 성격도 다르다. 그 차이를 메워가는 것이 사랑이다. 설악산이 있어 미시령을 타고 바람이 넘어가듯, 사람 사이에도 사이가 떠 있기에 사랑이 흐른다.

최근 바나나와 커피가 멸종 위기에 처했다는 기사가 나왔다. 바나나의 멸종 위기는 무성생식에서 비롯됐다. 야생의 바나나는 씨가 있다. 씨로 번식을 하는 과정에서 유전자의 변이가 생기고, 다양성이 생긴다. 하지만 상업용으로 대량생산하는 바나나는 씨가 생기지 않는다. 줄기 모양의 영양 조직을 잘라 옮겨 심는 무성생식 방식으로 재배하기 때문이다. 당연히 유전적 다양성이 감소한다. 이렇게 되면 언젠가는 멸종될 수밖에 없다. 곰팡이나 세균은 생장이 짧고 번식이 아주 빠르게 이뤄지기 때문에 진화 속도도 빠르다. 그래서 늘 다양한 변종이 생긴다. 상대적으로 훨씬 긴 시간을 살아가는 고등생물이 이에 저항하려면 유전 형질을 다양하게 만드는 방법밖에 없다. 그런데 지금 바나나를 재배하는 방식으로는 똑같은 형질만 남게 되는 것이다.

커피는 대량 생산이 문제를 일으켰다. 커피는 원래 음지식물이다. 하지만 큰 나무 밑에 드문드문 심어서는 상업적 생산이 어렵다. 그래서 어디를 가도 양지에서 대량생산을 한다. 그런데 커피에 치명적인 커피녹병곰팡이가 양지에서 훨씬 더 잘 자란다. 동同만 추구하면 멸종이라는 지옥문이 열린다. 동同 중에서도 본성에 어긋나게 인위적인 방법으로 맞춘 동同이 최악이다.

일사불란一絲不亂이라는 말을 유독 좋아하는 사람들이 있다. 실 한

올만큼도 흐트러짐이 없으면 겉보기에는 말끔하다. 하지만 충격을 소화할 내부 공간을 가지지 못하는 조직은 자그마한 충격에도 바로 무너진다. 그래서 공자가 화이부동을 말씀하시는 것이다. 그렇다면 왜 소인은 화합하지도 못하면서 굳이 모두가 같아야 한다고 하는 것일까? 그것이 이번 마당의 주제다.

'다름'을 보는 법
속성귀인과 환경귀인

다름에 대한 배제의 가장 일반적인 모습은 다수의 독선이다. 비교 마당에서는 세상의 자를 무조건 받아들이는 것은 곤란하다고 이야기했다. 독선 마당에서는 자신의 자를 무조건 고집하는 것의 문제점을 이야기했다. 가장 심각한 것은 이 둘이 겹치는 경우다. 스스로 깊게 생각해서 세운 기준도 아닌 것을 광적으로 믿고 집착하는 사람이 제일 골치 아프다.

> 군자는 바르지만 고집하지 않는다.
>
> 子曰 君子 貞而不諒
> 자 왈 군 자 정 이 불 량 　　　　　　　　　　　　　(위령공, 36장)

경쟁 마당에서 '긍이부쟁 군이부당矜而不爭 群而不黨'을 대개는 "긍지가 있지만 다투지 않고, 어울리지만 편을 짓지 않는다"라고 번역하지만, "긍지가 있어서 경쟁을 하지 않고, 화합을 알아서 편을 가르지

148

않는다"로 번역하고 싶다고 말했다. 이 문장도 마찬가지다. 이 문장도 보통의 번역과 다르게 **"군자는 바르기 때문에 고집하지 않는다"**로 풀고 싶다.

오랜 경험과 깊은 성찰의 결과로 자신의 기준을 세운 사람이 이를 중시하는 것은 당연하다. 하지만 이들은 기준을 세우는 과정에서 겪은 바가 있기에 다른 사람의 잣대에도 마음이 열려 있다. 공자가 중시하는 잣대는 어짊 · 옳음 같은 것들이다. 하지만 소유 마당에서 밝혔듯이 부를 무시하지 않는다. 부와 어짊 사이에 균형이 잡혀 있다. 그것이 바른 것이다. 공자 말씀을 맹목적으로 받아들인 후세의 유학자들이 오히려 부를 무시한다. 그런데 송나라 조선이나 유학에 대한 지식이 사회적인 지위를 확보하는 핵심 도구가 되는 세상이었다. 돈을 무시하는 척하는 것이 오히려 돈을 얻는 데 유리한 세상이었다는 것이다. 다 '눈 가리고 아웅'일 뿐이다.

세상은 머릿수를 기준으로 독선이냐 아니냐를 가르는 경향이 있다. 하지만 독선의 기준은 따로 있다. 생각하고 결정하는 과정에서 남을 배려했느냐, 아니냐가 진짜 기준이다. 다수의 의견이라도 소수를 고려하지 않았으면 여전히 독선일 뿐이다. 사실은 다수의 독선이 훨씬 더 위험하다. 사람이란 본능적으로 머릿수를 살핀다. 그래서 소수의 독선을 세상에 내놓을 때는 어느 정도 누그러진 모습이기 마련이다. 하지만 다수가 독선에 빠질 때는 거리낌이 없다. 전쟁, 마녀사냥, 탄압, 차별… 이 모든 것들이 주류 세력이 독선에 빠지기 시작할 때 생겨난다. 논어를 배웠다는 사람들도 크게 다를 바가 없다.

나는 인仁을 좋아하는 사람도, 불인不仁을 미워하는 사람도 아직 보지 못했다. 인을 좋아하는 사람은 더 바라는 것이 없으며, 불인을 미워하는 사람은 인을 행할 때 불인한 것이 자신에게 더해지지 않도록 한다. 능히 하루 동안이라도 그 힘을 인에 쓸 이가 있는가? 내가 그 힘이 부족한 자를 보지 못하였다. 혹시 있는데 내가 못 본 것인가?

子曰 我未見 好仁者 惡不仁者 好仁者 無以尙之 惡不仁者 其爲仁矣
자왈 아미견 호인자 오불인자 호인자 무이상지 오불인자 기위인의
不使不仁者 加乎其身 有能一日 用其力於仁矣乎 我未見力不足者 蓋有
불사불인자 가호기신 유능일일 용기력어인의호 아미견력부족자 개유
之矣 我未之見也 　　　　　　　　　　　　　　　　　　　　(이인, 6장)
지의 아미지견야

　기존의 해석에서 이 구절은 인仁을 제대로 추구하는 것이 아주 힘든 일이고, 불인不仁을 철저히 미워하는 것도 아주 힘든 일이라는 의미로 이해된다. 그래서 어쩌라고? 힘든 것이니 목숨을 걸고 철저하게 하라고? 인을 추구하는 것은 그렇다고 치자. 불인을 미워하는 것에도 목숨을 걸라고? 나는 세상의 큰 가르침이라고 불리는 내용 가운데서 무엇을 목숨 걸고 미워하라고 권하는 경우를 아직 보지 못했다.

　공자가 위의 말을 할 때는 나이가 꽤 드신 다음이다. 그런데도 그 때까지도 본 적이 없다고 한다. 그렇다면 공자가 그렇게 사랑한 제자 안연조차 제대로 인을 좋아하는 호인자好仁者가 아니었다는 말이다. 어쩌면 공자 본인도 제대로 된 호인자가 아니었을지도 모르겠다. 그래야 못 봤다는 말이 맞지 않을까? 그 정도라면 결론이 나온다. 아예 없는 것이다. 호인자는 인간이 도달할 수 있는 경지가 아니다. 오르지 못할 나무라면 포기하는 것이 현명하다. 그런데도 호

150

인자가 되기 위해 노력하라면 앞뒤가 안 맞는다.

　논어는 공자의 인간에 대한 이해가 깊었음을 보여준다. 또 무조
건 이상으로만 치닫지 않고 현실을 중시하는 사람이었음도 보여준
다. 공자는 판타지 소설 작가가 아니다. '절대반지'를 구하면 세상의
지배자가 된다는 유의 이야기를 했을 리가 없다. 이 문장의 가능한
번역은 하나밖에 없다. **"나는 인을 좋아하는 사람이 불인한 사람을
미워하는 것**好仁者惡 不仁者**을 보지 못했다."** 그래야 논어가 판타지 소
설과 구분된다.

　이어지는 말을 조금 더 보자. "인을 좋아하는 사람은 더 이상 바
라는 것이 없고好仁者 無以尚之, 불인을 미워하는 사람은 인을 행할 때
불인한 이가 자신에게 더하지 못하게 한다惡不仁者 其爲仁矣 不使不仁者 加乎
其身." 번역은 그렇다 치고, 이 두 가지가 같은 상황인지 아닌지가 헷
갈린다. 인을 좋아하는 사람은 동시에 불인을 미워하는 사람인 건
지, 아니면 인을 좋아하는 사람이 못 되면 불인을 미워하는 사람이
라도 되라는 건지가 확실치 않다.

　기존의 주석은 같다는 쪽으로 본다. "인을 좋아하는 사람은 인을
행할 때 불인이 조금이라도 그에게 영향을 미치는 것이 싫기 때문
에 불인을 미워하게 된다"라는 식이다. 또다시 판타지 소설 분위기
가 난다. 마치 인은 절대순수라서 조금이라도 불인이 끼면 타락한
다는 분위기다. 불인을 무슨 치명적인 독毒처럼 취급하고 있다. 말
이 안 된다. 애초 '인을 좋아하는 사람은 더 이상 바라는 것이 없는
사람'이라는 말과 연결이 안 된다. 사기도 욕심이 많은 사람이 당한
다. 주변에 아무리 불인한 것들이 있다고 한들, 인을 좋아하는 사람

은 욕심이 없기 때문에 크게 영향을 받지 않아야 마땅하다.

1996년 조지아대학의 애덤스Henry Adams, 라이트Lester Wright, 로어 Bethany Lohr라는 세 명의 심리학자가 했던 실험이 있다. 자신이 이성 애자라고 주장하는 남자들을 모았다. 그리고 그들을 동성애자에 강한 적대감을 보이는 그룹과 상대적으로 관용적인 그룹으로 나눴다. 그들에게 동영상을 보여주었다. 한 번은 이성애 장면이었고, 다음은 여자끼리의 동성애 장면, 그다음은 남자끼리의 동성애 장면이었다. 피실험자의 음경에는 발기된 정도를 자동 측정할 수 있는 기구를 끼워 놓았다. 실험 결과가 어땠을까? 이성애 장면이나 여자끼리의 동성애 장면에 대해서는 발기된 정도가 같았다. 두 그룹 다 이성애에 대한 욕구가 있다는 의미다. 그런데 남자끼리의 동성애 장면에 대한 반응이 흥미롭다. 적대적 그룹이 오히려 더 발기되는 경향을 보였다.

심리학의 개념 중 그림자shadow라는 것이 있다. 사람이 욕망을 억제하면 그 욕망이 무의식에 숨어 그림자가 된다는 것이다. 그 그림자를 자극할 때 인간은 공격성을 강하게 나타낸다. 이는 두 가지로 해석이 가능하다. 하나는 내 속에 있는 욕망을 강하게 억누르기 위한 노력으로, 다른 하나는 감춰진 욕망을 들킬지도 모른다는 두려움에 대한 반작용으로. 어느 쪽이든 좋다. 위 실험 역시 동성애에 적대적인 그룹에 동성애나 양성애 성향을 억누르고 있는 사람이 섞여 있을 가능성을 보여준다.

원래 이야기로 돌아가자. 인을 좋아하는 사람은 그냥 인을 행할 뿐이다. 그것이 자기 마음에 편하기 때문이다. 호인자는 그 마음 편함으로 이미 인을 행하는 보상을 받고 있다. 따라서 자신이 행한 인에 대해서 더 이상 보상받을 필요가 없다. 그것이 무이상지無以尙之다. 불인한 사람을 미워하는 것은 억지로 인을 행하려는 사람에게서 나타난다. 무언가 참고 있는 것이 있다. 그 억눌린 욕망을 불인한 사람이 건드린다. 그래서 불인한 사람이 미워지는 것이다. 위 문장의 뒤쪽은 **"불인한 사람을 미워함은 그가 (억지로) 인을 행할 때 불인한 사람이 자신에게 영향을 주지 (그래서 눌러 놓은 욕망을 다시 일깨우지) 못하게 하려는 것이다(그래서 호인과는 다른 것이다)"**로 보아야 한다. 권력 다툼에 불과한 많은 당쟁黨爭과 사화士禍가 불인不仁의 응징이라는 이름을 걸고 행해졌다. 죄다 사기다. 공자는 불인자를 미워하라고 말한 적이 없다.

뒤에 붙는 구절은 나중에 어짊 마당에서 다시 이야기하도록 하자. 원래 이 문장은 어짊 마당에 더 어울리는 문장이지만, 편가르기를 설명하기에 이 문장만한 것이 없어 여기서도 다뤘다. 어짊 마당에서 본격적으로 이야기하겠지만 인仁이란 다른 이들을 공감하고 받아들이는 것이다. 그런데 인의를 내세우는 사람이 권세를 잡으니 엉뚱하게 인조차 편가르기 하는 도구로 썼다. 그것도 무려 2000년을.

편가르기는 딱지붙이기부터 시작된다. 공자가 말한 호인자, 불인자는 사람의 어떤 상태를 말한 것이다. 하지만 주석가들은 이를 고정된 속성으로 받아들였다. 상태를 속성屬性으로 파악하는 것, 그것이 딱지붙이기의 출발이다.

호향의 사람은 더불어 말하기 어려운데 그 마을의 동자가 공자를 뵈니 문인들이 놀랐다. 공자가 말씀하셨다. "그 나아감을 같이하는 것이지, 물러남을 같이하는 것이 아닌데 무엇이 심한가? 사람이 자신을 깨끗이 하고 나아가면 그 깨끗이 함을 같이하고, 지난 일은 담아둘 것이 아니다."

互鄉 難與言 童子見 門人惑 子曰 與其進也 不與其退也 唯何甚 人潔
호향 난여언 동자견 문인혹 자왈 여기진야 불여기퇴야 유하심 인결
己以進 與其潔也 不保其往也   (술이, 28장)
기이진 여기결야 불보기왕야

호향互鄉은 지명인지, 특별한 마을을 말하는 일반명사인지는 확실치 않다. 더불어 말하기 어렵다는 것을 보니, 예절이나 풍습에서 동떨어져 차별을 받는 마을인 듯하다.

사는 마을·종족·직업은 속성으로 몰아서는 안 될 일이다. 오히려 주변에서 제대로 보고 듣고 배울 수 없는 환경에서 자란 동자가 배우겠다고 공자를 찾아왔다는 것은 크게 격려할 일이다. 그런데 공자의 제자라는 사람들조차 놀란다. 어느 마을 출신이라는 딱지를, 배울 자격이 없는 아이의 징표로 여겼기 때문이다.

요즘은 아파트 평수에 따라, 임대나 소유냐에 따라 단지 사이에 담을 쌓고 놀이터를 구분하며 아이를 키운다. 공부를 좀 한다 하면 다 특목고·자사고로 보내 끼리끼리 모여 지내게 한다. 그렇지만 평생을 자기와 비슷한 환경에서 자란 사람들하고만 어울리며 살 수 있을까? 나와 다른 환경에서 자란 사람들을 두루 이해할 수 없는 아이가 어른이 되어 세상일을 제대로 처리할 수 있을까? 아이는 호향의 아이와도 어울리고 같이 놀아보아야 세상을 제대로 배운다. 어

른이라면 호향의 아이 역시 가르쳐야 한다.

　상태와 속성을 올바르게 구분하는 것은 사람에 대한 바른 이해의 첫걸음이다. 아이에서 어른으로 나아가는 첫걸음이라 할 수도 있겠다. 사람은 본능적으로 타인을 속성 중심으로 파악하기 쉬운 경향이 있기 때문이다. 그래서 거듭 중요한 것이 타인을 알고자 하는 노력이다.

　　남이 나를 알지 못하는 것을 걱정하지 말고, 내가 남을 모르는 것을 걱정하라.

子曰　不患人之不己知　患不知人也
자왈　불환인지불기지　환부지인야

(학이, 16장)

　앞에서도 다룬 구절이다. 앞에서는 판단의 기준이 자기에게 치우쳐 있기 때문에 남을 이해하지 못한다고 설명했다. 그런데 거기까지가 반이다. 중요한 게 하나 더 있다.

　세상을 제대로 배운다는 건 만만한 일이 아니다. 배울 게 너무 많다. 자신에 대해서는 오히려 너무 시시콜콜 알아서 문제다. 하지만 세상을 그 정도로 속속들이 알 수는 없다. 그때 우리가 사용하는 방법이 다른 부분 찾아내기다. 비슷한 부분은 눈여겨보지 않아도 미루어 짐작할 수 있다(라고 생각한다). 그래서 인식의 레이더는 주로 '다른 부분'에 초점을 맞춘다. 우리는 공기는 인식하지 못하지만, 물속의 공기방울은 인식한다. 이렇듯 주변과 달라야 인식이 된다. 비교 마당에서 말했듯이 본능이라는 이름의 코치가 '같음→무시/다름→인식'이라는 강령에 따라 우리의 감각을 훈련시켰기 때문이다.

그렇게 모아진 '다름'을 정리하고 묶는다. 그 묶음을 우리는 속성이라고 부른다. 속성을 파악하면 일일이 생각하고 분석하는 수고를 크게 줄일 수 있다. 속성에 따른 분류, 그것이 우리가 세상을 이해하는 기본 전략이다. 아주 효율적인 방법이다. 그래서 우리는 타인을 한마디로 부르기를 즐긴다. '속물' '아부꾼' '몽상가' '일벌레' '이기주의자' '약골' '탱크' '불평분자' 등등이 우리가 타인을 부르는 말이다. 좀 더 센 말로는 '좌빨' '보수꼴통' '회색분자' '분열주의자' '분파주의자' 등등이 있다. 모두 다름을 강조하는 용어이고, 타인을 하나의 속성으로 묶는 단어들이다. 앞서 예로 든 호향에 사는 동자의 경우처럼 피부색, 인종, 사는 지역 등이 속성을 규정하는 단어로 사용되기도 한다.

속성은 이해를 도우며 동시에 방해한다. 속성은 타인의 행동 패턴을 알게 해준다. 하지만 그들이 그렇게 행동하는 이유를 이해하려는 노력을 방해한다. 그저 속성이 그런 사람으로 치부하고 끝내게 만든다. 우리가 타인에게서 관찰할 수 있는 것은 주로 그들의 행동이다. 행동이 같은 사람은 같은 속성으로 묶는다. 하지만 사람은 전혀 다른 이유로도 비슷한 행동을 하는 경우가 있다. 날개 달린 곤충과 새는 모두 날 수 있다. 하지만 곤충의 날개와 새의 날개는 전혀 다르다. 발생학적으로 다르며, 움직이는 방식이 다르다. 새와 곤충이 같은 종이라고 우기면 생물 과목에서 낙제를 당한다. 급히 먹는 밥이 체하듯이 모든 효율적인 방법은 위험을 품고 있다. 속성에만 매달려 타인을 이해하려는 것은 언젠가는 뒤통수를 맞을 수밖에 없는 위험한 방식이다.

나는 나를 한마디로 규정할 수 있을까? 대부분의 사람은 그럴 수 없다고 대답한다. 자신의 마음속은 잘 보이기 때문이다. 그러나 타인에 대해서는 한마디로 판단 내리기 쉽다. 마음속을 보지 못하기 때문이다. 내가 약속시간에 늦은 것은 차가 막혀서거나 피치 못할 급한 일이 생겨서다. 하지만 애인이 늦은 것은 그가 늘 늦는 사람이기 때문이다. 늦지 않으려고 서두르는 내 마음은 알지만 애인의 마음속을 보지 못했기 때문에 그렇게 판단을 한다. 이를 심리학에서는 귀인歸因, attribution이라는 단어를 써서 설명한다. 대부분의 사람이 자신의 행동은 환경귀인으로 설명하고, 타인의 행동은 속성귀인으로 돌린다.

　귀인의 문제는 부부 금슬과 관련해서 많이 연구된 바 있다. 긍정적 상황은 속성귀인으로 설명하고, 부정적 상황은 환경귀인으로 이해하는 부부는 금슬이 좋다. 그 반대는 결국 헤어지기 쉽다. 나쁜 일이 있을 때 "요즘 스트레스를 많이 받아서 그래"라고 상황을 그리 된 환경 쪽으로 생각하는 부부와, 좋은 일이 있을 때조차 "원래 까칠한 인간인데 요즘 일이 잘 풀려서 한번 그래 보는 거지 뭐"라고 상대의 속성에서 찾는 부부의 결말이 같을 수 없는 것은 너무 당연하다.

　부부 사이만이 아니다. 환경귀인을 적용할 줄 모르고, 모든 것을 속성귀인으로 돌리는 사람이 원만한 사회생활을 하는 것을 나는 본 적이 없다. 임대아파트 애들과 놀지 못하게 막는 부모 아래서 자란 아이가 세상을 폭넓게 이해한다는 것은 불가능하다. 세상을 이해하는 폭이 좁으니 제대로 된 일 역시 맡기기 힘들다. 어려서부터 배운

게 딱지붙이기니 길거리 가로등에 전단지 붙이는 일은 혹 잘할지 모르겠다. 타인을 속성이 아니라 환경의 문제로 이해하는 훈련, 함부로 딱지를 붙이지 않는 훈련은 어릴 때부터 부모·학교·사회가 신경 써서 가르쳐야 할 필수 교육 내용의 하나이다.

소인들의 '제복의 심리학'
약자가 벌이는 '강자 코스프레'

딱지붙이기는 '분류를 통한 인식'이라는 인간의 기본적인 전략과 관련이 있기에 빠지기 쉬운 함정이다. 그런데 그렇다고 모든 사람이 같은 것은 아니다. 더한 사람이 있고, 덜한 사람이 있다. 그 차이는 어디에서 생기는 것일까? 앞에서 던졌던 "왜 소인은 화합하지 못하면서 모두가 같아야 한다고 주장하는가?"라는 질문의 답을 찾아보자.

딱지붙이기란 소수에 대한 다수의 횡포인 경우가 많다고 했다. 그런데 그 다수가 꼭 힘 있는 강자들일까? 학문의 깊이라는 면에서 보면 공자는 강자고, 제자들이 오히려 약자다. 그런데 막상 공자는 호향의 아이를 가르치는데, 제자들은 놀란다. 앞에서 말한 불인자를 미워하라는 해석도 마찬가지다. 공자의 경지를 도저히 못 따라가는 후세의 주석가들이 불인자를 미워하라고 한다.

물론 강자가 기득권을 지키기 위해 딱지붙이기를 하는 경우도 많이 있다. 비판세력에 대한 종북몰이 같은 것은 확실히 그런 경우다. 어쨌든 보수언론이 종북몰이를 하든 말든, 정당한 생존 투쟁이나 노동운동을 이기주의로 매도하든 말든 국민이 별로 호응을 안 하면 기세가 꺾이기 마련이다. 그런데 호응하는 국민들이 꽤 된다. 그 중에서도 가장 큰소리로 열변을 토하는 분들이 탑골공원의 어르신들이다. 그분들은 절대 이 사회의 강자가 아니다. 그런데 왜 강자의 논리를 자신들이 대변하는 것일까?

첫번째는 자기 삶의 의미를 잃고 싶지 않기 때문이다. 자신들이 살아온 시절이 독재정권의 거짓 논리에 속아온 것이라고 인정하는 순간 삶이 그간의 덧없게 느껴질 것이다. 그것이 싫기 때문이다.(이 주제는 뒤의 옳음 마당에서 다뤄질 것이다.) 두번째가 지금 다루고 있는 다름의 인정이라는 부분과 관련이 많은 내용이다. '제복의 심리학'이라고 불리는 내용이다.

옷은 사람의 많은 부분을 대변한다. 생활형편 · 취향 · 성격 등 다양한 것이 옷을 통해 나타난다. 그런데 마땅히 입고 나갈 옷이 없을 때는 어떡해야 할까? 가장 무난한 것이 제복이다. 제복은 비교의 완충장치가 된다. 교복을 입으면 똑같은 학생이고, 유니폼을 입으면 똑같은 직원이다. 하지만 제복은 개성을 억압한다. 그래서 자유주의 성향의 사람은 반드시 입어야 할 경우가 아니면 제복 입기를 싫어한다. 마음도 마찬가지다. 자긍심이 높아지면 개인으로서의 자신을 인식하고, 개인으로서의 자신을 표현하려고 한다. 자긍심이 낮을수록 자신을 집단의 일원으로 파악하려는 경향이 올라간다. 마음에 제복을 입히려 한다는 것이다. 경제적으로 어렵고, 사회적 지위가 낮은 사람들이 민족이나 국가를 강조하는 극우정당에 끌리는 이유가 바로 여기에 있다.

1930년대의 독일이 대표적인 경우다. 독일은 제1차 세계대전의 패전에 따른 과도한 배상금에 시달리고 있었다. 경제적 궁핍이 지속되면서 개인으로서 자긍심을 유지한다는 것이 정신적 사치처럼 보이는 사회가 되어버렸다. 모두가 개인으로서의 자긍심을 잃었을 때가 파시스트 정당이 자리를 잡을 수 있는 좋은 기회다. '위대한 아리안족'이라는 구호가 자긍심을 다시 회복할 수 있는 복음처럼 들렸던 것이다.

사람은 자신을 개인으로 파악하는 면과 집단의 일원으로 파악하는 면이 균형 잡혀 있어야 한다. 자신을 집단의 일원으로만 생각하면 조그만 벗어남도 용납하지 못하게 된다. 하지만 이 '균형잡기'는 개인적인 노력만으로 되는 것이 아니다. 개인으로서의 자긍심을 지키는 것이 지극히 힘든 사회가 될 때 그 사회는 관용을 잃는다. 일제 치하에서 어린 시절을 보내고, 전쟁 속에 젊은 시절을 보낸 어르신들의 극우적 성향은 그래도 이해할 만하다. 하지만 일베 현상 같은 것들은 걱정이 많이 된다. 일베에서 날 선 주장을 늘어놓는 아이들도 걱정이지만, 그보다 젊은이들이 자긍심을 가지지 못하도록 하는 이 사회가 더 걱정이다.

그렇다고 비관적으로 보는 것만은 아니다. 2014년 초 소치에서 벌어진 동계올림픽에서 러시아로 귀화한 안현수 선수가 쇼트트랙에서 금메달을 셋이나 획득했다. 나는 포털사이트에서 기사의 댓글을 유심히 보았다. 몇 년 전만 같았어도 반역자니 뭐니 하는 날 선 소리가 꽤 많았을 것이다. 그런데 이번에는 격려의 댓글이 훨씬 더 많았다. 물론 안현수 선수는 빙상계 파벌 싸움의 희생자라는 이미

지가 강했다. 그래도 예전 같았으면 생각하기 힘든 분위기였다. 나중에 안현수 선수가 한국 선수들을 제치고 금메달을 세 개나 가져가자 비난의 목소리도 커지기는 했다. 하지만 그 정도만 해도 우리 사회가 무조건적인 국가중심주의에서 조금씩은 벗어나고 있다는 증거라 할 수 있다.

집단의 속박으로부터 벗어날 수 있는 길도 한번 보자.

군자는 자기 자신에게서 구하고, 소인은 남에게서 구한다.

子曰 君子求諸己 小人求諸人
자 왈 군 자 구 제 기 소 인 구 제 인   (위령공, 20장)

경쟁 마당에서 다루었던 문장이다. 목표를 자기 안에서 찾는 것에 대해서 이야기했었다. 그런데 목표뿐만이 아니다. 판단기준도, 무엇을 받아들일지 말지도 자기 안에서 찾아야 한다. 자신이 속한 조직의 기준을 무조건 좇으면 편협하고 고루한 사람이 되기 쉽다. 게다가 조직에서는 그 조직 안의 강자에게 일방적으로 유리한 것이 기준으로 되어 있는 경우도 많다. 굳이 열심히 대변해주지 않아도 강자들은 충분한 이익을 누리고 있다. 특히 그 기준이 소수의견을 누르는 것일 때는 신중해야 한다. 소수자를 보호하지는 못할망정 최소한 그들을 배제하는 일에 굳이 나서서 나팔수 노릇을 할 필요는 없다.

공자가 살던 시절만 하더라도 국가니 민족이니 하는 개념이 강하게 형성되지 않았다. 이 나라 정치가 영 시원치 않으면 이웃 나라로 옮겨 가면 그만인 시절이었다는 것이다. 그래서 집단의 기준을 자기 것으로 받아들이는 위험이 지금보다 훨씬 적었을 것이다. 국가가 커지고, 사회조직이 정교해진다는 것이 개인의 자긍심 면에서는 좋은 일만은 아닐지도 모르겠다.

사람은 다 거기서 거기다
신격화도 배제의 일종

다름에 대한 거부는 나보다 못한 사람에게만 쏠리는 것이 아니다. 사람들은 뛰어나다는 면에서 나와 다른 사람에 대해서도 거부감을 가진다. 물론 표현은 전혀 다르다. 지나친 칭송이나 신격화. 그게 알고 보면 일종의 거부 표시다. 아예 속성에서 우리와 다른 사람으로 취급하고 싶다는 것이다.

공자가 공명가에게 공숙문자에 대해 물으셨다. "믿어도 됩니까? 공숙문자께서는 말하지 않고, 웃지도 않고, 가지지도 않습니까?" 공명가가 대답했다. "말을 한 사람의 과장입니다. 그분은 때가 되었을 때 말하기에 사람들이 그 말을 싫어하지 않고, 즐거울 때 웃으니 사람들이 그 웃음을 싫어하지 않고, 옳을 때만 가지니 사람들이 그가 가지는 것을 싫어하지 않습니다." 공자가 말씀하셨다. "그가 그렇습니까? 어찌 그가 그랬겠습니까?"

子問公叔文子於公明賈曰 信乎夫子不言不笑不取乎 公明賈對曰 以告者
자문공숙문자어공명가왈 신호부자불언불소불취호 공명가대왈 이고자
過也 夫子時然後言 人不厭其言 樂然後笑 人不厭其笑 義然後取 人不
과야 부자시연후언 인불염기언 락연후소 인불염기소 의연후취 인불
厭其取 子曰 其然 豈其然乎   (헌문, 14장)
염기취 자왈 기연 개기연호

공숙문자公叔文子는 위나라의 대부다. 사람이 진중하기로 명성이 자자했던 듯하다. 그런 그에 대해 공자께서 역시 위나라 사람인 공명가公明賈에게 물은 것이다.

처음 이 문장을 대했을 때는 이런 뻔한 문장이 왜 논어에 들어왔을까 했다. 그저 시기가 무르익기를 기다리는 진중함에 대한 글이라고만 생각했다. 그런데 나이 들어 다시 보니, 공자의 대답에 담긴 의미를 알 만했다. 사람 사이의 작은 차이는 과장되기 마련이다. 게다가 입에서 입을 건너가면 점점 더 부풀려진다. 이런 경향은 경쟁 마당에서 말했던 '아부의 심리학'과 결합되면 한결 심해진다. 그래서 부처님은 태어나자마자 좌우로 일곱 걸음을 걸어야 하고, 율곡 선생이 태어날 때는 산실 위에 흑룡이 서려야 한다. 현대에 와도 마찬가지다. 전씨 성의 대통령이 태어날 때는 고향의 황강黃江 위로 상서로운 기운이 어려야 한다. 하지만 공자는 안다. 사람은 다 거기서 거기라는 것을.

뛰어난 사람에 대한 거부는 경쟁 마당에서 이야기했던 '리그 가르기'로도 어느 정도 설명이 된다. 그가 우리와 같은 사람이라고 여길 때 자존심이 상하고 부끄러워지는 것을 피하려는 심리다. 십자가는 교회를 알리는 상징이다. 그런데 굳이 십자가의 높이에 집착하며, 유난히 높은 곳에 십자가를 달려는 교회가 있다. 그런 행동이 꼭 존경의 표시일까? 어쩌면 '예수님은 그 위에서 신과 노시고 땅으로 가까이는 오지 마세요'라는 심리가 숨어 있는 것은 아닐까? 예수님을 죄짓고 사는 우리와는 아예 다른 차원의 존재로 보려는 심리 말이다. 예수님이 보기에 심하게 한심할 듯한 목사들일수록 십자가 높이에 집착하는 경향을 보면 그런 심리도 어느 정도는 숨어 있을지 모르겠다.

이 정도에서 이제까지 나온 이야기를 정리해보자. 다름에 대한 거부를 일으키는 원인은 내가 한 번 세운 기준을 흔들고 싶지 않다는 마음에서 시작된다. 이런 마음은 내가 억지로 누르고 있는 것이 있을 때, 타인을 속성 위주로 파악하는 버릇이 심해질 때, 내 자긍심이 약해질 때, 이렇게 세 가지 경우에 더 심해진다. 다름에 대한 거부는 약한 사람에 대해서는 억압·차별의 형태로 나타나고, 뛰어난 사람에 대해서는 신격화의 형태로 나타난다. 이 정도면 대충 정리가 되었다. 이제 다름의 배제라는 함정에서 벗어나는 방법을 생각해보자.

같음을 알면 다름을 받아들인다
다른 가지, 같은 뿌리

산길을 가다가 아주 흉측하게 생긴 생전 처음 보는 동물을 보았다고 하자. 누구나 섬뜩해진다. 아무리 마음을 열어도 지나치게 다른 것에 대해서는 거부감이 든다. 본능이다. 이 섬뜩함의 밑바닥에 깔려 있는 것이 '모름'이다. 알면 대처할 수 있다. 모르면 어떻게 대처해야 할지 모른다. 그래서 모르면 불안하다. 몰라서 불안하다는 것. 그것이 다름을 거부하는 가장 중요한 이유다. 그 흉측한 동물이 나를 공격할지 말지, 공격한다면 어떤 방법으로 공격할지 모르니 불안한 것이다.

미지의 흉측한 동물뿐만 아니다. 자신이 종잡을 수 없을 만큼 뛰어난 사람과 마주할 때도 마찬가지다. 어떻게 대해야 할지 모르니 불안하다. 행여 예의에 어긋났다거나, 불경한 짓을 했다고 흠씬 비난을 받을지도 모르니 불안하다. 그래서 저 꼭대기 십자가 위로 몰아내는 것이다. 내 기준이 흔들리는 것이 싫은 이유도 마찬가지다. 다른 기준을 모르는데, 내 기준을 넓히기는 싫다. 넓히는 과정에서 겪어야 하는 혼란이 싫다. 그것이 핵심이다. 결국 다름에 대한 배제는 모름에서 시작된다. 그렇다면 그 극복의 방법도 뻔하다. 알면 된다.

본성은 서로 가까우나, 익힌 것은 서로 멀다.

子曰 性相近也 習相遠也
자 왈 성 상 근 야 습 상 원 야   (양화, 2장)

참 유명한 말이다. 대개 이 말은 뒤쪽에 무게를 둔다. 끊임없이 노력하고 수행하라든가, 제대로 배우고 익혀야 한다는 쪽에 초점을 둔다는 것이다. 그 말도 틀린 말은 아니다. 하지만 앞의 말도 정말 소중하다. 사람의 본성은 다 비슷하다는 것이다. 앞에서 환경귀인·속성귀인에 대한 이야기를 했다. 사람의 본성에 대한 이해가 생기면 비로소 다른 사람에게 환경귀인을 적용할 수 있게 된다. 본성이 비슷하다는 걸 알고 나면 다름을 받아들일 수 있다.

G.O.D.의 〈어머님께〉라는 노래에는 "어머니는 짜장면이 싫다고 하셨어"라는 가사가 나온다. 요즘에야 짜장면이 싼 음식의 대명사가 되었지만 예전에는 그렇지 않았다. 동물성 영양소의 섭취가 위

낙 부족하던 시절에 돼지비계라도 몇 점 들어간 짜장면은 좋은 날에나 먹던 음식이었다. 어머니라고 짜장면을 싫어하실 리가 없다. 그저 자식이 잘 먹는 것을 보는 기쁨이 당신의 입을 호강시키는 기쁨보다 더 컸을 뿐이다. 이런 것을 알아가는 게 어른이 되는 과정이다.

내가 어렸을 때 종갓집 종백부께서 돌아가셨다. 그런데 그분 사진이 신문에 나왔다. 세무 공무원 1년만 해도 집 한 채씩 생긴다던 시절이었는데, 20년 가까이 세무 공무원을 하시고도 미아리 언덕배기에 낡고 작은 집 하나 남기고 돌아가셨으니 청백리로 보도가 된 것이다. 청백리라는 말도 몰랐지만 '내가 아는 사람이 신문에 나왔다'는 사실에 크게 놀랐던 기억이 남아 있다.

신문에는 엄청난 사람만 나오는 걸로 알던 나이였다. 명절 때 아버지 따라 차례를 지내러 가서 가끔 뵙던 분이 신문에 나올 정도로 대단한 분이라는 것이 너무 충격이었다. 그때는 언론 보도엔 과장이 섞이기 마련이라는 것도, 특이한 것에 대해서는 호들갑을 떠는 게 사람의 본성이라는 것도 몰랐다.(그렇다고 그분이 언론이 만들어낸 가짜 청백리라는 것은 아니다. 성실하고 유달리 원칙을 강하게 지키는 분이었던 것은 확실하다. 다만 보통 사람과 조금만 달라도 언론은 그를 '별에서 온 그대'로 만든다는 걸 나이가 들면서 알게 되었다는 말이다.)

시절도 그랬다. 내 또래 중에는, 어릴 적에 빨갱이는 진짜로 머리에 뿔이 난 줄 알았었다는 친구들도 제법 있다. 사람은 그렇게 아예 서로 다른 줄로만 알았다. 이제 신문에 아는 사람이 나와도, 누가 빨갱이라고 해도 놀라는 일이 별로 없는 나이가 되었다. 어른이 된다는 것이 별 게 아니다. 사람이 다 거기서 거기라는 것을 알면 어른이 된 것이다.

차이를 강조하려는 시도는 그를 통해 나를 돋보이게 하려 할 때 심해진다. 성경을 기준으로 보면 바리새인은 보수적이고 완고한 사람들이다. 하지만 유대 역사를 보면 바리새인들은 로마 지배에 맞서 가장 강력하게 독립운동을 했던 사람들이다. 유다의 배반 역시 돈에 팔린 것이 아니라, 예수님의 노선이 유대민족 독립에 오히려 방해가 될 수도 있다는 의심이 들어 배반한 것으로 보는 사람도 있다.

이런 내용들을 인정하게 되면, 좀 더 근원적인 부분에서 문제를 풀어가려고 했던 예수님 노력의 가치가 떨어지는 것일까? 꼭 어느 한쪽을 상종 못할 악인으로 못을 박아야만 기독교의 가치가 빛나는 것일까? 나는 그렇게 생각하지 않는다. 사람은 다 거기서 거기라는 것을 인정할 때 나와 다른 사람과의 접점이 찾아지는 법이다.

가르침에는 차등을 두지 않는다.

子曰 有教 無類
자 왈 유 교 무 류   (위령공, 38장)

간단한 말일수록 해석이 더 까다롭다. 흔히 이 구절을 호향의 아이도 가르쳤던 공자의 입장을 대변하는 말로 본다. 물론 그 뜻도 중요하다. 사람의 행동을 환경귀인 중심으로 본다면 차별을 할 것이 아니라, 어떻게든 가르쳐서 끌어올려주는 것이 맞다. 그런데 이 생각에는, 가르치는 사람은 옳고 배우는 사람은 그만 못하다는 전제가 들어 있다. 그보다는 **"가르침이 있을 뿐, 분류가 있는 것이 아니다"** 라는 게 공자의 본뜻일지도 모르겠다. 갈래 짓는 게 교육의 목적은 아니라는 것이다. 바탕을 알고 근원을 깨닫고 난 뒤, 거기서 갈라지는 갈래에 대해서는 편하게 받아들일 수 있게 하는 것. 그것이 교육이다. 나와 내 앞에 나를 마주보고 있는 나뭇가지가 밑으로 내려가보니 같은 밑둥에서 나왔다는 걸 아는 것. 그게 가르침이다.

> 군자는 위에 도달하려 하고, 소인은 아래에 도달하려 한다.
>
> 子曰 君子上達 小人下達 　　　　　　　　　　　　　　　　　(헌문, 24장)
> 자왈　군자상달　소인하달

　이 구절은 "군자는 위의 일에 능하고, 소인은 아래의 일에 능하다"로 해석을 하기도 한다. 그런데 위는 무엇이고, 아래는 무엇일까? 주석에서는 인의仁義를 다루는 것은 위고, 이익을 따지는 것은 아래라고 한다. 다 부질없는 차별일 뿐이다. 인의에도 위아래가 있고, 돈 버는 것에도 위아래가 있다. 근원이 되는 것, 본질적인 것이 위요, 현상으로 드러나는 구체적인 것이 아래일 뿐이다. 차이를 과장하고, 다른 것을 배제의 대상으로 보는 것이 아래고, 차이가 벌어지는 지점이 어디인가를 생각하는 것이 위다.

　이제 마당을 정리해보자. 사람은 서로 달라야 한다. 그리고 그 다름은 받아들여져야 한다. 그래야 세상이 굴러간다. 차이를 쉽게 속성으로 단정 짓고, 더 나아가 속성의 차이를 최대한 강조하는 버릇이 다름을 받아들이기 힘들게 한다. 자긍심을 잃고 위축이 되면 딱지붙이기는 더 심해진다. 그런데 알고 보면 사람은 다 거기서 거기다. 그걸 알면 작은 차이에 대해서는 오히려 관대해진다. 차이의 원인을 알면, 다름을 받아들일 수 있게 된다.

다름에 대해서는 할 이야기도 많고, 근사한 문장도 많다. 다 좋지만 가장 으뜸은 역시 이 문장이다. 간단하면서도 핵심을 찌르고 있다.

사람이 길을 넓히는 것이지, 길이 사람을 넓히는 것이 아니다.

子曰 人能弘道 非道弘人
자왈 인능홍도 비도홍인   (위령공, 28장)

다름을 인정하지 않는 세상은 교통체증에 걸리기 마련이다. 일사불란―絲不亂이면 장래필란將來必亂이다. 다름을 이야기하는 마당이니 마무리도 좀 다르게 하자. 이번 마당은 노래로 마무리를 하자.

나를 봐 내 작은 모습을
너는 언제든지 웃을 수 있니
너라도 날 보고 한번쯤
그냥 모른척 해줄 순 없겠니

하지만 때론 세상이 뒤집어진다고
나 같은 아이 한둘이 어지럽힌다고
모두 다 똑같은 손을 들어야 한다고

그런 눈으로 욕하지 마
난 아무것도 망치지 않아
난 왼손잡이야

-패닉, 〈왼손잡이〉

여
섯
째 마
당

●

자존

사람의 여러 욕망이 나타나는 모습은 자존감을 중심으로 돌아간다. 그 자존감은 역할과 개성이라는 두 축을 중심으로 만들어진다. 역할의 의미, 역할과 개성의 관계, 역할에 매몰되는 현상 등에 대해 논어는 무엇을 짚고 있는지 들여다보자.

역할과 개성과 자존의 삼각함수

열 가구가 사는 작은 마을에도 나만큼 충忠과 신信을 중시하는 사람
이 반드시 있을 것이다. 그러나 나만큼 배움을 좋아하는 이는 없을
것이다.

子曰 十室之邑 必有忠信 如丘者焉 不如丘之好學也   (공야장, 27장)
자왈 십실지읍 필유충신 여구자언 불여구지호학야

언뜻 봐서는 별것 없는, '공자님이 공부를 정말 좋아하셨구나' 하
고 끝내면 되는 문장이다. 그런데 한 글자가 눈을 끈다. 필必이라는
글자가 들어가 있다. 충과 신을 중시하는 사람이 '꼭' 있단다. 공자
야 "나의 정체성은 충이나 신에 있는 것이 아니라 배움에 있다"라
고 할 만하다. 하지만 공자의 충이나 신도 그리 녹록한 경지는 아니
다. 그런데 작은 마을에 가도 그 정도는 꼭 있단다. 왜 그렇게 말했
을까? 대부분의 주석은 공자께서 겸손하기 때문에 한 말이라고 한
다. 아니다. 공자는 말 한마디도 함부로 하는 분이 아니다.

1961년 12월, 예루살렘 법정에서 나치 전범 아돌프 아이히만Adolf Eichmann이 사형 선고를 받는다. 나치의 유대인 학살 과정에서 핵심적인 역할을 했던 그는 나치 패망 후 아르헨티나로 도망가서 이름까지 바꾸고 15년을 숨어 살았다. 결국 이스라엘 정보기관 모사드에 발각되어 재판을 받게 된다. 그러나 그는 재판에서 자신의 죄를 인정하지 않았다. 자신은 오직 국가의 명령에 따라 충실히 움직인 관료일 뿐이라고 주장했다. 직접 유대인을 죽인 적도, 자신의 손에 피 한 방울 묻힌 바 없다는 것이다. 재판을 지켜본 정신과 의사들은 "아이히만에게 정신병적 증상은 보이지 않았다. 그는 정신과의 기준으로는 준법정신이 투철한 국민일 뿐이다"라고 말한다. 충忠이라는 면에서는 인정을 받은 셈이다. 철학자 한나 아렌트Hannah Arendt는 아이히만의 재판 과정을 『예루살렘의 아이히만』이라는 책에 담아 세상에 알렸다. 사람들은 악당은 따로 있다고 믿는다. 그런데 이 책은 그 믿음을 흔들었다.

인간의 속성에 대한 혼란은 심리학자의 관심을 끌고, 관심은 다양한 실험으로 이어진다. 그중 유명한 것이 1971년의 '스탠퍼드 감옥 실험'이다. 스탠퍼드대학교의 심리학 교수 필립 짐바르도Philip Zimbardo의 연구팀은 70명의 지원자를 모았다. 그들 중 다시 24명을 추렸다. 심리 검사, 정신병리 검사, 건강 검사 등을 통해 아무 문제가 없는 사람만 추린 것이다. 그들은 모두 중산층 가정 출신에 좋은 교육을 받은 남자 대학생들이었다. 피실험자를 교도관 역할과 죄수 역할로 나누었다. 그리고 스탠퍼드대학교 심리학과 건물 지하에 있는 가짜 감옥에서 2주를 지내기로 했다. 그런데 실험은 6일 만에 갑작스럽게 끝났다. 교도관 역할을 맡은 젊은이들이 실험 이틀 만에 점점 권위적으로 바뀌며 죄수 역할을 맡은 이들에게 언어폭력을 저지르기 시작했다. 6일째가 되자 육체적 폭행이 위험수위에 이르렀다. 사고의 위험 때문에 실험은 더 이상 진행될 수 없었다. 하지만 누구나 아이히만이 될 수 있다는 것을 보여주기에는 6일이면 충분했다. 이 실험이 궁금하면 영화로도 감상할 수 있다. 2001년 독일에서 만든 〈엑스페리먼트〉라는 영화가 이 실험을 토대로 촬영된 것이다. 2010년 미국에서 만든 리메이크 판도 있다.

사람은 역할에 민감하다. 그렇게 진화해왔다. 사람은 그리 강한 종이 아니다. 호랑이의 이빨이나 발톱을 가진 것도 아니고, 곰이나 코끼리처럼 큰 체격과 힘을 가진 것도 아니다. 그렇다고 쥐처럼 잘 숨거나 번식력이 엄청난 것도 아니다. 그런데도 살아남아 지구에서 절대적인 '일진' 행세를 하고 있다. 인간보다 훨씬 강한 동물들을 동물원에 가둬놓고 구경할 수 있는 위치까지 올라갔다. 어떻게? 두뇌의 발달, 도구의 사용 등 여러 가지 이유가 있지만 사회성 역시 무시 못할 이유 중 하나다. 인간보다 강한 동물에게 5 대 1, 10대 1로 상대할 수 있는 능력, 여러 가지 일을 나눠서 할 수 있는 분업의 힘. 이런 것들이 현재의 인간 세상을 만들었다.

이걸 뒤집어 생각하면 인간이 역할에 민감한 이유가 이해된다. 사회에서 밀려난 인간은 맹수의 밥이 될 뿐이다. 요즘이야 여러 도구를 이용하면 산속에서 혼자 사는 것도 가능하다. 하지만 본능은 변변한 도구도 없이 살던 몇십만 년 동안 형성된 것이다. 본능은 집단 내에서 위치가 불안해지는 것을 극도로 꺼린다. 역할이란 나를 집단의 일원으로 존재하게 만드는 신분증이다. 절대 잃지 않도록 가슴 깊이 간직하라, 그리고 거기에 적힌 대로 행동하라! 그것이 본능의 명령이다. 문제는 그 명령을 아무 생각 없이 따르다 보면 역할이 요구하는 모습에 그대로 파묻힌다는 점이다. 그저 교도관 역을 잠시 맡았다는 것으로 폭력적으로 바뀌는 일이 그래서 일어난다. 심지어는 아이히만이 되기도 한다. 연기를 배웠든, 안 배웠든 모든 사람은 선천적으로 배우다. 단지 전문적인 배우보다 그 역할에 적응하는 시간이 좀 더 걸릴 뿐이다.

역할이 나를 남과 구분되는 독특한 위치에 서게 해줄 때, 그 역할에 매몰되는 현상은 더 강해진다. 원래 개성과 역할은 서로 견제한다. 개성이 강한 사람은 전형적인 모습을 거부하기 때문에 주어진 역할에만 매달리는 면이 덜하다. 그런데 개성 자체가 그 사람의 역할이 되어버리면 이야기가 달라진다. 어떤 모임에 가도 우스갯소리를 잘하면서 분위기를 띄우는 사람이 있다. 그건 절대로 의무가 아니다. 하지만 어느 날 그 사람이 입을 꼭 다물고 있으면 사람들은 불편해한다. 당사자도 마찬가지다. 주변에서 그런 대접을 받는 사람은 우스갯소리를 하나 들어도 꼭 기억해서 써먹으려는 경향이 있다.

왜 그런 것일까? 사냥의 경우를 생각해보자. 꼭 힘이 세거나 대담해서 선창잡이 노릇을 할 수 있어야만 대접받는 것이 아니다. 지형을 잘 살피는 사람, 집단 전체의 기를 살리는 데 재주가 있는 사람, 감각이 뛰어나 동물의 움직임을 잘 파악하는 사람 등등이 모두 필요하다. 특히 남들과 다른 능력을 가지고 있고, 그것이 집단 내에서 역할로 받아들여질 때, 그는 집단에서 확실한 자기 자리를 가지게 된다. 그렇게 되면 역할의 가치는 따따블로 뛴다.

충忠라는 글자는 마음心의 중심中이 잡혀 있는 모습이다. 자신이 하는 일에 최선을 다하는 것이다.('충'이 왕이나 국가에 대한 충성이라는 의미로 변질된 것은 한나라 이후다. 논어에서 말하는 충은 '충성'이 아니라 '충실'이다.) 신信이란 자신이 말한 바를 어기지 않는 것이다. 제대로 된 충과 신은 옳음에서 나온다. 내가 옳다는 확신이 있어야 충도, 신도 나오기 때문이다. 그것이 공자의 충과 신이다. 하지만 그런 과정 없이 그냥 충과 신으로 달려가는 사람도 많다. 자기 생각 없이 그저 주어진 역할이 옳다고 믿고 최선을 다하는 것이다. 집단이 개인에게 그런 모습을 강요하는 경우가 많기 때문이다.

어느 마을에 가도 그 마을에서 가장 충과 신에서 앞선 사람이 있다. 처음에는 그저 마을의 다른 사람보다 조금 높았을 뿐, 그리 높은 경지는 아니었을지도 모른다. 하지만 충과 신은 그 자체로도 집단에서 좋게 평가받는 중요한 특성이다. 그런데 그 특성이 나를 다른 사람과 구분하게 만드는 개성으로까지 작용한다면 그건 '대박!'이다. 양손에 떡을 쥐었으니 다른 것을 더 고려할 필요가 없다. 무조건 충과 신에 올인하게 된다.

그쯤 되면 공자의 경지에 도달하는 것도 결코 어렵지 않다. 열 집 사는 마을에만 가도 공자님 수준의 충과 신을 지키는 사람이 있는 것은 어찌 보면 당연하다. 탑골공원에 가면 대한민국 최고의 우국지사도, 반공투사도, 반독재투사도 모두 만날 수 있는 것과 같은 이치다. 다만 그 뿌리는 사람마다 차이가 난다. 깊은 생각에서 나온

확신에 뿌리를 두는 사람부터 그저 맹목적인 믿음에 뿌리를 두는 사람까지 다양하다.

아이히만의 이야기로 다시 돌아가보자. 아이히만에게 사형을 언도할 때 적용한 법령은 '나치와 그 부역자 처벌법'이었다. 하지만 한나 아렌트의 생각은 달랐다. 아이히만은 그가 사는 사회의 법을 충실히 따른 사람일 뿐이다. 그는 법에 따라 유대인을 찾아내 '수송'했을 뿐이다. 다만 그 목적지가 가스실이었을 뿐이다. 한나 아렌트가 아이히만에 붙인 죄명은 '스스로 생각하기를 포기한 죄'였다.

충과 신은 가치를 증폭하는 증폭기다. 좋은 가치를 빛나게 할 수도 있지만, 나쁜 가치가 세상을 덮는 일을 도울 수도 있다. 그것이 공자가 자신의 존재증명을 충이나 신에 두지 않고 배움에 둔 이유다. 배움은 역할과 개성, 역할과 인간의 기본적인 인성 사이의 균형을 잡아가는 것이기 때문이다.

역할은 자존감의 어머니
정체성이 서야 자존감이 자란다

앞의 다섯 마당을 지나오면서, 자존감이니 자긍심이니 하는 말들이 계속 나왔다. 이 정도에서 자존감에 대한 문제를 다루지 않으면, 혹시 저자가 자존감 하나를 만병통치약으로 팔아먹는 돌팔이 약장수 아니냐는 의심을 받을 수도 있겠다. 이번 마당에서는 자존감에 대한 이야기를 나눠보자.

인간은 사회적인 동물이다. 집단 내에서 존중받는 사람이 어려운 상황에 처한다면 주변에서 돕기 마련이다. 존중받지 못하는 사람은 자기 혼자서 그 어려움을 해결해야 한다. 그래서 집단 내에서 존재감이 흐려질 때면 누구나 불안감을 느낀다. 앞에서도 말했듯이 이런 것은 따지고 계산할 문제가 아니다. 진화 과정에서 단련된 본능이 알아서 그렇게 반응한다.

내가 존중받을 가치가 있는 사람이라는 느낌을 자존감이라고 말한다. 자존감이 올라가면 본능은 '여유'라는 녹색등을, 자존감이 무너지기 시작하면 '불안'이라는 적색등을 켠다. 적색등이 켜지면 욕망들 사이의 에너지 분배가 흐트러지기 시작한다. 소유에 대한 집착이나 경쟁에 대한 몰두가 시작된다. 소유물이 늘어나거나 경쟁에서 이기면, 불안이 줄어들고 자존감도 약간은 올라가기 때문이다. 그런데 때론 소유를 늘리기도, 경쟁에서 이기기도 쉽지 않을 때가 있다. 더 골치 아픈 경우는 재산이나 지위에서 별로 처질 것이 없는데도 왠지 자존감이 움츠러들 때다. 그럴 때 잘못된 비교, 독선의 우물에 갇히기, 다름의 배제 같은 현상이 나타나기 시작한다. 환경이 자존감을 올려주지 못하니 스스로 주관적인 자존감이라도 유지하려 드는 것이다.

자존감은 사람 사이의 관계에서 형성되는 것이기 때문에 역할의 문제와 가장 관련이 깊다. 관계가 역할을 만들고, 역할이 정체성을 만들며, 정체성이 확실해질 때 자존감이 생긴다. 이야기를 역할과 정체성의 문제로부터 풀어나가 보자.

제경공이 정치에 대해 물으니 공자께서 답하셨다. "임금은 임금답게, 신하는 신하답게, 아버지는 아버지답게, 아들은 아들답게 하는 것입니다." 이에 경공이 말했다. "옳다. 진실로 임금이 임금답지 않고, 신하가 신하답지 않고, 아버지가 아버지답지 않고, 아들이 아들답지 않으면, 비록 곡식이 있더라도 내가 그것을 어찌 먹을 수 있겠는가."

齊景公 問政於孔子 孔子對曰 君君臣臣父父子子 公曰 善哉 信如君不
제경공 문정어공자 공자대왈 군군신신부부자자 공왈 선재 신여군불
君 臣不臣 父不父 子不子 雖有粟 吾得而食諸　　　　　　(안연, 11장)
군 신불신 부불부 자부자 수유속 오득이식제

제齊나라의 제후 경공景公과 공자가 정치에 관해 나눈 문답이다. 여기서 '어찌 먹을 수 있겠는가'라는 말이 좀 애매하다. 경공을 높게 평가하면 "나라의 기틀이 잡히지 않았는데, 제후가 어찌 자기 배만 불리겠는가"로 해석이 되고, 낮게 평가를 하면 "나라의 기틀이 잡히지 않았으니, 백성들에게 곡식을 세금으로 걷어봤자 제후에게 제대로 전달이 될 리가 없다"라는 뜻으로 해석된다. 어쨌든 사람이 자신의 위치에서 해야 할 일을 하는 것이 나라의 기틀이 잡히는 기본이라는 데는 공자와 경공이 모두 동의한다.

그런데 '임금이 임금답게'라는 번역은 의역意譯이다. 위 문장에는 '답게'에 해당되는 글자가 없다. 직역直譯이 뜻을 더 살린다고 보는 사람들은 "임금이 임금이 되고" 또는 "임금이 임금을 하고"로 번역한다. 이게 더 맞다. 임금이 되었다고 다 임금이 아니다. 진짜 임금이 되어야 임금이 된다. 말장난이 아니다. '~답게'는 의무감을 강조하는 표현이다. '~이 된다' 또는 '한다'라는 것은 정체성을 강조하는 표현이다. 그 차이는 상당히 크다. 군대 속어로 '쏘위'라는 말이 있다. 신참 소위를 부르는 말이다. 장교 임관 후 반년쯤 지나 소위로서의 정체성이 잡혀야 호칭이 '쏘위'에서 '소위'로 바뀐다. '쏘위'가 '소위'가 되어야 소대가 제대로 돌아가기 시작한다고들 말한다. 이와 비슷하다.

그다음으로 생각해볼 것이 '부부자자父父子子'다. 정치에 대해 물었으니 "임금이 임금이 되고, 신하가 신하가 된다"는 말은 당연히 나올 만한 말이다. 그런데 정치 이야기를 하다가 뜬금없이 "아비가 아비가 되고, 자식이 자식이 된다"는 말이 나온다. 왜 그런 말을 넣었을까? 사람은 자기 위치에 대해 분명한 정체성을 느껴야 자존감이 생긴다. 그래야 제대로 일을 한다. 공자는 임금이나 신하만이 아니라 국가 구성원 모두가 그래야 좋은 나라가 된다고 본 것이다. 공자의 말을 현대적 표현으로 풀면 "모든 사람이 자신의 위치에 대한 정체성을 가질 수 있어야 나라가 제대로 돌아갑니다" 정도일 것이다.

그렇다면 역할이 주어지면 항상 정체성이 만들어지는 것일까?

고가 각지지 않으면 어찌 고라 하겠는가?

子曰 觚不觚 觚哉觚哉　　　　　　　　　　　　(옹야, 23장)
자 왈　고 불 고　고 재 고 재

고觚는 각이 진 술잔이다. 그런데 당시엔 각을 깎아내 둥글게 만들었는데도 그냥 이름만 고라고 부르는 경우가 있었나 보다. 공자 말씀을 '사소한 술잔 하나라도 이름과 실제가 맞아야 한다'라는 뜻으로 보면 논어에 담기지는 않았지만 그와 관련해 이어지는 이야기가 있었을 성싶다. 어쨌든 고라고 부르려면 편의성이고 아름다움이 고를 떠나서 최소한 각은 잡혀 있어야 한다는 것이다.

역할이 자존감의 바탕이 되려면 명확해야 한다. 그 역할이 무엇인지, 그가 하는 일이 집단에 어떤 도움을 주는 것인지를 확실히 알아야 그로써 정체성이 생기고 그래야 자존감이 생긴다. 고는 각이 진 술잔이어야 하듯, 공무원은 공익에 봉사하는 사람이어야 하고, 교사는 아이를 가르치는 사람이어야 한다. 정치인의 눈치를 보고, 교장의 눈치를 보는 것이 역할이어서는 그 역할이 절대 자존감의 뿌리가 될 수 없다. 본능이 자존감을 중시하는 이유는 앞에서도 말했듯이 불안을 줄이기 위한 것이다. 명목상 역할과 실제의 역할이 맞지 않으면 늘 불안하다. 정체성이 생기지 않고, 자존감이 올라갈 수 없다.

그래서 자존감은 개인의 노력도 중요하지만 사회 분위기의 영향을 많이 받는다. 높은 자리일수록 역할에 대한 정의가 뚜렷해야 한다. 그게 바른 사회다.

계강자가 정치에 대해 물었다. 공자께서 답하길 "정치란 바르게 하는 것입니다. 당신이 바르게 이끌면 누가 감히 바르지 않겠습니까?"

季康子問政於孔子 孔子對曰 政者 正也 子帥以正 孰敢不正 (안연, 17장)
계강자문정어공자 공자대왈 정자 정야 자솔이정 숙감부정

노나라 대부이자 실질적인 일인자였던 계강자와 공자의 정치 문답이다. 정치인의 블로그나 홈페이지에 가면 가장 많이 나오는 말이 이 정자정야政者正也다. 그런데 여당 국회의원은 이 말을 들먹이며 야당을 탓하고, 야당 국회의원은 이 말로 정부와 여당을 탓한다. 어찌 보면 이 말만큼 의미 없고 허망한 말도 없다. 누구나 자기가 옳다고 한다. 정正을 하려 하지 않아서가 문제가 아니라, 정이 무엇인지에 대한 생각이 서로 다른 것이 문제다.

정치 이야기는 여기까지만 하자. 핵심은 내가 생각하는 역할이라는 것, 내가 생각하는 정도正道라는 것, 그런 것들이 그저 내가 만든 신념 체계에 불과할 수 있다는 것이다. 이 이야기는 옳음 마당과 곧음 마당에서 좀 더 자세히 이야기될 것이다. 어쨌든 역할이 자존의 토대가 되려면 역할의 기본에 대한 사회적 합의가 있어야 한다. 또 그 합의가 인간의 본성에 맞아야 한다. 그런 나라가 잘 돌아가는 나라다. 나라 이야기는 관심 끊은 지 오래라고? 그래도 이 문장은 중요하다. 나라만이 아니라 가정도 마찬가지고, 회사도 마찬가지이기 때문이다.

이제 앞에서 무시당했던 충忠과 신信에 대한 이야기를 해보자. 충과 신은 중요하다. 형성된 자존감을 단단하게 만드는 것이 충과 신이다. 다만 요즘같이 윗물부터 흐린 사회에서 충과 신을 말하려니 답답해서 잠시 딴지를 걸었을 뿐이다. 충과 신은 역할이 뚜렷하고, 사회적인 합의가 되었을 때 비로소 가치를 가진다. 충과 신은 역할에 어떤 기능을 할까?

공자께서 말했다. "남방 사람들의 말에 '사람이 꾸준하지 못하면 무당이나 의사가 될 수 없다'라는 말이 있다. 좋은 말이다." 이에 누군가가 "덕이 꾸준하지 않으면 혹 치욕을 받게 된다"고 하자, 공자께서 다시 답했다. "점을 칠 필요도 없다."

子曰 南人 有言曰 人而無恒 不可以作巫醫 善夫 不恒其德 或承之羞
자왈 남인 유언왈 인이무항 불가이작무의 선부 불항기덕 혹승지수
子曰 不占而已矣
자왈 부점이이의 　　　　　　　　　　　　　　　　　　　　　(자로, 22장)

은근히 생각해볼 구석이 많은 문장이다.

우선 무당과 의사다. 보통은 이 문장을 "무당이나 의사도"라고 번역한다. 선비보다 천한 직업조차 항심恒心(꾸준한 마음)이 필요하니 선비는 더욱 그렇다는 뜻으로 해석하는 것이다. 그러나 아니다. 그런 해석은 후대 유학자들의 잘난 척일 뿐이다. 굳이 무당이나 의사

라는 직업을 드는 이유가 따로 있다. 둘 다 사람을 대하는 직업이다. 또 결과가 뚜렷이 나타나는 직업이다. 게다가 돈을 밝히려면 마냥 밝힐 수 있고, 일의 보람에 중심을 둔다면 큰 보람을 느낄 수 있는 직업이다.(무당은 요즘 시각으로 보면 다르겠지만 공자 시대의 시각으로 보면 그렇다.) 요즘 말로 하자면 사회가 요구하는 역할이 아주 확실하게 규정되는 전문가라는 것이다.

선비는 오히려 역할이 애매하다. 지금 세상에 필요한 일이 무엇인지 끊임없이 고민해야 하는 사람이 선비다. 충과 신도 중요하지만 의義니 학學이니 하는 것들이 더 중요하다. 하지만 역할이 뚜렷할 때는 그 역할이 요구하는 덕목을 꾸준히 지키는 게 가장 중요하다. 그러면 본인도 행복하고, 집단에도 도움이 된다. 그래서 무당과 의사를 말한 것이다.

덕이 꾸준하지 않으면 치욕을 받는다는 게 공자의 말인지, 누군가의 추임새인지 애매하다. 뒤에 '자왈'이 또 나오는 것으로 봐서는 다른 이의 말인 듯하다. 어쨌든 그 말은 주역에 나오는 뇌풍항雷風恒 괘卦의 세번째 효爻를 풀이한 말이다.(주역의 괘 하나는 여섯 개의 효로 이루어진다. 각 효는 음陰 또는 양陽이다. 주역에는 각각의 괘에 대한 설명이 있으며, 또 그 괘를 이루는 여섯 개의 효에도 설명이 붙는다.)

항괘恒卦의 세번째에 오는 양효陽爻는 너무 강해서 성급하게 전진하는 모습을 의미한다. 환자를 보다 보면, 처지가 딱해서 어떻게든 고쳐주고 싶은데 치료가 쉽지 않은 환자를 만나는 경우가 있다. 고민하고 찾아보고 하다 의사도 지친다. 그러면 그다음에 오는 쉬운 환자는 그냥 대충 진료하는 경우도 생긴다. 의사 입장에서는 자신이 나쁜 의사라고 생각하지 않을 것이다. 평균적으로는 환자를 꽤 성실하게 대하기 때문이다. 하지만 환자 입장은 다르다. 어떤 환자는 그 의사에게 감동을 하겠지만, 다른 환자는 큰 불만을 품을 것이다. 개별 환자 입장에서는 다른 환자를 어떻게 대했는가는 알지 못한다. 그저 자신을 소홀히 대한 것만 알 뿐이다. 항괘 삼효는 자기 능력의 200%를 다하는 모습을 의미한다. 그러다 보면 50% 이하로 떨어지는 경우도 나올 수밖에 없다. 역할이란 자신이 할 수 있는 80~90%를 늘 꾸준히 할 때 인정을 받는다. 주역점을 칠 때 자신의 마음이 불안하면 항괘가 잡히는 경우가 많다고 한다. 공자는 그건 굳이 괘를 잡아볼 필요도 없다고 한다. 자신의 처신을 보면 왜 불안한지를 알 수 있기 때문이다.

역할에 대한 이야기를 정리해보자. 사람은 역할이 주어져야 자존감이 생기고 자존감이 생겨야 적극성·능동성이 생긴다. 그런데 역할은 명확하고 사회적 합의가 되어 있어야 자존감의 뿌리가 될 수 있다. 그렇게 역할이 명확할 때는 꾸준함이 역할을 자존감으로 이어주는 통로가 된다. 그것이 충과 신이다. 이 정도 정리가 되었으니, 한 가지 이야기만 더하고 역할에 대한 이야기를 마무리하자.

공자님은 사람과 더불어 노래를 하여 잘하면 반드시 다시 하라 하시고 뒤에 화답하셨다.

子與人歌而善 必使反之 而後和之 (술이, 31장)
자 여 인 가 이 선 필 사 반 지 이 후 화 지

사소한 것 같지만 새겨둘 이야기다. 공자는 경영학에서 크게 강조하는 '긍정 피드백'을 말하고 있다. 긍정 피드백은 작게는 그 기능 자체를 올리는 효과가 있다. 더 크게는 그 사람의 자존감 자체를 올려준다. 그래서 다른 일도 잘하게 만든다.

아이를 키워보면 안다. 아이에게는 할아버지 다리를 주물러주는 일이든, 식사 때 수저를 놓는 일이든 무언가 자신의 일을 줘야 한다. 그렇게 집안에서 자기 역할을 가지는 아이가 공부만 하는 아이보다 먼저 자존감이 생긴다. 자존감이 생겨야 공부도 잘하게 된다. 아이는 공부가 역할이라고? 아니다. 나중에 배움 마당에서 이야기하겠지만 공부는 역할이 아니다. 특히 우리나라의 교육 환경에서는 공부로 자존감을 키우기는 쉽지 않다. 거꾸로 자존감을 키워서 공부도 하게 하는 편이 옳다. 어쨌든 아이에게 역할을 주는 것은 중요하다. 그런데 그 역할을 의무로 취급하고 강요하고 야단쳐서는 절대 자존감이 커지지 않는다. "네가 주물러주는 것이 가장 시원해"라든지, "그렇게 도와주니 엄마가 훨씬 편하구나"라는 말을 계속 해줘야 한다. 그래서 아이 입에서 "내가 할래"라는 말이 자주 나온다면 "아, 우리 아이 자존감이 건강하게 크고 있구나"라고 흐뭇해해도 된다.

'가스통 할배'와 스티브 잡스 사이에서
역할이냐 개성이냐

역할에 대한 이야기는 충분히 했으니, 자존의 다른 한 축인 개성을 이야기해보자. 역할은 자존감을 만든다. 하지만 세상이 내게 요구하는 것이 내 기질이나 추구하는 바와 맞지 않는 경우도 많다. 그럴 때는 그저 한구석에 찌그러져서 오타쿠로 살아야 할까? 역할만이 존재의 의미라고 생각하는 사람은 세상에서 받아들여지지 않으면 자신감을 잃는다. 그렇게 방어적이 되고, 위축되기 시작하면 차라리 모두가 똑같은 모습이기를 원한다. 최소한 내가 상대적으로 더 낮아지는 것을 막아주기 때문이다. 다름에 대한 배제가 심해지는 이유다. 게다가 소수자에 대한 공격은 그래도 내가 그들보다는 높은 위치에 있다는 우월감도 조금은 준다. 그뿐만이 아니다. 내게 아직 체제의 수호자라는 역할이 있다는 느낌도 준다. 이것이 '가스통 할배'들이 거리에 나서게 만드는 동력이다.

하지만 기존의 체제에서 내키는 자리가 없다고 해서 모두 전체주의로 빠져드는 것은 아니다. 정신적인 에너지가 강한 사람은 다른 방법을 쓴다. 아예 새로운 역할을 만든다. 경쟁 마당에서 말했던 자신만의 의자를 만드는 방식이다. 그렇다고 모두 스티브 잡스 수준의 혁신을 하라는 건 아니다. 그저 내 위치에서 찾을 수 있는 작은 시도로 충분하다. 개그는 말로 사람을 웃기는 행위다. 하지만 침묵으로 웃기는 것을 시도하는 순간 '침묵 개그의 일인자'라는 새로운 자리가 생긴다. 더 간단하게는 붕어빵에 팥 대신 야채카레볶음을 넣는 것도 해볼 만한 일이다. 이런 걸 개성이라고 한다. 인류를 발전시켜온 동력이자, 자존감을 지키는 또 다른 토대다.

그럼 자존을 지키는 데 역할과 개성 중 어느 쪽이 더 중요할까? 공자께서는 어느 쪽을 더 편들까?

옛사람은 자기를 위해서 공부했는데, 요즘 사람은 남을 위해서 공부한다.

子曰 古之學者 爲己 今之學者 爲人　　　　　　　　　　(헌문, 25장)
자 왈 고 지 학 자 위 기 금 지 학 자 위 인

　공자께서는 복고 취향이 있다. 논어에 고인古人, 금인今人이 나오면 대부분은 옛사람 쪽이 좋다는 의미다. 이 문장 역시 마찬가지다. 자기를 위한 공부가 옳다는 것이다. 그럼 헷갈린다. 세상을 위해서 공부하지 말고, 그저 자기 자신을 위해서만 공부하라고? 공부의 목적은 자신의 출세에 있다는 것일까? 그런 뜻은 아닐 것이다. 공부는 남 보여주기 위해서 하는 게 아니라는 뜻이다. 남에게 인정받기 위한 것 역시 아니다. 자기가 알고 싶은 걸 공부하는 게 진짜 공부라는 것이다. 사람은 서로 다르다. 궁금한 영역도 서로 다르다. 그런데도 자기가 궁금한 것을 우선적으로 하라는 걸 보면 공자는 개성을 중시하는 쪽인 것 같다. 한 문장을 더 보자.

　아는 사람이 좋아하는 사람만 못하고, 좋아하는 사람이 즐기는 사람만 못하다.

子曰 知之者 不如好之者 好之者 不如樂之者　　　　　(옹야, 18장)
자 왈 지 지 자 불 여 호 지 자 호 지 자 불 여 락 지 자

　'좋아한다'와 '즐긴다'의 차이를 간단히 말하자면 좋아하는 것은 가치를 알고 추구하는 것이다. 즐기는 것은 그냥 거기에 빠져 있는 것이다. 그런데 대상이 없다. 주석가들은 대상이 없으면 도道다. 그냥 관례가 그렇다. 도를 즐기라는 것이다. 도가 딱 하나뿐이고, 그 도를 따라가는 것이 최선이라면 그 해석에 별 문제가 없다. 그런데

공자는 "사람이 길을 넓히는 것이지, 길이 사람을 넓히는 것이 아니다"라고 말한 분이다. 이러면 이야기가 달라진다. 주석가들의 말은 무시하는 편이 좋다. 그냥 시쳇말로 풀자. "교수가 프로 못 당하고, 프로가 매니아 못 당한다." 이게 2015년판 해석이다. 이 정도면 확실하다. 공자님은 개성 지지파다.

그런데 두 문장만 보고 결론을 내리자니 좀 이른 감이 있다. 차분한 자세로 돌아가서, 사람은 왜 개성을 추구하는지부터 다시 생각해보자. 도플갱어Doppelganger라는 게 있다. 독일 민담에 나오는 것으로 나와 완전히 똑같은 존재를 말한다. 민담에는 도플갱어를 만나면 죽는다고 한다. 인간은 자신이 사회에서 받아들여지지 않을 정도로 다른 것도 꺼리지만, 남과 완전히 같은 것도 꺼린다.

다름 마당에서 나온 진화심리학적 해석을 복습해보자. 유전자가 단조로워지면 그 종은 위험해진다. 그래서 유전자가 완전히 같은 존재에게 호감을 느끼는 종은 환경 변화에 적용하는 데 불리하다. 결국은 점점 소멸된다. 좀 다른 유전자를 가지는 존재에게 호감을 갖는 종은 번성하게 된다. 그래서 지구상에서 멸종되지 않고 살아남은 종은, 사람이든 짐승이든 유전자가 조금 다른 개체에게 끌리는 본능을 가지고 있다. 대부분의 문화권에서 근친상간에 대해서 강한 거부가 나타나는 것도, 거리에서 자기와 같은 옷을 입은 사람을 보면 기분이 나빠지는 것도 그 뿌리에는 같음에 대한 거부 본능이 깔려 있다. 도플갱어 이야기도 그런 본능이 민담에 녹아든 것이다.

너무 다른 것은 거부감을 준다. 다름에 대한 거부는 본능이다. 여기에 자존감 위기가 겹치면 다름에 대한 거부는 급격히 심해진다.

하지만 같음의 거부 역시 본능이다. 거기에 자신만의 자리를 가지려는 욕구가 더해지면 같음을 호환虎患· 마마처럼 피하게 된다. 사람의 본능은 '다름에 대한 거부'와 '같음에 대한 거부'의 사이 어디쯤에 번지수를 두고 있다. 본능이 앞쪽 번지수에 사는 사람은 가스통 할배가 되고, 뒤쪽 번지수에 사는 사람은 스티브 잡스가 된다. 우리네 보통 사람의 본능은 그 중간 어디쯤에서 살고 있다.

그렇다면 개성의 추구도 무조건 장려만 할 일은 아니다. 본능에 속하는 것이기 때문이다. 원래 본능이라는 것은 그냥 놓아두면 마냥 달리는 경향이 있다. 개성의 추구 역시 부작용을 생각해야 한다. 공자의 입장도 마찬가지다. 공자는 어느 하나만 무조건 추구하라고 하는 분이 아니다. 어짊 정도를 제외하면 무엇 하나에 올인하라고 하는 경우가 별로 없다.

이단을 추구하는 것은 해로울 뿐이다.

子曰 攻乎異端 斯害也已
자 왈 공 호 이 단 사 해 야 이
(위정, 16장)

여기서 말하는 이단異端은 요즘 종교에서 말하는 이단과는 전혀 개념이 다르니 혼동하지 말기를 바란다. 종교에서 말하는 이단이란 자신들이 정통이라 주장하는 사람들이 이견을 원천 봉쇄하기 위해 만든 낙인용烙印用 단어다. 공자 시절은 "이것이 정통이다"라고 공인된 것이 없던 세상이다. 정통이 없으니 당연히 '정통 아님'에 해당되는 단어도 없다. 이 문장에서 이단이란 한쪽으로 많이 치우친 것, 튀는 것, 보편적이지 않은 특수한 경우에만 적용되는 것 등의 의미다.

어쨌든 이단을 좇지 말라는 말은 보편을 중시하라는 의미다. 그렇다면 공자를 개성지지파로 본 것은 잘못일까? 그런데 독선 마당에서 나왔던 "많이 들어 의심나는 부분을 줄이고, 많이 보아 위험한 것을 줄여라多聞闕疑 多見闕殆"는 말대로라면 이단에 속하는 것도 듣고 보아야 한다. 이단에 관심을 두라는 걸까? 말라는 걸까? 핵심은 공攻에 있다. 여기서 공은 전공專攻이라고 할 때의 공이다. 그런데 공에는 공격한다는 뜻도 있다. 두 뜻을 같이 생각해보면 완전히 몰입한다는 의미다. 그런 짓을 하지 말라는 것이다.

개성을 추구한다는 것은 남들과 다른 영역에서 내 위치를 확보한다는 것이다. 잘만 먹힌다면 개성을 통해 자존을 확보하는 것이 훨씬 좋다. 사회가 정해준 역할로써 확보하는 자존과는 비교할 바가 아니다. 세상이 강요하는 역할은 왜곡된 경우도 많다. 세상의 강자들을 위해 봉사하다가 결국은 희생으로 끝나는 경우도 많다. 그러나 개성으로 확보한 자리는 남이 빼앗을 수 없는 독보적인 자리가 된다. 이건 남들이 모르는 엘도라도를 제일 먼저 찾아내서 깃발을 꽂는 일이다. 그런데 그런 욕심이 앞서면 판단이 흐려진다. 판단이 흐려지면 이상한 것異端에 깊게 빠지게 된다.

욕심이 없는 사람도 특이한 것에 대해서는 객관적인 판단을 잘 못한다. 사람은 가능성을 늘 판단한다. 늘 확률 계산을 한다는 것이다. 하지만 머릿속에서 복잡한 수식을 돌리는 사람은 드물다. 그냥 느낌으로 판단을 한다. 그 느낌은 무엇을 기준으로 작동하는 것일까? 기억의 강도가 기준이다. 기억에 강하게 남은 것은 자주 일어나는 일이라고 판단한다. 이런 방식은 꽤 쓸 만하다. 기억은 같은 일이 반복되면 점점 강화되기 마련이다. 일일이 세는 것은 귀찮기도 하거니와, 정확하다는 보장도 없다. 기억의 강도를 기준으로 판단하는 편이 훨씬 효율적이다.

그런데 문제가 하나 있다. 드물게 일어나도 기억을 강하게 남기는 일이 있다. 이런 경우는 아주 낮은 확률임에도 불구하고 마치 자주 일어나는 일인 것처럼 느끼게 된다. 복권으로 인생을 바꾼 사람, 고생 끝에 스타가 된 연예인, 운 좋게 시류를 타고 국회의원이 된 정치인. 모두 강한 기억을 남긴다. 마치 나에게도 일어날 수 있는 흔한 일인 것처럼 기억에 새겨진다.

그래서 이성적으로 훈련이 되지 않으면 자칫하면 특이한 것에 끌리기 쉽다. 거기에 욕심까지 더해지면 판단은 안갯속을 헤매기 시작한다. 결국은 요행이 아니고는 기대하기 힘든 일에 불나방처럼 뛰어들게 된다. 개성을 내세워 자존을 지키려면 능력이 되어야 한다. 능력은 키우려 하지 않고 개성만 내세울 때 이단의 함정이 입을 쩌억 벌린다.

중심이 잡힌 사람에게 이단은, 견문을 넓히고 생각해볼 만한 다른 관점을 제시하는 좋은 영양분이다. 문제는 기본도 안 된 상태에서 대박을 바라거나, 갑자기 신데렐라가 되기를 원하는 것이다. 그것이 이단에 매달리는 행위다. 그때 인생은 비참함을 예약한다. 바둑과 비슷하다. 평범하게 두다가 한 번씩 묘수를 터뜨리는 사람은 고수다. 계속 묘수만 두려고 하는 사람은 하수다. 이단에 몰두하면 인생의 하수로 전락한다.

특히 젊을 때는 이단에 끌리기 쉽다. 조심해야 한다.

군자는 세 가지를 경계해야 한다. 젊을 때는 혈기가 안정되지 않았으니 색을 경계해야 하며, 장년에 이르러서는 혈기가 강하니 싸움을 경계해야 한다. 노년에는 혈기가 이미 쇠하였으니 욕심부리는 것을 경계해야 한다.

孔子曰 君子有三戒 少之時 血氣未定 戒之在色 及其壯也 血氣方剛 戒
공자왈 군자유삼계 소지시 혈기미정 계지재색 급기장야 혈기방강 계
之在鬪 及其老也 血氣旣衰 戒之在得   (계씨, 7장)
지재투 급기로야 혈기기쇠 계지재득

여기서 '군자'라는 단어가 눈길을 끈다. 군자는 자신의 가치관 추구에 비중을 많이 두는 사람이다. 그런 사람이 색, 싸움, 챙김(욕심)에 주의해야 한다는 것이다.(군자란 남을 다스리는 사람이라는 의미에서 남을 다스릴 자격이 있는 사람이라는 의미로 변해온 단어다. 논어에서는 군자를 두 가지 의미로 혼용하고 있다. 수준이 되는 사람이라는 의미로 해석해야 되는 경우가 더 많기는 하지만 그냥 지배계급이라는 의미로 해석해야 말이 통하는 문장도 가끔 있다. 그래서 이 문장을 "권력을 가졌다고 함부로 하지 마라"라는 의미로 해석하는 경우도 있다.)

장년의 싸움과 노년의 챙김은 이해할 만하다. 자신이 옳음을 증명하려는 것이 장년의 싸움이다. 노년의 챙김은 장년의 싸움의 성과를 확인하는 행위다. 그런데 젊을 때 색을 조심하라는 것은 어떤 의미일까? 젊을 때가 성적인 욕구가 강한 것은 분명하다. 하지만 그렇게 보면 '장년의 싸움' '노년의 챙김'과 같이 묶은 것도 이상하고, '군자'라고 주어를 명시한 문장에 들어간 것은 더 이상하다. 혹시 색色도 존재증명과 관련되는 것일까?

이 색色이라는 글자를 생각해보면 참 묘하다. 성性적인 의미와 색

깔이라는 의미가 같이 있다. 전혀 달라 보이는 이 두 가지 뜻을 왜 한 글자로 썼을까? 색이란 주변과 달라 보이게 하는 것이다. 달리 말하자면 나의 고유성을 내보이는 것이 색깔이다. 그리 보면 성적인 매력을 호소하는 것도, 상대의 성적 매력에 끌리는 것도 마찬가지다. 내게 이런 특성이 있고, 이런 가능성이 있다는 것을 내보이는 것이요, 그런 것에 끌리는 것이다. 앞에서 말했듯이 멸종되지 않고 존재하는 종은 자신과 좀 다른 유전자를 가진 상대에게 끌리는 면이 있다. 그래서 색에 끌리는 것이다. 특히 젊을 때는 이룬 것도, 가진 것도 없으니 자신의 특성과 가능성을 내보이는 수밖에 없다. 그것이 색깔Color이고, 성적 과시Sex appeal다.

젊을 때 색을 조심하라는 말에는 지나친 성행위를 하지 말라는 것 이상의 뜻이 담겨 있다. 성적 매력을 강조하기 위한 행동을 조심하라는 것이고, 튀는 쪽에 몰두하는 행동을 조심하라는 것이다. 굳이 프로이트의 말을 빌지 않더라도 개성의 표출에는 그 바닥에 성적인 동기가 깔려 있는 경우가 많다. 하지만 이것이 스스로의 정체성을 찾아가는 중요한 토대가 된다. 그래서 막을 수는 없다. 다만 지나친 것은 조심해야 한다. 혈기가 안정되지 않으면 어느 길이 밀고 나갈 길인지, 어디가 엉뚱한 벼랑인지를 판단하지 못한다.

내 안에 갇히지 않는 나
인생은 끊임없는 튜닝

자존 · 역할 · 개성의 삼각관계를 정리해보자. 사람은 사회적 동물이기 때문에 인정받고자 하는 욕망을 가진다. 역할이 주어지고, 그 역할을 성공적으로 수행했을 때 사람은 인정을 받는다. 그것이 사람이 역할에 몰두하게 되는 이유다. 그런데 문제는 사람마다 타고난 기질이 조금씩 다르다는 것이다. 우리는 자신과 맞지 않는 것에 대해서는 부정적인 느낌을 갖도록 진화했다. 그래서 주변에서 요구하는 역할이 기질과 어긋나면 몸에 안 맞는 옷을 걸친 것처럼 불편하고 금방 피곤해진다. 그런 역할을 맡게 되면 아무리 성취의 경험이 쌓여도 자존감이 올라가지 않는다. 사회적으로 성공했다는 소리를 듣는 편인데도 자존감이 낮은 사람들이 있다. 부모의 기대에 맞춰 자신이 원하지 않는 삶을 산 사람들이 그렇다.

주어진 역할을 자신의 기질에 맞게 끌어오는 것, 그것이 개성이다. 개성이 인정받을 때 사람은 남이 아닌 자기 자신으로 인정받게 된다. 그때 자존감은 극대화된다. 그래서 사람은 개성의 추구 역시 본능으로 가지고 있다. 하지만 개성의 추구가 지나쳐 극단으로 빠지면 이단이 된다. 개성만 앞세워 주어진 역할을 모조리 거부하고 세상을 전면 부정할 때 그렇게 된다. 남과 나의 공통점은 다 무시하고, 차이점에만 초점을 맞추는 행동. 그것이 이단이다. 그렇다면 개성이 긍정적으로 작용하려면 어떤 자세가 필요할까?

군자가 천하를 대함에 있어 꼭 해야 한다는 것도 없고, 절대 하지 않으려 하는 것도 없다. 단지 옳음과 함께 갈 뿐이다.

子曰　君子之於天下也　無適也　無莫也　義之與比　　(이인, 10장)
자왈　군자지어천하야　무적야　무막야　의지여비

조선에서는 사농공상士農工商을 따졌다. 어릴 때는 이를 단순히 직업에 따른 차별로만 보았다. 그런데 나이가 들고 보니 다른 면도 조금 보인다. 물론 악습은 분명하다. 조금 딱딱한 표현을 쓰자면, 기득권 유지를 위해 계층간에 벽을 치는 짓이다. 하지만 그런 발상이 처음에 어떻게 나타나게 되었는지는 좀 생각해볼 점이 있다.

'선비'란 자신을 닦아 주변에 자연스레 영향이 미치게 만드는 사람이다. 가장 위에 놓아줄 만하다. '농사'는 작물의 속성을 알아야 한다. 벼 키우듯이 콩을 키우거나, 배추 키우듯이 무를 키우면 다 죽는다. 대상의 속성을 알고 이에 맞추어 키우는 것이니 두번째에 놓는 것이다. '공工'이란 자신의 의지대로 무언가를 만드는 것이다. 순리를 따르는 것을 높게 평가하는 사회에서는 높게 평가되기 힘들었을 법하다. 그래도 공은 객관적인 가치를 창조하는 것이다. 하지만 '상商'은 주관적인 가치판단을 유도하는 행위다. 아무리 보잘것없는 물건이라도 상대가 높게 평가하게 만들어 비싼 값을 받으면 잘하는 장사꾼이다. 그래서 제일 아래에 놓인 것이다.

그런데 그런 분류가 절대적이지는 않다. 예전의 장인들을 보면 좋은 재료를 구하는 데 심혈을 기울였다. 쟁기 하나를 만들어도 자연스레 가지가 갈라진 나무를 구해 만들었고, 조각을 하나 해도 자신이 표현하려는 형상을 그 안에 품고 있는 돌을 찾아 헤맸다. 무조건 부수고, 녹인 뒤에 다시 굳혀 원하는 모양을 만드는 요즘과는 달랐다는 것이다. 공업이라도 농업의 마음에 가까웠다.

반면 요즘의 농업은 공업에 가깝다. 닭 한 마리에 A4 한 장도 안되는 공간을 주고 키운다. 그러니 조류독감이라도 돌면 다 죽어나간다. 땅의 힘을 키우려는 노력도 없다. 약탈할 만큼 하다 땅의 힘이 떨어지면 비료를 뿌려 해결하려 든다. 순리를 따르는 농農의 마음이 없어졌다.

선비는 어떨까? 논문을 써야 인정받는 세상이 되었다. 연구 시작도 전에 논문이 될까 안 될까, 된다면 어느 정도의 학술지에 실릴 수 있을까를 먼저 생각한다. 연구팀에는 논문 작성 전문가가 하나씩 낀다. 각 학술지의 심사 특성을 잘 아는 사람들이다. 논문이 나오면 언론에 주목받기 위한 작업부터 들어간다. 그래야 다음 연구비를 받을 수 있기 때문이다. 직업은 선비지만 실상은 논문 장사꾼이다.

장사는 어떨까? 장사도 선비의 마음으로 하려면 할 수 있다. 정말 좋은 물건인데 사람들이 모르는 것을 발굴해서 사람에게 알리는 것, 지역에 따라 가격 차가 큰 물건을 유통시켜 편하게 쓸 수 있게 만드는 것은 그 자체로 가치를 만드는 일이다. 사람을 두루 이롭게 만들려는 마음이 깔리는 것이니 장사라도 선비의 일과 별 차이가 없다.

논어로 돌아가자. 공자는 "군자가 천하를 대함에 있어 꼭 해야 한다는 것도 없고, 절대 하지 않으려 하는 것도 없다. 단지 옳음과 함께 갈 뿐이다"고 말했다. 요즘 말로 바꾸자면 '무엇을'이 중요한 것이 아니라 '어떻게'가 중요하다는 것이다. 사를 하든 농을 하든, 공을 하든 상을 하든 그게 중요한 것이 아니다. '사'의 마음으로 하는 게 중요하다는 것이다. 정치는 '사'의 일일까? 사대강四大江사업이 사대강死大江사업이 되었다. 강의 속성을 생각하는 '농'의 마음도 없고, 제방의 가치를 공정하게 평가하려는 '공'의 마음도 없다. 사람들에게 '멋있다' '잘 만들었다'라는 평가만 받을 수 있으면 잘한 일이라고 생각한다. '상'의 마음으로 가득 차, 홍보로 모든 걸 승부하려 드는 것. 이것은 정치가 아니다. 정치는 '사'만 해야 하는 것은 아니다. 그러나 '사'의 마음을 가진 사람이 해야 하는 일이다.

'무엇을'에서 개성을 찾으려 하다가는 이단으로 빠지기 쉽다. 내가 할 만한 일은 이미 누군가가 하고 있는 경우가 많기 때문이다. 이를 다 피해서 신천지를 찾다가 저 끄트머리 황무지를 낙원으로 착각하는 것이 이단이다.

개성은 '어떻게'에서 발휘하는 것이다. 내가 어떤 마음을 가지냐가 개성의 기본이다. '무엇을'에 초점을 맞추면 결과가 허망한 경우도 많다. 허망함이란 개성이 죽어버렸을 때 느끼는 감정이다. 내가 생각하는 '나'와 실제의 '나' 사이에 거리가 멀어진 감정. 그것이 허망함이다.

군자는 그릇이 아니다.

子曰 君子不器
자 왈 군 자 불 기
(위정, 12장)

누가 해도 똑같이 번역할 수밖에 없는 문장이다. 그러나 해석은 까다롭다. '그릇'이라는 단어를 어떤 의미로 사용한 것일까? 가장 널리 받아들여지는 해석은 군자란 한 우물만 파는 전문가가 아니라는 것이다. 소쿠리와 김장독은 용도가 다르다. 그릇이란 이렇게 한 가지 용도로밖에 쓰지 못한다. 사람으로 따지자면 한 분야에만 능한 사람이다. 그런데 군자는 덕을 쌓는 사람이다. 덕이란 모든 분야에 두루 통하게 하는 능력이다. 그래서 군자는 못 하는 것이 없다.

이것이 일반적인 해석이다.

글쎄 과연 그럴까? 아무리 군자라도 골프를 치면 배상문에게, 바둑을 두면 이세돌에게 게임이 안 된다. 아이들이 쓰는 표현을 빌리자면 깨끗이 발린다. 그렇다면 정치는 어떨까? 덕이면 다 통할까? 전국시대 초나라의 정치가이자 시인이었던 굴원은 이렇게 말한다. "창랑의 물이 맑을 때면 갓끈을 씻고 창랑의 물이 더러우면 발을 씻으리." 아무리 덕이 뛰어나도 할 수 없는 것은 할 수 없다. 천시天時와 지리地理를 얻지 못하면 그저 촌부로 조용히 살다 갈 뿐이다. 혼탁한 세상에서는 그런 상황에서 더 잘할 수 있는 사람이 따로 있다. 군자는 두루 다 잘할 수 있다는 말에는 '세상은 왜 덕을 쌓은 사람을 몰라주는가' 하는 서운함의 냄새가 풍긴다. 그런 서운함이 낀 덕이 진짜 덕인지도 의심스럽다.

페르소나persona라는 단어가 있다. 영어의 person에 해당되는 라틴어 단어다. 어원은 '가면'에서 왔다고 한다. 이 어원은 종종 우리에게 숨겨진 진실을 전한다. 우리가 인식하는 어떤 사람은 그 사람의 실제가 아니라, 그 사람이 쓰고 있는 가면일 수 있다는 것이다. 심리학에서는 페르소나를 '다른 사람에게 보여주는 가면 또는 겉모습'이라는 뜻으로 사용한다. 그런데 문제는 페르소나가 내 마음대로 썼다 벗었다 할 수 있는 가면이 아니라는 점에 있다.

인간이 내보이는 특성의 대부분이 그렇다. 내가 내 아이들에게 보이는 모습은 세 가지가 섞여 있다. 실제의 나, 아이들이 내게 바라는 아버지의 모습, 그리고 세상의 일반적인 아버지의 전형. 아버지로서의 내 모습은 그 세 가지의 중간 어디쯤 위치해 있다. 우리는 병원에 갈 때 전형적인 모습의 의사를 예상하고 간다. 의사의 반응이 예상과 전혀 다르다면 많이 당황스럽다. 그래서 대부분의 의사는 일정하게 의사로서의 전형성을 가지려 한다. 그렇게 직업에 따라, 나이에 따라, 사회적 위치에 따라 사람은 페르소나를 가진다.

그런데 실제의 나와 내가 뒤집어쓴 페르소나 사이의 거리가 멀 때 문제가 생기기 시작한다. 영화 〈넘버3〉의 주인공을 보자. 조폭 집단의 브레인이라는 페르소나와, 순박한 막둥이라는 실제 모습 사이의 거리가 너무 멀다. 그 거리가 고통을 부르고, 파멸로 이끈다.

자신에게 맞지 않는 가면은 얼굴 근육을 심하게 괴롭힌다. 그 괴로움이 병을 불러온다. 얼굴을 석고마냥 굳혀버리는 것이 우울증이다. 두 개의 얼굴이 서로 싸우는 것이 정신분열이다. 아수라 백작처럼 아예 두 얼굴이 교차되는 것이 다중인격장애다. 질병은 스스로 내 몸에 오는 것이 아니다. 나의 초대를 받아서 오는 것이다.

페르소나가 너무 강하면 실제의 내가 그 안에 갇혀버린다. 진정한 발전도 변화도 없이 남들에게 내보이는 그 모습으로만 살게 된다. 자기가 설정한 자기의 틀에 자신을 가두면 그릇(器)이 된다. 그것도 한 가지 용도로만 쓰이는 그릇이 된다. 남이 나를 무시하는 것은 남의 탓이 아니라 내가 나를 도구라고 규정지었기 때문이다.

페르소나는 역할과 개성의 중간 어디쯤에 있다. 내가 스스로 개성이라고 생각하는 것도 어떤 경우에는 페르소나인 경우도 많다. 그래서 사람은 내가 지금 남에게 내보이고 있는 모습이 편한지, 아닌지를 종종 점검해보아야 한다. 무언가 불편하다면 지금 내가 겉으로 내보이는 페르소나가 타고난 내 기질과 잘 맞지 않는 것이다.

그런 불편한 가면을 계속 쓰고 있으면 언젠가는 병이 난다. 게다가 그 점검만 꾸준히 해도 최소한 아이히만은 되지 않을 수 있다. 근본적인 인성과 어긋나는 가면은 누구에게나 약간이라도 불편하기 마련인 때문이다.

군자는 그릇이 아니라는 말을 정리를 하자. 군자는 '페르소나에 갇히지 않는 사람'이라는 말이다. 다름 마당에서 딱지붙이기 이야기를 길게 했지만 딱지는 꼭 남을 향하는 것만은 아니다. 사람은 자신에게도 딱지붙이기를 한다. 자기 자신에 대한 딱지붙이기의 경계가 군자불기君子不器다.

너무 어렵게 생각할 것은 없다. 인생은 어차피 끊임없는 '튜닝'이다. 건강한 자존감을 기르는 과정 역시 마찬가지다. 역할과 개성 사이의 튜닝을 계속해야 한다. 역할에만 치우치면 간이 부족한 음식처럼 언젠가는 물리게 된다. 거꾸로 개성에만 치우치면 내 삶은 짜서 못 먹는 음식처럼 된다. 어차피 대부분의 사람은 단번에 간을 맞출 수 있는 일류 요리사는 아니다. 짜면 물 타고, 싱거우면 간장 더 넣으면서 그렇게 조절하며 사는 것이 삶이다. 더 나아가 내가 남에게 내보이는 나와 실제의 나 사이에서 계속 튜닝을 해나가야 한다. 그 튜닝 자체를 즐겨야 한다. 자존감이란 그런 튜닝을 통해서 유지할 가치가 있는 소중한 특성이기 때문이다. 거기에 한마디를 덧붙이자면 '무엇을'에 초점을 맞추지 말고, '어떻게'에 초점을 맞추라는 것, 그것이 자존감을 키우고 지키는 마지막 2%다.

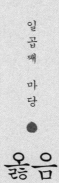

일
곱
째

마
당

웃음

사람이 옳게 살려고 하는 것은 꼭 세상의 비난을 피하기 위해서일까? 아니다. 옳음의 추구는 그 자체로 인간의 본능이다. 옳음의 추구가 본능에 속한다는 것을 밝히는 유명한 심리 실험의 이야기로 마당을 열어보자.

우리 마음속의 '로봇 태권V'

자로가 성인成人에 대해서 물었다. 공자께서는 "만약 장무중의 지혜, 공작의 욕심 없음, 변장자의 용기, 염구의 재능을 가지고 예악으로 그 것을 다듬으면 성인이라 이를 만하다"고 답한 다음 이렇게 덧붙였다. "오늘날의 성인이 어찌 반드시 그래야 하겠느냐? 이로움을 만나면 의를 생각하고, 위태로움을 보면 목숨을 버릴 각오를 하고, 오래된 약 속을 잊지 않고 평생을 지키면 역시 성인이라고 할 수 있다."

子路問成人 子曰 若臧武仲之知 公綽之不欲 卞莊子之勇 冉求之藝
자로문성인 자왈 약장무중지지 공작지불욕 변장자지용 염구지예
文之以禮樂 亦可以爲成人矣 曰 今之成人者 何必然 見利思義 見危授
문지이례락 역가이위성인의 왈 금지성인자 하필연 견리사의 견위수
命 久要 不忘平生之言 亦可以爲成人矣
명 구요 불망평생지언 역가이위성인의   (헌문, 13장)

자로가 말한 성인成人은 '완성된 사람'이라는 뜻이다. 그런데 공자 가 성인의 요건으로 든 장무중과 공작과 변장자와 염구, 이렇게 넷 은 각각 거론된 부분에서 약간씩 문제가 있는 사람들이다. 특히 세

상의 평가와 공자의 견해가 다른 경우들이다. 그래서 이 말은 자로에 대한 농담이나 핀잔 섞인 말로 보는 경우가 많다.

자로는 공자의 초기 제자이고 나이 차이도 크지 않다. 반면 성향은 공자와 매우 다르다. 행동이 앞서며, 다소 우직한 면도 있고, 어떤 때는 고지식한 구석도 있다. 공자에게 직언하는 몇 안 되는 제자이면서도, 스승에 대한 존경에서는 누구 못지않다. 공자 역시 자로를 대할 때는 인간적인 모습을 종종 내비친다. 반쯤은 제자 같고, 반쯤은 동생 같은 관계다. 그런데 그 자로가 성격에 약점이 있다. 자로는 매사를 너무 쉽고 단순하게 생각한다. 그러다 보니 정확하지 않은 데도 잘 안다고 생각하고, 그저 탐내지 않는 것만을 청렴으로 생각하고, 맹수와 맨손으로 싸우는 것을 용기로 생각하고, 조세 문제를 잘 처리하는 것을 대단한 재주로 생각한다. 그래서 공자가 네 사람을 든 것이다. 예악으로 다듬는다는 것은 사람이 진중해진다는 의미다. 공자님은 자로에게 '자신이 옳다고 생각하는 것이 진짜 옳은 것인지를 늘 점검해야 각각의 장점이 의미를 지니게 된다'는 말을 하고자 한 것이다.

옳음이 진짜 옳음인지 늘 점검해야 한다는 것도 새겨둘 말이다. 그런데 마당의 시작으로 굳이 이 문장을 택한 더 큰 이유는 그 뒤의 말에 있다. "오늘날의 성인이 어찌 반드시 그래야 하겠느냐? 이로움을 만나면 의義를 생각하고, 위태로움을 보면 목숨을 버릴 각오를 하고, 오래된 약속을 잊지 않고 평생을 지키면 역시 성인이라고 할 수 있다." 이 대목을 흔히 공자님이 제자를 놀린 게 너무 심했다 싶어서 다독거리기 위해 한 말로 본다. 어떤 주석가는 자로가 반론으로 한 말이라고 보기도 한다. 어쨌든 자로의 특성에 딱 어울리는 말이다. 이 세 가지에 있어서 자로는 뛰어나다. 평생을 그리 살았고, 마지막 순간에도 의를 지키기 위해 죽는다. 공자님의 다독거림이든, 자로의 항변이든 이 세 가지가 지향하는 바는 똑같다. 시쳇말로 풀자면 '쪽팔리지 않게 산다'로 요약된다.

'당당하고 싶다' '떳떳하고 싶다'라는 것은 인간의 중요한 욕망 중 하나다. 그런데 그 본능은 어느 정도로 강한 것일까? 자로가 지켰던 세 가지 중에 가장 유명한 것이 "이익을 보면 의를 생각하라見利思義"는 것이다. 유명인의 블로그 대문을 자주 장식하는 말이기도 하다. 요즘같이 이익을 최우선으로 하는 세상에서는 딴 세상 이야기처럼 들리기도 한다. 그런데 그게 자본주의가 세상을 풍미하기 전에나 통하던 옛날이야기에 불과한 것일까?

1982년에 독일의 사회학자이자 경제학자인 베르너 귀스Werner Guth가 했던 재미있는 심리실험이 있다. '최후통첩 게임'이라는 이름으로 잘 알려진 실험이다. 우선 실험자가 '제안자'에게 돈을 주며 '응답자'와 나눠 가지라고 한다. 나누는 비율은 제안자가 마음대로 정한다. 이 제안을 응답자가 받아들이면 둘은 돈을 나눠 가지게 된다. 문제는 응답자가 거절하면 둘 다 한 푼도 못 받고 게임이 끝난다는 것이다. 최후통첩 게임이라는 제목이 의미하듯 제안의 기회도 한 번, 수락 여부에 대한 답도 단 한 번이다. 협상은 없다. 결과가 어땠을까?

고전경제학은 인간은 자기 이익을 최우선으로 결정한다는 가정에 따라 만들어졌다. 그런 논리대로라면 응답자 입장에서는 다만

10%, 아니 1%라도 받는 것이 이익이다. 거절하면 한 푼도 못 받으니까. 하지만 결과는 경제학의 상식과는 달랐다. 25% 미만을 제안 받고 수락한 사람은 거의 없었다.(수락한 사람은 혹시 실험실 밖에서 제안자를 다시 만나 주먹으로 해결할 생각이었을지 모르겠다.) 35% 미만일 경우에도 거절이 훨씬 더 많았다. 40%는 돼야 수락하는 비율이 높아졌다.

이 실험은 여러 학자들에 의해 다양한 문화권에서 시행됐다. 가난한 나라에서 그 나라 형편에는 살림에 제법 보탬이 되는 큰돈을 제시한 경우도 있었다. 그러나 마찬가지였다. 수락하는 정도가 미미하게 늘어나기는 했지만 별 차이는 없었다. 고전경제학의 가정은 '뻥'이었다. 이 실험은 경제학에 심리학적 변수를 고려하게 만든 중요한 계기로 꼽힌다.

30%의 제안을 받은 응답자는 거절하면 30%에 해당하는 돈을 잃는다. 하지만 제안자는 70%에 해당하는 돈을 잃게 된다. 응답자는 자신의 손해를 감수하고 제안자를 응징한 것이다. 이건 장기적으로 보면 현명한 결정이다. 당장은 30%를 받는 것이 이득이다. 하지만 그렇게 되면 다른 경우에도 제안자는 계속 자신에게 턱없이 유리한 거래를 시도할 것이다. 응징을 통해 공정을 강조하는 것이 장기적으로는 이득이다. 그런데 어찌 보면 또 멍청한 짓이다. 매일 만나는 사람이라면 응징이 옳다. 하지만 제안자나 응답자나 다 심리실험실에서 처음 만난 사람이다. 언제 다시 만날지 모른다. 그렇다면 30%라도 받아서 돌아가는 편이 이득이다. 그런데 문제는 30%를 받고 집으로 가면 기분이 더럽다는 것이다.

사람은 어느 것이 이득인지 늘 머리를 쥐어짜며 생각하지는 않는다. 그보다는 본능이 알아서 처리해주는 경우가 많다. 그리고 그 처리 결과는 '기분'이라는 신호로 전달된다. 개체의 생존이나 종족의 번성에 유리한 상황이라는 신호는 만족감·뿌듯함 등의 긍정적인 감정이다. 불쾌감·찝찝함 등은 부정적 상황을 알리는 경고음이다. 본능은 어떻게 그런 재주를 익혔을까? 진화 과정에서 자연히 배운 것이다. 긍정적인 감정은 그 행동을 강화시켜 또 하게 하고, 부정적인 감정은 그 행동을 억제시켜 덜 하게 만든다. 그래서 생존에 유리한 일에 좋은 감정을 느끼는 종은 번성할 것이고, 반대로 느끼는 종은 쇠퇴할 수밖에 없다. 살아남은 종의 본능은 자신에게 도움되는 일에 긍정적으로 반응한다.

공정함이 깨질 때 기분이 더러운 이유는 간단하다. 인간 진화 과정의 대부분 기간에서 공정함이 유지되는 편이 종족의 번성에 유리했기 때문이다. 그래서 인간은 공정하지 못한 상대에게는 내 손실을 감수하고라도 응징하는 쪽으로 진화한 것이다. 이 본능은 실험실에서 처음 본 이를 상대할 때도 똑같이 작동한다. 혼자 70%를 먹으려는 놈을 보면 진화가 심어놓은 내 마음속의 로봇 태권V가 발차기를 날리는 것이다. 이것이 귀스의 실험 결과가 그렇게 나온 이유이고, 사회정의가 유지되게끔 만드는 배경이다.

공정이 강조됐지만 '의란 분배정의의 다른 말이다'라는 식으로 폭좁게 정의할 필요는 없다. 공정만이 아니다. 인간에게는 다수에게 두루 도움이 되는 것을 추구하는 본능이 있다. 그것이 죄다 의義다. 자로는 그 본능이 남들보다 조금 더 강한 사람이었다. 하지만 정도

차이일 뿐 우리네 보통 사람도 본능이 아주 다른 것은 아니다. 이익을 위해 쪽팔리는 짓을 하면 누구나 기분이 더럽다. 인간의 진화 속도는 그리 빠르지 않다. 1982년(베르너 귀스가 실험을 한 해)에 그랬다면 아직도 우리는 그럴 것이다.

'의'와 '이'는 원수지간일까?
의로운 유전자의 생존 비밀

말 타면 견마牽馬 잡히고 싶다는 말이 있다. 걸어 다니던 사람이 말을 타고 다니게 되면, 거기 만족하지 못하고 말 끄는 시종까지 부리고 싶어진다는 뜻이다. 보통은 사치가 심해지는 것을 흉볼 때 쓴다. 그런데 좋은 일도 마찬가지다. 사람은 한 단계에 도달하면 그다음 단계를 원하게 된다. 자존 마당에서 역할·개성과 자존감의 관계를 이야기했다. 그렇게 어느 정도 자존감이 확보되면 사람은 그 다음 단계를 원하게 된다.

무언가 특별한 대접을 받는 사람들이 있다. 한 부류는 특정한 재능이 아주 뛰어난 사람들, 세상이 천재라고 부르는 사람들이다. 개성파가 원하는 궁극의 단계다. 하지만 그건 타고난 능력도 필요하고, 재능을 개발할 수 있는 적절한 환경도 필요하다. 아무나 노릴 수 있는 길이 아니다. 그렇다면 보통 사람은 그저 필요한 사람 중 하나로 머무는 데 만족하고 살아야 할까? 아니다. 평범한 사람임에도 불

211

구하고 사람들이 특히 인정하는 사람이 있다. 그중에서도 으뜸인 이를 세상은 의인義人이라고 부른다. 그렇다고 모든 사람들이 언젠가는 신문 미담 기사의 주인공이 되거나, 추모비의 주인공이 되고 싶어 한다는 뜻은 아니다. 보통 사람은 그 정도까지는 안 바란다. 하지만 주변 사람들에게 "네가 옳다"는 말은 듣고 싶어 한다. 그건 본능이다. 자존감이 높아질수록 강해지는 본능이다.

군자는 의에서 깨닫고, 소인은 이득에서 깨닫는다.

子曰 君子 喩於義 小人 喩於利
자 왈 군 자 유 어 의 소 인 유 어 이   (이인, 16장)

책 첫머리에서 다뤘던 문장이다. 그때는 질문만 던지고 말았으니 이제 답을 해보자. 손해가 되는 속성은 진화 과정에서 제거된다. 후손을 남기는 데 불리하기 때문이다. 이 원리대로라면 의를 중시하게 만드는 유전자는 인간의 유전자 풀에서 제거된다. 그런데 의는 집단에 이롭다. 인간 집단 전체를 보면 의를 중시하는 유전자가 유지되는 편이 유리하다. 진화는 어떤 마법을 부려서 이 딜레마를 해결했을까?

그 첫번째는 공감능력이다. 이런 장면을 상상해보자. 어린 아이가 우물가로 걸어간다. 호기심에 우물 안을 들여다본다. 좀 더 잘 보려고 까치발을 든다. 순간 중심을 잃고 몸이 우물 안으로 쏠린다. 여기까지만 하자. 이런 장면은 상상만으로도 섬뜩해진다. 그 섬뜩함을 피하는 길은 두 가지다. 사이코패스가 되거나, 아니면 아이가 까치발을 드는 순간 눈썹이 휘날리도록 달려가야 한다. 사람은 남의 고통을 보면 내 가슴도 아프도록 진화했다. 사람이 남의 고통을 막으려 하는 것은 실은 내 가슴이 아픈 걸 피하기 위함이다. 그렇다. 이기利己와 이타利他는 칼같이 나뉘는 게 아니다. 이기가 이타가 될 수 있고, 이타가 이기가 될 수도 있는 게 사람의 삶이다. 이 이야기는 어짊 마당의 핵심 주제니 그때 자세히 다루기로 하자.

두번째는 자존감의 문제다. 자존감이 높은 사람은 다른 사람 앞에서 주눅 드는 일이 없다. 언제나 자기 능력의 최대치를 발휘할 수 있다. 그런데 이 자존감은 주변의 평가에 의해 올라가기도 하고, 내려가기도 한다. 의로움으로 존경받는 위치에 가게 되면 주변 사람의 눈빛이 달라진다. 그 눈빛은 내 자존감을 올려준다. 자존감이 올라가면 내 능력을 더 발휘할 수 있게 된다. 인간은 자신에게 유리한 상황에서 쾌감을 느끼도록 설계돼 있다. 게다가 인간은 학습능력이 있기에 진화의 이런 장치가 더 정교하게 작동된다. 사람의 뇌는 자주 일어나는 일에는 아예 고정 회로를 형성한다. 일종의 조건반사다. '의로운 일'과 '주변의 호평'과 '자존감 상승'이 자주 연결되다 보면 남이 알아주는 것과 관계없이 의로운 일을 하는 자체로 기분이 좋아지는 회로가 형성된다. 그 회로의 이름이 '보람'이다.

여기까지가 진화의 마술이다. 인간이 너무 이기적이 되지 않도록, 적당히 이타적인 행동도 하도록 만들어 놓은 비밀이다. 진화는 정의를 외면할 때 느끼는 찝찝함과 정의를 행할 때 느끼는 쾌감이라는 이중장치를 만들어 놓은 것이다.

이야기를 처음 시작하며 했던 반대말의 문제로 돌아가보자. 이利와 의義는 반대말일까? 그렇다면 의義와 해害는 비슷한 의미라는 말인가? 이 질문에 답해보자. 아이들은 '남자의 반대말'이라고 하면 별 생각 없이 '여자'라고 한다. 그런데 반대말의 종류는 여러 가지다. '가다/오다'는 방향이 반대인 말이다. '쉽다/어렵다'는 양 끝을 뜻한다. 중간에 '보통이다'가 낄 수 있다. '남자/여자'는 '사람'을 구성하는 두 짝을 의미한다. 이를 각각 '방향대립어' '반의대립어' '상보대립어'라고 한다. 어려운 용어는 대충 넘어가자. 어쨌든 다 같은 반대말이지만 느낌으로만 봐도 조금씩 다르다. 이제 질문 수준을 조금 높여보자. 의와 이가 대립어(반대말)라고 하면 위의 세 가지 중 어느 것에 속할까? 사람들은 주로 '방향대립어'로 받아들인다. 가는 이와 오는 이가 전혀 다른 방향으로 나아가듯 '의를 추구하시는 분께서는 이익을 추구하지 아니하시고, 이익을 추구하는 놈은 의를 추구하지 않는다'고 생각한다.

이게 멍청한 주석들이 만들어놓은 유학의 최대 폐단이다. 남자와 여자는 사람이라는 공통점이 있다. 의와 이 역시 마찬가지다. 공통점이 있다. 인간은 이득이 없는 행동은 하지 않는다. 인간이 의로운 행동을 한다면 의가 무언가 이득을 주기 때문이다. 넓은 의미에서는 의도 이의 일종이다. 이利를 다시 세분하여 즉각적·물질적으로 나타나는 것을 그냥 이利라고 부르고, 장기적·심리적으로 나타나는 것을 의義라고 부른 것이다. 몸에 이로운 것이 이利고, 마음에 이로운 것이 의義다. 괴롭게 고행을 하자는 것이 아니다. 가장 좋은 건 당연히 의와 이를 둘 다 취하는 것이다. 그런데 살다 보면 두 가지를 다 취할 수 없을 때가 많다. 위 문장은 그럴 때 '어느 쪽에 더 가치를 둘까?'에서 군자와 소인이 갈린다는 말이다. 무슨 절대적인 강령으로 볼 말이 아니다. 그저 자존감이 높아질수록 의를 더 중시한다는 말로 보면 될 일이다.

의와 해는 비슷한 말일까? 아니다. 오히려 반대말이다. 물질적 해害의 반대말이 이利다. 심리적 해의 반대말이 의義다. '쪽팔림'이란 해로운 심리 상태다. 그 반대가 '떳떳함'이고 그것이 의義다. 그런데 의와 이의 대립을 강조하다 보니 이상한 풍토가 생긴다. 의를 추구하더라도 이利를 최대한 덜 손상시키는 것이 잘하는 짓이다. 비용은 줄이고 이득은 늘리는 게 잘하는 짓이지, 큰일 한다고 흥청망청 쓰는 게 잘하는 짓이 아닌 것과 마찬가지다. 그런데 우리는 이득을 많이 포기할수록 크게 의로운 행동이라고 잘못 생각한다. 그러다보니 의가 마치 해와 비슷한 말처럼 느끼게 된 것이다.

결론적으로 의란 내 마음 편하자고 하는 짓이다. 의롭게 살아야 마음이 편한 것은 진화가 우리를 그렇게 만들어놓았기 때문이다. 마음이 편하면 일도 잘 풀린다. 그래서 의는 돌고 돌아 다시 이익으로 돌아간다.

높은 지위와 의로움의 대가
높은 이에게서 의를 찾지 말고 의로운 이를 높여라

의를 지키려면 희생을 치러야 한다는 생각이 강화된 데는 또 다른 이유도 있다. 의는 높은 사람들에게 더 요구된다. 높은 직위를 누리는 이득이 있으니 그 대가로 의를 지키라는 식이다. 그러다보니 의를 지킨다는 것이 일종의 대가를 지불하는 행위처럼 느껴지는 경향이 있다. 그런 생각이, 보통 사람은 누리는 것도 없으니 의를 지킬 필요가 없다는 풍조도 만들어낸다. 물론 높은 사람에게 의가 더 요구된다는 게 아주 틀린 생각은 아니다.

공자께서 자산을 평하여 말했다. "군자의 도 네 가지가 있다. 자신의 몸가짐을 공손히 하고, 윗사람을 섬김에 존경하고, 백성을 돌봄에 은혜를 베풀고, 백성을 부릴 때 의에 맞게 한다."

子謂子産 有君子之道四焉 其行己也恭 其事上也敬 其養民也惠
자 위 자 산 유 구 자 지 도 사 언 기 행 기 야 공 기 사 상 야 경 기 양 민 야 혜
其使民也義　　　　　　　　　　　　　　　　　　　　　(공야장, 15장)
기 사 민 야 의

자산子産은 공자보다 조금 앞선 시대를 산 정鄭나라 정치인이다. 약소국인 정을 강소국으로 만든 유능한 정치인이었다. 공자께서 자산을 평하며 언급한 네 가지가 다 새겨둘 만한 이야기지만 우리가 눈여겨볼 초점은 의義다. 백성을 부리는 것과 관련해서 거론되고 있다.

높은 사람의 행동은 다른 사람에게 미치는 영향이 크다. 높은 자리에 있다고 말 한마디로 거대한 비행기를 되돌리는 초능력을 함부로 발휘하면 여러 사람이 곤란을 겪는다. 게다가 높은 사람이 옳고 그름을 따지지 않고 행동할 때 아랫사람은 이에 저항할 방법조차 마땅찮다. 높은 사람들이 자기들끼리 어울릴 때도 마찬가지다. 자리가 높아지면 무언가를 함께 결정할 일이 많아진다. 그때 가장 중요한 것은 기준의 명확함이다.

여럿이 있으면서 하루를 마치는데, 말이 의義에 미치지 아니하고 작은 지혜를 행하기를 좋아한다면, 어려울 뿐이구나!

子曰 群居終日 言不及義 好行小慧 難矣哉
자왈 군거종일 언불급의 호행소혜 난의재 　　　　　　(위령공, 16장)

뭐가 어렵다는 것일까? 여럿이 모여 있다는 것을 보니 무언가 같이 일을 도모하는 분위기다. 그렇다면 일을 이루기가 어렵다는 뜻으로 보는 게 가장 적절하겠다. 작은 지혜를 좋아한다는 것은 안 되는 일을 되게 하려고 머리를 짜낸다는 뜻이다. 그래봐야 안 될 일은 안 된다.

부동산 값이 천정부지로 치솟으면 가진 것 없는 사람이 가장 힘들다. 없는 사람은 열심히 벌어봐야 월세 내기에 바빠 가난을 벗어날 길이 없다. 그런 세상이 계속되다 보면 소비가 위축되고, 결국은 경제 전체가 나빠진다. 한동안은 그래도 가진 사람 위주로 돈이 돈다. 하지만 언젠가는 가진 사람도 쓸 돈이 없어진다. 돈은 아파트에, 상가에, 오피스텔에 묶여 있는데 세입자가 없어 걸핏하면 몇 달씩 비워두니 은행이자 내기도 벅차다. 차라리 팔고 싶은데 살 사람도 없다. 이럴 때 어떤 것이 의에 해당되는 방안일까? 부동산의 적절한 시세가 어느 정도인지부터 다시 따져봐야 한다. 나라의 평균소득을 고려해서 국민 다수의 최대 이익이 되는 수준이 어느 정도인가부터 바로 알아야 한다는 것이다. 그리고 부동산 가격을 그 정도까지 내린다는 전제하에 모든 정책을 수립해야 한다. 그것이 공익을 위하는 길이고, 기준을 명확히 하는 일이고, 의에 걸맞은 방법이다.

하지만 정부 경제부처에 모여 있는 사람들이 위를 쳐다보고 딸랑

거리는 이들뿐이면 근본을 따지는 일은 기대하기 힘들다. 현 정부 임기 끝날 때까지만 폭탄을 돌리면 된다는 생각이 머리에 떠오르게 돼 있다. 부동산을 팔려는 사람들의 숨통을 틔워주면 일단 경기가 살아날 것 같다. 그래서 당장 부동산 값을 올리기 위한 작은 지혜小慧가 난무한다. 그래봐야 안 될 일은 안 된다. 정도를 벗어난 것은 결국은 정도로 돌아가려고 한다. 그 큰 흐름을 인간의 작은 재주로 뒤집을 수는 없다. 이렇게 보나, 저렇게 보나 지위가 올라갈수록 의가 중요한 것은 확실하다.

그런데 한 가지 의문이 생긴다. 높은 사람에게 굳이 의를 강조할 필요가 있을까? 앞에서 옳음을 추구하는 성향은 자존감이 올라갈수록 커진다고 했다. 그렇다면 지위가 올라가면 당연히 자존감도 커지고 의에도 민감해지지 않을까? 굳이 의를 지키라고 요구하지 않아도 알아서 지키지 않을까?

비루한 사람과 더불어 임금을 섬길 수 있겠느냐? (벼슬을) 얻지 못하였을 때는 얻기를 근심하고, 이미 얻어서는 잃을까 근심하니, 잃을까만 근심하고 있으면 어떤 짓이라도 못할 바가 없을 것이다.

子曰 鄙夫 可與事君也與哉 其未得之也 患得之 旣得之 患失之 苟患失
자왈 비부 가여사군야여재 기미득지야 환득지 기득지 환실지 구환실
之 無所不至矣
지 무소부지 의
(양화, 15장)

벼슬을 얻었다는 것은 인정을 받았다는 의미다. 자존감이 높아져야 맞다. 자존감이 높아지면 보람·긍지에 주목하고, 공익에 관심이 높아져야 옳다. 그런데 이미 공자 시절에도 그렇지 못한 사람이 많

왔나 보다. 왜 그럴까?

그랜저 승용차는 모닝 옆에 세워놓으면 의젓해 보인다. 람보르기니 옆에 세워놓으면 초라해 보인다. 그런데 그랜저끼리 모아놓으면 어떨까? 이제는 몇 년형이라든지 옵션 차이, 조그만 튜닝 같은 작은 것들이 갑자기 의미를 가지게 된다. 사람은 대부분 비슷한 사람끼리 어울린다. 교수는 교수끼리, 정치인은 정치인끼리, 장사꾼은 장사꾼끼리, 노가다는 노가다끼리 어울린다. 사람이 지위가 높아졌을 때의 새로운 기분은 일주일을 넘기기 힘들다. 길어야 한 달이다. 그때부터는 주변 비슷한 지위의 사람과 비교하는 게 더 중요해진다. 그래서 작은 일로 우쭐하기도 하고, 기가 죽기도 하며 살아간다. 특히 이 바닥 저 바닥에 발을 담가본 일 없이 좁은 세계에서 살아온 사람일수록 더욱 그렇게 된다.

중요한 것은 지위가 아니다. 자기 자신을 어떻게 평가하느냐의 문제이고, 품성의 문제고, 평소 자존감의 문제다. 시간강사에서 조교수라도 되면 처음에는 교수로서의 품위를 지키려고 노력한다. 교수로 승진한 첫해는 강의 준비도 빵빵하게 한다. 하지만 결국은 원래 품성으로 돌아간다. 시간강사 시절에 성실했던 사람은 정교수가 돼서도 여전히 성실하고, 재단이나 영향력 있는 교수에게 잘 보이는 데 목숨 걸던 사람은 두번째 학기만 되도 강의 준비가 부실해진다. 그러다가 학생들 사이에서 인기가 떨어지면 그때는 조교나 대학원생을 상대로 '갑질'을 시작한다. 동료 사이에서 기가 죽은 걸 엉뚱한 곳에서 만회하려 드는 것이다.

이상적으로 생각하자면 자리가 높아지는 것이 꼭 이득은 아니다.

높은 자리에 올라가면 일도 많아지고, 골치도 아파진다. 높은 자리에 앉는다는 것은 봉사요, 희생이다. 반면에 자리가 높아지면 공익에 크게 도움이 될 기회가 많아진다. 당연히 일에서 느끼는 보람도 더 커진다. 그것이 공적인 일에 봉사하고 희생하는 대가다. 물론 이런 그림은 요순堯舜시대의 그림이다. 하지만 조금이라도 그 그림에 가깝게 가야 세상이 좋아진다.

방법은 높은 사람에게 의로움을 요구할 게 아니라, 의로운 사람을 높은 자리에 앉히는 것이다. 의에 민감한 사람은 보람을 더 크게 느낀다. 그 보람 때문에 희생이나 봉사에 기꺼이 나서게 된다. 청문회를 하면 여당은 능력만 따지면 되지 왜 사생활을 뒤지느냐고 투덜댄다. 아니다. 자리나 능력이 꼭 자존감을 만드는 것이 아니다. 자리가 올라간다고 더 의로워지는 것도 아니다. 그 사람을 자리에 앉혔을 때 의로울지 아닐지는 사생활을 통해, 그동안 살아온 행적을 통해 검증할 수밖에 없다. 그리고 그렇게 검증된 의로운 사람을 높은 자리에 앉혀야 딴짓을 안 한다.

'의리' vs. '으~리'
공정하고자 하는 본능

사람이 옳음을 추구하는 것은 본능이라고 했다. 그렇다면 어느 정도로 강한 본능일까? 높은 사람들이 쉽게 의를 버리는 것을 보면 그리 강한 본능은 아닌 걸까? 옳음의 본능에는 옳음을 추구하는 본능과, 옳다고 인정받고 싶은 본능의 두 가지 측면이 있다. 특히 옳다는 평가를 들으려는 본능은 매우 강하다. 옳지 않다는 평가를 받으면 집단에서 밀려나거나, 집단 내의 위치가 약해진다. 집단에서 밀려나면 바로 삶이 위태로워지던 긴 세월에 걸쳐 다져진 본능이다. 생존과 관련된 본능인데 그리 약할 리 없다. "하는 짓이 어째 그러냐"는 말이, 사람을 발끈하게 만드는 말의 서열에서 앞쪽의 자리를 차지하는 이유다.

보통은 옳음의 두 가지 본능이 서로 긍정 효과를 미치면서 강화된다. 옳다는 평가를 받으려는 본능이 강하다 보면, 옳음을 행하려는 본능도 함께 강해진다는 것이다. 그래서 곧은 사람은 옳음의 본능이 소유나 경쟁의 본능 못지않게 강하다. 그런데 문제는 이 두 본능이 따로 놀 때가 종종 있다는 점이다. 두 본능을 겉돌게 만드는 것이 '해석'이라는 요물이다. 이 요물이 모든 사람들이 옳다는 소리는 들으려 하지만, 정작 옳게 행동하는 사람은 그리 많지 않은 현상을 만들어낸다.

앞서도 소개했던 레온 페스팅거라는 심리학자가 있다.(외계인이 구원하러 온다는 환상을 믿었던 집단의 이야기와 관련해 등장했다.) 그가 했던 재미있는 실험 하나를 살펴보자. 교수가 학생을 불러 지루한 작업을 시킨다. 필름 릴reel을 상자에 담아 내다버리는 식의 단순한 일을 반복시키는 것이다. 충분히 지루해할 때쯤 작업을 끝내고 학생을 내보내며 부탁한다. "같은 작업을 하려고 기다리는 학생이 있네. 그 학생에게 이 일이 재미있었다고 말해주게"라고. 그리고 돈을 주었다. 그런데 어떤 학생에게는 20달러를, 다른 학생에게는 1달러를 주었다. 교수는 나중에 학생들을 다시 불렀다. 그리고 솔직하게 그 일이 얼마나 지겨웠느냐고 물었다. 20달러를 받은 학생들은 대부분 매우 지겨웠다고 대답했다. 반면 1달러만 받은 학생들은 할 만했다고 대답한 경우가 많았다. 왜 대답이 달랐을까?

20달러를 받았으면 가벼운 거짓말 정도는 해도 된다는 느낌이 든다. 그러나 1달러만 받고 거짓말하기엔 자신이 너무 보잘것없는 것 같다. 1달러를 받은 사람은 거짓말이 아니었다고 생각하고 싶어진다. 자신이 한 일의 의미를 찾고, 정말로 할 만했던 일이라고 생각하려 애쓴다는 것이다. 사람은 의미를 찾는 동물이다. 문제는, 의미는 발견하기도 하지만 만들어낼 수도 있다는 것이다. 사람들은 모두 의미에 따라 행동하는 것일까? 아니다. 사후에 의미를 붙이는 경우가 적지 않다. 다른 마당에서 이야기했던 탑골공원 어르신들이 독재 시절을 미화하는 심리가 바로 이것이다.

최고 인기 웹툰작가 강풀의 원작을 토대로 만든 〈26년〉이라는 영화가 있다. 80년 봄 광주에 투입되었던 계엄군 출신이 두 명 나온다. 둘 다 심한 트라우마를 겪었다. 그중 한 명인 김갑세는 광주 피해자들의 유자녀들을 모아 전두환 전 대통령의 암살을 기획한다. 다른 한 사람 마상열은 전두환의 경호실장으로 목숨 걸고 그를 지킨다. 부당함에 의해 트라우마를 입은 사람이 트라우마를 줄이는 방법은 두 가지다. 그 부당함에 저항하고 극복하는 길이 그 하나다. 김갑세의 길이다. 그러나 그 길은 쉽지 않은 길이다. 사람들은 더 쉬운 두 번째 길을 택하는 경우가 더 많다. 그 부당함이 의미가 있는 것이고 불가피한 것이었다고 스스로를 속이는 방법이다. 마상열의 길이다. 부당한 제도나 관행은 그 나약함을 먹고 생명을 유지한다.

왕손가가 물었다. "오에게 잘 보이기보다는 조에게 잘 보이라고 하니 무슨 뜻입니까?" 공자께서 답했다. "그렇지 않습니다. 하늘에 죄를 지으면 빌 곳도 없습니다."

王孫賈問曰 與其媚於奧 寧媚於竈 何謂也 子曰 不然 獲罪於天 無所禱
왕 손 가 문 왈   여 기 미 어 오   영 미 어 조   하 위 야   자 왈   불 연   획 죄 어 천   무 소 도
也
야
(팔일, 13장)

오奧는 방의 서남쪽 귀퉁이다. 여기서는 귀신을 말한다. '구들목 귀신'이다. 조竈는 아궁이다. 마찬가지로 '아궁이 귀신'을 말한다. 민속신앙에서 많이 나오는 조왕신竈王神이다. 귀신으로서 지위는 당연히 방에 있는 귀신이 높다. 하지만 능력은 아궁이 귀신이 위다. 왕손가는 위나라 대부라 한다. 조왕신에 견줄 만한 방귀깨나 뀌는 실세였나 보다. 그의 가시 섞인 질문을 공자는 단칼에 잘라버린다.

조왕신이 중요시된 것은 아궁이가 불씨를 보관하는 곳이었기 때문이라는 게 정설이다. 그런데 보관을 넘어 함부로 설치고 다니면 집에 불이나 내기 십상이다. 종교나 사상이 나라를 휩쓸어 난리나 전쟁으로 몰고 가는 꼴이 연상된다. 조왕신에 대해서는 속설 쪽이 더 재미있다. 속설로는, 조왕신은 부엌의 바퀴벌레가 민간신앙으로 들어와 귀신의 하나로 자리를 잡은 것이라고 한다. 바퀴의 모습이 상징하듯 하급신이다. 하지만 집안 구석구석을 돌아다니며 모든 비밀을 안다. 이를 상제에게 보고하는 신이다. 그래서 실제 지위보다 권력이 강한 것이다. 국가 의전 서열로는 10위 안에 못 드는 정보기관의 장이 권력에 있어서는 둘째, 셋째 자리를 다투는 모습과 비슷하다. 조왕신의 권력을 부엌이 음식을 다루는 곳이라는 데 초점을

맞춰서 풀이하는 해석도 있다. 밥에서 권력이 나온다는 것이다. 그렇게 보니 예산을 쥐고 있는 이가 현장에서 궂은일 하는 사람들 위에 앉아 큰소리치는 모습이 연상된다. 조竈가 오奧보다 권력을 가지는 모습은 어떻게 해석을 해도 좋은 그림이 안 나온다.

문제는 아궁이를 차지하고 있으면 '마상열'과로 변질되기 쉽다는 것이다. 구들목을 차지하고 있는 사람은 판단을 하는 사람이다. 무엇이 옳고 그른지, 어떤 방향이 의에 가까운 방향인지를 판단하는 것이 그의 일이다. 아궁이를 차지하고 있는 사람은 구들목의 판단에 따른 정해진 일을 하는 사람이다. 그러다 보면 때론 자신의 판단과 다른 일도 해야 한다. 그럴 때 사람은 자기 최면을 통해서라도 자신의 일이 가장 중요하고, 옳고, 의미 있는 일이라고 생각하고 싶어진다. 이렇게 모든 그림을 자신의 업무 중심으로 그리다 보면 구들목에 앉아 있는 사람을 자신이 부리는 로봇처럼 생각하려는 경향마저 생긴다. 깊은 최면에 걸린 사람이 정상적으로는 불가능한 동작을 해내듯이, 일반인의 양심이라면 하지 않을 일을 하는 '십상시十常侍'니, '문고리 삼인방三人幇'이니 하는 것이 그렇게 생겨난다.

너도나도 구들목 귀신 노릇을 하려들 때 옳음에 대한 판단은 쉽게 흐려진다. 그런 경우에 놓인다면 어떤 잣대를 따르는 게 좋을까?

번지樊遲가 지혜로움知/智에 대하여 물었다. 공자께서 "민지의民之義에 힘을 쓰고, 귀신을 공경하되 멀리하면 지혜롭다고 말할 수 있다"고 대답했다. 다시 인仁에 대하여 묻자 "어진 사람은 어려운 일을 먼저 하고 얻는 것을 뒤에 하니, (이렇게 한다면) 어질다고 말할 수 있다"

고 답했다.

樊遲問知 子曰 務民之義 敬鬼神而遠之 可謂知矣 問仁 曰 仁者先
번지문지 자왈 무민지의 경귀신이원지 가위지의 문인 왈 인자선
難而後獲 可謂仁矣
난이후획 가위인의
(옹야, 20장)

물으려면 하나씩 물을 것이지, 한꺼번에 두 개씩 묻는다. 우리는 공자님 수준이 아니니 어짊의 문제는 일단 생략하고, 앞의 말만 생각하기로 하자. 핵심은 민지의民之義라는 말에 낀 '백성 민民'이다. 그냥 옳음에 힘을 쓰라고 했으면 '음, 공자님 말씀' 하고 넘어가면 된다. 그런데 거기에 왜 백성이라는 글자를 하나 끼워 넣었을까? 게다가 지혜를 물었는데, 난데없이 옳음義에 대한 이야기가 나온다. 그리고 귀신 이야기는 또 왜 나왔을까?

주석에는 '민民은 그냥 사람人이라는 뜻이다'로 나온다. 아니다. 논어에서 민은 항상 피지배계층이라는 의미로 쓰였다. 원래 민은 노예라는 뜻에서 나온 글자다. 고대에는 전쟁 포로를 눈을 하나 못 쓰게 만들어 노예로 부렸다고 한다. 눈이 하나 없는 사람의 형상을 따서 만든 글자가 민民이다. 공자 시대쯤 오면 노예라는 뜻은 사라지지만 그래도 '보통 사람'의 뜻으로는 사용되지 않는다. 따라서 이 해석은 기각이다. 그다음으로 '백성이 의義를 행하도록 하는 것'에 힘을 쓰라는 말로 해석하는 경우가 있다. 이것도 아니다. 논어에서 의는 방귀깨나 뀐다는 사람에게 주로 강조된다. 무지렁이에게 의를 강조하는 것은 죄다 후대의 사기 행각이다. 이것도 기각이다. 그다음으로 '백성이 따를 정의'를 살리기를 힘쓰라는 해석이다. 이건 채택할 만하다. 그런데 좀 정교하지 못한 느낌이 있다. 이럴 때는 직

역이 정답이다. 그냥 글자 그대로 '백성의 옳음'이라고 푸는 것이다. 즉 **백성이 (본능적으로) 옳다고 느끼는 것에 힘을 쓰라**는 것이다. 이렇게 보면 숨어 있는 뜻이 보인다. 지위가 좀 높아지거나, 먹물이 들어가게 되면 옳음에 대한 본능이 흔들리기 쉽다. 마상열의 경우나 왕손가의 경우가 그런 경우다.

앞에서 나왔듯이 공정의 추구는 본능이다. 권력도, 이렇다 할 기회도 없는 백성들이 공정하다고 느끼는 것. 그것이 진짜 공정함이다. 권력 집단에 끼게 되면 해석의 왜곡을 일으킬 일이 그만큼 더 많아진다. 백성은 마음에 안 들면 들입다 욕하고 돌아서면 그만이다. 하지만 조직에서는 싫어도 해야 하는 일이 많다. 그럴 때 해석이 왜곡된다. 물론 백성도 집단적으로 기억의 왜곡을 일으키는 경우가 있다. 하지만 백성의 기억은 이쪽저쪽이 서로 상쇄되어 적어도 권력 집단의 기억보다는 정확하다. 그게 '백성의 옳음民之義'이다. 그래서 지智에 대한 질문에 그렇게 답한 것이다. 해석의 왜곡을 막는 것이 지혜의 기본이기 때문이다.

높은 사람들이 자신의 왜곡된 해석을 백성에게 강요할 때 의를 들먹이는 경우가 많다. 겉으로는 다수의 이득을 위해 소수의 희생이 불가피하다는 명분을 내건다. 하지만 역사에서 '의'라는 이름으로 강요된 것들이 진짜 다수의 이득에 공헌했을까? 기득권층의 이득에 주로 도움되었던 건 아니었을까? 종묘사직의 보전, 과부의 재가 금지… 그런 것들이 일반 백성의 삶에 도움되는 것이었을까?

그릇된 것들이 '의'라는 이름으로 포장이 될 때 관례니 전통이니 하는 것들을 방패로 사용한다. 공자 시대엔 하늘의 뜻, 조상의 유지

遺志 같은 것들도 단골메뉴였다. 귀신이라는 말엔 조상신의 의미가 포함돼 있다. 그러니 귀신을 공경하라는 말씀은 관례를 인정하라는 뜻이다. 공경하되 멀리하라는 것은 쓸데없이 귀신을 들먹이거나, 관례를 강조하며 백성들 겁주지 말라는 말이다. 관례든 조상의 뜻이든 백성이 받아들이지 못하는 것은 의가 아니다.

어쨌든 백성에게는 굳이 의를 강조할 필요가 없다. 떳떳함을 원하는 것은 인간의 본능이고, 이득과 떳떳함은 그 자체로 서로 견제하며 조화를 이루기 때문이다. 백성들이 원하는 작은 이득과 백성들이 원하는 작은 떳떳함이 함께 모이면 그것이 바로 의義다. 백성에게 의를 강조하면 '의리'가 아니라 '으~리'에 빠지게 만들 뿐이다.

> 자로가 "군자도 용맹을 숭상합니까?"라고 묻자 공자께서 답했다. "군자는 의를 숭상한다. 군자가 용맹만 있고 의가 없으면 난을 일으키고, 소인이 용맹만 있고 의가 없으면 도적이 될 것이다."

子路曰 君子尙勇乎 子曰 君子義以爲上 君子有勇而無義爲亂 小人有勇
자로왈 군자상용호 자왈 군자의이위상 군자유용이무의위란 소인유용
而無義爲盜 (양화, 23장)
이무의위도

사람이 자기가 옳다는 믿음 없이 용감해지기는 쉽지 않다. 그런데 그 믿음이 잘못된 경우가 많다. 용맹을 독선과 짝지은 사람들이 입에 달고 사는 말이 의리다. 하지만 그것이 진짜 의리일까?

앞에서 몸의 이利는 그냥 이고, 마음의 이는 의義라고 했지만, 이를 소수/다수의 관점에서 볼 수도 있다. 개인이나 소집단에만 유리한 작은 이小利는 이利로, 다수에게 이로운 큰 이大利를 의義라 부를 수 있

다. 그런데 작은 이와 큰 이 사이에 끼어서 복잡하게 만드는 중간쯤 되는 놈이 있다. 그게 '으~리'다.

『삼국지연의』에 보면 적벽전투에서 크게 패하고 도망치는 조조를 관우가 살려주는 장면이 나온다. 원작도, 이를 각색한 영화나 만화도 이 장면에서 관우와 조조 사이에 얽힌 인간적인 관계를 강조한다. 그건 '으~리'다. 내가 작가라면 다르게 묘사했을 것이다. 조조는 한나라 황실을 무시하니, 명분으로만 보면 바로 제거함이 옳다. 하지만 조조라는 절대강자의 존재가 그나마 온 나라가 전쟁에 휩싸이는 걸 막는 역할을 하고 있다. 유비 세력은 아직은 조조를 제거한 뒤의 권력 공백 상태에 대처할 실력이 안 된다. 그렇다면 함부로 조조를 죽여서는 안 된다. "관우는 조조를 죽인 뒤에 모든 백성이 전쟁에 휘둘리는 모습이 눈에 떠올라 차마 조조를 죽이지 못했다." 나라면 그렇게 묘사했을 것이다. 그런 것이 진짜 '의'다.

조폭 의리는 작은 집단 내에서는 의리가 맞다. 개인을 바쳐 그 집단을 이롭게 하기 때문이다. 게다가 조폭 의리는 떳떳함을 목표로 한다는 의義의 본질에도 맞다. 꼬붕은 오야붕의 가오를 세워주고, 오야붕은 꼬붕이 어깨를 펼 수 있게 해준다. 문제는 그런 의리가 사회 전체로는 의리가 아니라는 것이다. 이보다 더 심한 예로 양아치 의리라는 것도 있다. 조폭은 그나마 꼬붕의 당당함이라도 신경을 쓴다. 오로지 보스 하나만을 위한 의리를 강조하는 건 양아치나 하는 짓이다. 대통령의 체면을 위해 장관에게 소신을 꺾으라고 강요하고, 못 견디고 사표를 내고 물러나는 장관에게 의리를 저버렸다고 비난하는 것. 그런 것이 조폭 의리만도 못한 양아치 의리다.

보통 사람은 내 집단을 위해 무언가를 하다가도, 상대방이 힘들어하는 것을 보면 차마 밀어붙이지 못한다. 마음이 약해서가 아니다. 본능이기 때문이다. 그것이 사람들에게 의리를 강요하지 않았을 때 나오는 자연스러운 모습이고, 진화가 우리 마음속에 심어 놓은 진짜 태권V의 행동이다. 그럴 때 내 소속 집단에서 '으~리'를 지키지 않았다는 비난이 나온다면 그건 뭐 인정해도 된다. 하지만 '의리'를 지키지 않았다고 하면 그건 틀린 말이다.

그래서 앞에서도 공자님이 자로에게 강조한 것이다. "네가 옳다고 생각하는 것에 목숨을 걸려면 해석의 왜곡이 없는지를 살펴봐야 한다. 또 네 주변의 작은 집단을 향한 의를 진짜 의와 혼동하고 있는 것이 아닌지도 알아야 한다. 그 바탕이 예악이다. 예악을 닦아야 진짜 옳음과 거짓 옳음을 구분할 수 있는 것이다"라고.

당당함이라는 보너스
의로움이 주는 혜택

의에 관한 이야기를 하다 보니, 자꾸 스케일이 커지고 나랏일을 이야기하게 된다. 평범한 삶에서 부딪히는 옳음의 문제로 다시 돌아가보자. 옳게 살라는 말을 들으면 무언가 강요받는 느낌이 들어서 마음이 불편하다. 하지만 '떳떳하게 살자'는 말에는 거부감이 없다. 이 느낌의 차이가 우리가 어떻게 살아야 하는지에 대한 힌트가 된다. 세상은 옳음이라는 이름으로 참 많은 것들을 강요한다. 그중 상당수는 높은 양반들의 편의를 위한 것, 또는 기존의 질서에 권위를 부여하기 위한 것들이다. 특히 아이들에게 강요하는 옳음이 문제다. 어른들은 지키지 않는 옳음을 아이에게만 강조하는 세상에 살다 보면 옳음과 위선이 비슷한 말처럼 느껴진다. 게다가 어릴 때부터 아이들을 상과 벌로 길들이는 것도 문제다. 옳은 행동에는 무언가 보상이 주어져야 한다는 생각이 들게끔 만든다는 것이다.

이제 옳게 살아야 한다는 생각에서는 벗어나기로 하자. 우리가 사는 세상의 옳음에는 세상이 강요한 것, 단순한 관습에 불과한 것, 내가 스스로 느낀 것이 뒤엉켜 있다. 그런 혼란스런 기준을 가지고 옳게 살려고 노력해봐야 괜한 강박증 또는 결벽증에나 빠질 뿐이다. 그 대신 떳떳하게 살려고 노력을 하자. 세상의 기준인 옳음을 내 마음의 기준인 떳떳함으로 바꾸자는 것이다. 사실은 그게 진짜 옳음이다. 수십만 년의 진화가 내 마음속에 만들어준 진짜배기다.

> 맹지반은 자랑하지 않았다. 후퇴할 때 맨 뒤를 보호했는데 성문에 들어서자 말을 채찍질하며 말했다. "감히 뒤를 맡고자 했던 것이 아니라 말이 나아가지 않았기 때문이다."
>
> 子曰 孟之反 不伐 奔而殿 將入門 策其馬曰 非敢後也 馬不進也 (옹야, 13장)
> 자왈 맹지반 불벌 분이전 장입문 책기마왈 비감후야 마불진야

맹지반은 노나라의 장군이다. 그가 제나라와의 전투에서 패해 퇴각할 때 이야기다. 그는 퇴각하는 부대의 맨 끄트머리에 섰다. 서울을 절대 사수하겠다는 녹음테이프를 마치 생방송인 양 방송하게 시켜놓고, 정작 본인은 제일 먼저 대전으로 도망쳤던 어느 전직 대통령과 비교된다. 여기까지만 해도 멋있는데, 그다음이 압권이다. 다

행히 퇴각에 성공해 성문에 들어서자 말을 채찍질하며 "내가 후미를 맡으려 한 것이 아니라 말이 잘 달리지 않았다"고 말한다. 공자님의 칭찬을 받을 만하다.

후퇴시 가장 위험한 후미에서 적을 막았다는 것은 의로운 일이다. 하지만 전투에서 졌다는 것은 그 자체로 문책을 받을 만한 상황이다. 그런 상황에서 맹지반은 굳이 위험을 감수한 자신의 행동으로 패전의 잘못을 덮을 생각이 없다. 게다가 자신의 의로움을 내세우면 다른 장군들의 초라함을 더 강조하는 꼴이 된다. 맹지반이 후미를 맡은 이유는 단순하다. 그렇게 하지 않으면 자기 마음이 편치 않았기 때문에, 떳떳지 못할 것 같았기 때문에 위험을 감수한 것이다. 후미를 맡은 보상은 마음의 떳떳함으로 이미 받은 것이다. 그래서 더 이상의 보상을 바라지 않는 것이다.

앞에서 〈26년〉의 등장인물 이야기를 했지만 모두 김갑세처럼 살 수는 없다. 다만 지금 있는 위치에서 그나마 할 수 있는 일을 하면 되는 것이다. 기준은 내가 떳떳한가, 아닌가에 두면 된다. 더 이상의 대가는 필요없다. 의로운 일의 대가는 바로 그 상황에서 떳떳함으로 보상된다. 일종의 '현찰 박치기'다. 떳떳하지 못하면 내가 불편하니 그 불편을 없애려고 한 행동인데, 무슨 보상을 더 바랄 것인가?

그래도 그 정도로는 떳떳함을 지키려는 노력의 대가로 부족할까? 그럼 이자도 좀 붙여주기로 하자.

군자는 언제나 태연자약한데, 소인은 늘 근심걱정이다.

君子坦蕩蕩 小人長戚戚
군 자 탄 탕 탕　소 인 장 척 척
(술이, 36장)

우리는 선비라는 말을 들을 때 꼬장꼬장하고, 원칙주의자인 그런 모습을 떠올린다. 그런데 군자는 그런 선비가 아닌 모양이다. 탄坦은 평탄하다고 할 때 그 탄이다. 탕蕩은 호탕하다고 할 때의 탕이다. 척척戚戚은 두려움에 떠는 모습이다. 즉 군자란 너그럽고 여유 있으면서 스케일이 큰, 그런 사람이라는 것이다. 반면 소인은 늘 걱정이 많다고 한다. 누구를 가까이 하고 싶을까? 나는 이왕이면 너그러우면서도 당당한 사람과 같이하고 싶다.

나만 그런 게 아니다. 대부분이 그렇다. 사람은 당당한 사람을 보면 한 수 접어주게 돼 있다. 그것 역시 본능이다. 집단에 도움이 되는 사람은 인정하고 보호해줘야 그 집단이 융성한다. 그래서 의로운 사람을 무시하는 본능을 가진 종족은 점점 쇠퇴하고, 존중하는 본능을 가진 종족은 점점 융성하게 된다. 그런 시절을 몇십만 년 지나다보면 당당한 사람을 존중하는 것이 본능에 자리 잡는다.

살기가 점점 빡빡해지니 옳고 그름을 따지는 게 멍청한 짓처럼 보이는 세상이 되어간다. 그런데 어찌 생각해보면 빡빡하니 더 옳음이 중요할지도 모르겠다. 널널한 세상에서는 하수 바둑 두듯 살아도 된다. 엎치락뒤치락하고 망했다가도 다시 기회가 오기도 한다. 하지만 빡빡한 세상이 되면 오히려 고수 바둑 두듯이, 한 수에 승부 나듯이 살아야 된다. 고수의 바둑에서 상대가 내게 한 수 접어준다면 그건 엄청나다. 당당함은 그 한 수를 얻어낼 수 있는 바탕이다. 떳떳함은 그 자체로 쾌감이다. 게다가 남이 한 수를 접어주는 이득을 불러오는 당당함이란 보너스도 달려 있다.

곧음

의도적 거짓말쟁이는 그리 많지 않다. 하지만 내 마음이 굽어 있으면 나도 모르게 나 자신을 속이고, 남을 속이게 된다. 곧지 못하면 정직할 수 없다. 기억과 회상의 원리를 알면 그런 현상이 이해된다.

나를 가장 잘 속이는 사람은 나

사람은 살면서 정직해야(곧아야) 하니, 거짓으로 사는 것은 요행히 면하는 것이다.

子曰 人之生也直 罔之生也 幸而免
자왈 인지생야직 망지생야 행이면   (옹야, 17장)

직直이라는 글자는 '곧다'라는 뜻과 '정직하다'라는 두 가지 뜻을 가진다. 한자에서 두 가지 뜻을 가지는 글자는 그 두 뜻이 서로 통하는 경우가 많다. 곧음이 정직함이 되는 이치는 당연해 보이지만, 설명하려면 쉽지 않다. 반대말을 통해 이해하는 편이 조금 쉽다. '곧다'의 반대말은 '굽다'이고, '정직'의 반대말은 '거짓'이다. 굽으면 거짓이 되는 이유가 있다. 기억의 문제 때문이다.

졸업한 지 오래된 동창회에 가보면 재미있는 장면을 볼 수 있다. 동창들이 모여 학창 시절의 이야기를 나눈다. 그 시절이 눈앞에 그대로 펼쳐지고 있는 것처럼 생생하게 이야기한다. 그런데 어쩐지 서로의 이야기가 다르다. 오래된 동창끼리 굳이 옛일로 거짓말할 이유는 없을 것이다. 실제로 누구도 거짓말하는 게 아니다. 단지 서로의 기억이 다를 뿐이다. 왜 이런 현상이 일어나는 걸까? 나이가 들어서? 그 때문만은 아니다. 30대들이 모인 초등학교 동창회에서도 비슷한 일이 일어난다. 원래 사람의 기억은 수시로 변형된다.

기억의 변형은 뇌의 기억 저장방식 때문이다. 사람은 사진이나 음성파일 형태로 기억하지는 않는다. 그런 형태라면 기억이 바뀔 일도 없고 언제나 정확하겠지만 실제로 그렇다면 그것은 오히려 병이다. 자폐 계통의 병이 있는 사람만이 그런 형태로 기억한다. 보통 사람은 특정한 의미로 바꿔 기억한다. 기억을 구체적인 단어나 줄거리의 형태로 전환해 저장한다는 것이다. 기억을 떠올릴 때는 말이나 줄거리를 먼저 떠올리게 된다. 그리고 그렇게 떠올린 것을 다시 구체적인 형태로 재조립한다. 그런 과정을 겪을 때마다 기억은 조금씩 변형된다.

기억이란 그렇게 안정적인 것이 아니다. 하지만 일상생활에서는 기억이 조금 바뀐다고 심각해질 일은 드물다. 보통의 기억은 변형이 일어난다고 해도 사소한 정도이기 때문이다. 그런데 내 마음속에서 어느 한 방향을 강하게 원할 때는 이야기가 달라진다. 최초의 기억부터 왜곡이 시작된다. 사실 자체가 아니라 사실에 대한 나의 해석을 기억한다. 게다가 그 이후의 작은 변형도 꾸준히 한 방향으로만 이뤄진다. 그렇게 누적되다 보면 결국은 내 기억 속에는 사실과는 동떨어진 내용이 남게 된다. 인간은 마음이 받아들이기 힘든 내용에 대해서는 비틀어 기억하고, 그 기억마저 다시 변형을 시키기 쉽다.

이런 현상이 아주 심한 것이 공상허언증空想虛言症, Pseudologia Fantastica 이라는 병이다. 공상허언증 환자는 자신의 상상과 현실을 구분하지 못한다. 하지만 정신분열증이나 망상증 환자처럼 터무니없는 이야기를 하지는 않는다. 어느 정도 사실에 토대를 둔 이야기를 하기 때문에 겉보기에는 멀쩡하다. 문제는 과장·왜곡이 심하다는 점이다. 그들은 의도적 거짓말쟁이와는 다르다. 틀린 사실을 옳다고 믿고 있는 환자일 뿐이다. 보통 사람들도 한두 가지 사실에 대해서는 왜곡된 기억을 가지고 있는 경우가 많다. 그런데 보통 사람은 꾸준히 시간을 두고 조금씩 변형이 된다. 하지만 공상허언증 환자는 그런 왜곡이 수시로 쉽게, 크게 일어난다.

정신과에서 다루는 병을 알게 되면 보통 사람에 대한 이해도 깊어지게 된다. 맨눈으로 보기 힘든 작은 물질을 현미경으로 확대해서 보는 것과 비슷하다. 환자에게서 나타나는 심리적 현상은 보통 사람들 마음속에서도 일어난다. 단지 강도가 다를 뿐이다. 공상허언증의 경우를 보자. 공상허언증 환자들은 감정의 기복이 심하다. 또 허영심이 강하거나, 반대로 피해의식이나 열등감이 강한 경우가 많다. 이 특징들은 '떳떳함'이라는 단어와 관련 있다. 한마디로 사실을 사실대로 받아들일 때 자존심이 쉽게 상하는 사람이 공상허언증에 잘 걸린다는 것이다. 그렇다면 보통 사람도 마찬가지일까? 그렇다. '떳떳함'이 무너질 때 기억의 왜곡은 쉽게 일어난다. 기억을 바꿔서라도 스스로 떳떳하다고 생각하고 싶어 한다는 것이다.

이게 가벼이 볼 일은 아니다. 기억은 사람을 다른 동물에 견줘 비교우위를 가지게 만드는 중요한 기능이다. 그 기억이 믿을 만하지 못하다면 동물보다 나을 게 없다. 그런데 그 중요한 기억의 안정성을 망쳐가면서까지 떳떳하고 싶다? 떳떳함이라는 것이 그렇게 큰 비용을 치르면서 지켜야 할 만큼 중요한 것일까?

사람에게는 집단생활을 하는 동물의 본능이 있다. 집단 내에서 필요한 사람이라고 인정받는다는 것은 생존 가능성과 유전자를 후손에 전할 수 있는 가능성을 크게 높인다. 그럴 때 사람은 당당해진다. 반대로 그 가능성이 줄어들 때 사람은 위축되거나 예민해진다. 이제 거꾸로 남을 판단하는 경우를 생각해보자. 위축되어 있는 사람은 집단에 별 도움이 못 되는 사람일 가능성이 높다. 물론 정당한 평가를 못 받아서 억울하게 위축돼 있을 수도 있다. 하지만 확률적으로는 당당해 보이는 사람에게 기회를 주는 편이 더 안전하다. 실제로 세상은 당당함에 점수를 더 얹어준다.

가장 좋은 것은, 내가 내 소속 집단이 수긍할 만한 옳은 행동을 하고 떳떳함을 누리는 것이다. 그런데 그럴 수 없을 때, 즉 내가 떳떳할 수 없을 때는 어느 쪽이 유리할까? 이게 복잡하다. 단기적으로는 그런 상황에서라도 떳떳함을 가장하는 것이 유리하다. 그래야 남이 내게 기회를 준다. 하지만 그 가장이 그리 쉽지 않다. 떳떳함이 없으면 위축되는 게 인간의 본능이기 때문이다. 그래서 인간은 차라리 기억을 왜곡시키기도 한다. 기억 자체가 왜곡되면 가장하지 않아도 남 앞에 떳떳할 수 있기 때문이다.

문제는 들통나면 다 뒤집힌다는 것이다. 사람이 함께할 사람을 고를 때 우선순위에서 능력은 두번째다. 더 중요한 게 있다. 예측

가능성이다. 어떻게 행동할지 예측이 안 되는 사람과 같이 일하면 불안해진다. 그래서 사람들은 믿을 수 없는 사람에게는 기회를 주지 않는다. 거짓을 말하는 사람, 과장되게 말하는 사람, 자신에게 유리한 사실만 기억하는 사람. 그런 낙인이 찍혀 남들에게 외면당하기 시작하면 문제는 점점 더 꼬인다. 상대를 속인 것은 내가 아니라, 내 기억이다. 내 머릿속에는 속인 기억이 없다. 당연히 억울하고, 세상을 원망하고, 탓할 수밖에 없다. 결국 거짓말쟁이 낙인도 모자라 원망쟁이라는 낙인까지 찍힌다.

길게 보면 모자랄 때는 차라리 위축되는 편이 낫다. 지금 나에 대한 평가는 내 본질에 대한 평가가 아니다. 그저 지금의 자기 상태에 대한 일시적 평가일 뿐이다. 자신의 부족한 부분을 받아들이면, 이를 토대로 스스로를 다듬을 수 있게 된다. 그래서 다시 떳떳한 사람이 될 수 있도록, 떳떳한 행동을 할 수 있도록 만드는 것이 옳다.

이제 공자의 말로 돌아가보자. "사람은 살면서 정직해야(곧아야) 하니, 거짓으로 사는 것은 요행히 면하는 것이다." 여기서 망罔은 그물이라는 뜻에서 출발해 '덮는다' '감춘다'라는 뜻을 가지게 된 글자다. '진실을 감춘다' '진실을 외면한다'라는 정도의 의미다. 망을 직直과 대비시킨 것은 새겨둘 만하다. 대놓고 거짓말하는 것을 대비하려 했다면 아마 '사詐'나 '기欺'자를 사용했을 것이다. 대부분의 거짓은 남만 속이는 것이 아니라, 자기를 먼저 속이는 것에서 비롯된다. 자신에게 불리한 내용을 받아들이지 않고, 자신의 기억에 넣지 않는 행동. 그것이 망罔이다.

이를 달리 해석하는 사람도 있다. 직直을 '곧다'로 보고 앞부분을 "사람은 원칙에 맞게 곧게 살아야 하니"로 해석하는 경우다. 망罔에는 '없다無'라는 뜻도 있기 때문에 뒷부분은 "(곧음이) 없이 사는 것은"으로 푼다. 마지막은 모두 "요행으로 화를 피하는 것이다"로 푼다.

그런데 이 경우는 어느 쪽이 옳은지로 굳이 다툴 필요가 없다. 곧은 것과 정직한 것은 거기서 거기기 때문이다. 원래 직直은 눈目이 정면을 바라보는 모양을 딴 글자라고 한다. 내가 정면을 바라보게 되면 바로 나가게 된다. 그래서 '곧다'라는 뜻이 나왔다. 그런데 정직 역시 마찬가지다. 현상을 현상으로 받아들이면 정직해진다. 그것을 내 본질에 대한 평가로 인식하고, 어떻게든 안 받아들이려고 왜곡하기 시작하면 정직하기가 힘들어진다. 정직하려면 일단 곧게 보아야 한다. 해석을 왜곡하고, 더 나아가서는 기억을 왜곡하는 것은 언제 떨어질지 모르는 외줄타기와 다를 바 없다. 요행히 안 떨어지는 경우도 드물게는 있지만.

내가 떳떳하면 그게 곧음이다
곧음과 강박

옳음을 추구하는 것은 인간의 본능이다. 그것은 단기적으로는 자신의 떳떳함으로 보상을 받고, 장기적으로는 당당함이 주변 사람의 호감을 사는 것으로 보상받는다. 여기까지가 옳음 마당에서 한 이야기다. 그런데 쉽게 공감이 안 될지도 모르겠다. 살다 보면 의로움을 추구한다는 사람들이 도리어 거부감을 주는 경우도 많이 보기 때문이다.

옳음을 추구하는 본능이 강한 사람은 옳다는 소리를 들으려는 본능도 강하다. 이게 문제를 일으킨다. 그런 이들은 자신에게 옳지 못한 면이 있다는 것을 편하게 받아들이지 못하는 경우가 많다. 앞서도 말했듯 사람은 받아들이기 힘든 부분에 대해서는 곧잘 기억의 왜곡을 일으킨다. 평소에 그저 저 혼자 옳게 살려고 노력한 사람은 그래도 낫다. 옳음을 강조하며 남을 비판했던 사람이 엉뚱한 소리를 한마디라도 하게 되면 한순간에 위선자가 되어버린다. 옳음이 떳떳함으로 제대로 작동할 수 있으려면 '곧음'과 같이 가야 한다.

'곧음'이 무엇인지를 본격적으로 이야기하기 전에 '곧음'으로 착각하는 것들을 먼저 정리해보자. 우리는 '곧음'이라는 말을 들으면 한 번 정한 원칙을 한 점 흐트러짐 없이 지키는 모습을 생각한다. 그것은 곧음이 아니다. 강박이다.

섭공이 말했다. "우리 마을에 몸을 곧게 하는 사람이 있으니 그 아버지가 양을 훔친 것을 아들이 증언하였습니다." 그러자 공자께서 답했다. "우리 마을의 곧은 사람은 다릅니다. 아버지는 아들을 위해 숨기고, 아들은 아버지를 위해 숨깁니다. 곧음은 그 가운데에 있습니다."

葉公 語孔子曰 吾黨 有直躬者 其父攘羊 而子證之 孔子曰 吾黨之直者
섭공 어공자왈 오당 유직궁자 기부양양 이자증지 공자왈 오당지직자
異於是 父爲子隱 子爲父隱 直在其中矣 　　　　　　(자로, 18장)
이어시 부위자은 자위부은 직재기중의

섭공葉公은 초나라 대부다. 아들이 아버지를 고발했다는 말인데, 이걸 자랑이라고 한 걸까? 만일 공자의 대답이 "과연 도덕을 잘 지키는군요"였다면 우리는 논어를 더 읽을 필요가 없다. 지나친 이상론이다. 다행히 공자는 섭공에게 제대로 한 방 먹이면서 곧음을 정의내린다.

무엇을 훔쳐왔노라고 자식에게 대놓고 말하는 부모는 없다. 아마 주인 없는 양을 데려왔다든가, 누군가에게 얻어왔다든가 그렇게 둘러댔을 것이다. 그런데 자식이 보기에는 훔쳐온 것이 분명하다. 이럴 때 어떻게 해야 할까? 관에 쫓아가 이르는 것이 정직한 걸까? 그것은 경직된 태도다. 그렇다고 눈에 뻔히 보이는 사실을 놓고 '우리

아버지가 양을 훔쳤을 리가 없어'라고 굳이 믿으려 들거나, '세상이 다 그런데 훔치는 게 뭐 어때서'라고 합리화하려 한다면 그것은 자신을 속이는 일이다. 둘 다 옳지 못하다. "아버지, 우리가 배를 곯는 한이 있어도 아버지가 잡혀가는 것보다는 낫습니다. 제발 가서 돌려주세요"라고 간곡히 말하는 것이 곧고 옳은 태도다.

> 누가 미생고를 정직하다고 하느냐. 누군가가 식초를 빌리러 왔을 때 그는 옆집에서 빌려다 주었다.
>
> 子曰 孰謂微生高直 或乞醯焉 乞諸其隣而與之　　　(공야장, 23장)
> 자 왈　숙 위 미 생 고 직　혹 걸 혜 언　걸 제 기 린 이 여 지

미생고微生高라는 이름은 다른 문헌에는 나오지 않아 어떤 사람인지는 알 수 없다. 다만 당시 노나라에서 정직한 사람이라는 평이 있었나 보다. 그런데 공자가 반론을 편 것이다.

그 당시 식초는 공이 많이 드는 귀한 음식이었다. 그걸 누군가와 나눈다는 것 자체는 좋은 일이다. 하지만 자기 집에 없으면 그만이다. 그걸 옆집에서 굳이 얻어다 줄 일은 아니다. 옆집에다 "남에게 주려고 하니 식초 좀 주세요"라고 했다면 한소리 들을 것이다. 아마도 "제가 쓸 겁니다" 하고 빌려와서 주었을 것이다. 그런 행동은 선행상賞의 대상일지는 몰라도 떳떳함과는 무관하다. 집에 식초가 떨어져 못 준다고 떳떳함이 손상되는 게 아니기 때문이다.

선행이 늘 좋은 결과만 가져오는 건 아니다. 내가 철수에게 100만 원을 빌려서 그 100만 원을 영희에게 빌려주었다고 하자. 나는 그 돈을 갚을 때까지는 철수와 같이 있으면 좀 불편할 것이다. 하지만

영희와 있을 때는 불편할 일이 없다. 그런데 상대의 입장은 어떨까? 철수는 나와 있는 것이 불편하지 않겠지만, 영희는 나와 있는 게 불편할 것이다. 세상에 빚지고 편안한 사람은 없다. 남에게 빚진 감정을 느끼게 하는 것은 잘 하는 짓이 아니다.

이건 심지어 부모 자식 간에도 마찬가지다. 부모가 모든 희생을 감수하며 지극정성으로 자식을 보살피는 경우가 있다. 그런다고 아이가 정말 잘되는 경우는 거의 없다. 이 경우 보통 세 가지 중 하나의 결과를 낳는다. 하나는 아이가 '부모는 원래 자식에게 그렇게 해야 하는 것'이라고 부모의 희생을 당연하게 생각하는 경우다. 그렇게 생각하면 빚을 졌다는 느낌이 줄어들기 때문이다. 아이는 철저하게 자기중심적이고 이기적인 사람이 된다. 두번째는 부모의 애완동물 비슷하게 자라는 경우다. 나는 어리고 약하기 때문에 보호받아야 한다는 생각을 강화시키면 부모의 지나친 돌봄을 긍정적으로 받아들일 수 있게 된다. 이 경우는 반려동물이라는 표현도 맞지 않는다. 그야말로 애완동물이다. 주체성이 없는 '어른아이'로 굳어버린다. 세번째가 그나마 부모의 기대를 맞추려고 하는 경우다. 하지만 이 경우는 대부분 조그만 실패도 용납하지 못하는 강박 성향의 사람으로 커가게 된다. 빚지고 있다는 느낌을 늘 품고 있으면서 마음 편하게 사는 사람은 없다. 부모 자식 간에도 적당한 것이 가장 좋다.

누군가가 "원망을 덕으로 갚으면 어떻습니까?"라고 물었다. 공자께서는 "(그렇게 하면) 덕은 무엇을 갚습니까? 곧음으로 원망을 갚고, 덕으로 덕을 갚아야 합니다"라고 답했다.

或曰 以德報怨 何如 子曰 何以報德 以直報怨 以德報德　(헌문, 36장)
혹왈　이덕보원　하여　자왈　하이보덕　이직보원　이덕보덕

사이코패스나 편집증·강박증 환자가 등장하는 범죄 영화에 희생자로 등장하는 타입은 주로 두 가지다. 하나는 지극히 평범한 사람이다.(이 경우는 주로 너무 행복해 보인다는 것 때문에 범죄의 대상이 된다.) 다른 한 유형은 지나치게 도덕적인 사람이다. 2013년에 나왔던 〈화이〉라는 영화가 후자의 대표적인 경우다. 석태(김윤석 분)가 강함에 편집광적으로 집착하는 인물로, 임형택(이경영 분)이 괴롭힘의 대상이 되는 도덕적인 인물로 나온다. 이런 영화를 보다 보면 그 괴롭힘의 98%쯤은 정신병의 결과로 보이는데, 한편으로는 그럴 수도 있겠다는 생각이 한 2%쯤 남아 기분을 찜찜하게 만든다.

사람들은 너무 착한 사람을 보면 오히려 의심한다. 진짜 착한 걸까? 문득 위선의 탈을 벗기고 싶을 때도 있다. 물론 보통 사람은 석태처럼 행동하지는 않는다. 의심하다가도 "에이, 그런 사람 의심하면 천벌 받지"라며 마음을 다스린다. 하지만 약간의 불편함은 남는다. 석태 같은 경향이 보통 사람의 마음속에도 2%는 섞여 있다. 다만 나머지 98%가 작동해서 석태 같은 짓을 하지 않는 것이다. 물론 〈화이〉는 좀 극단적인 영화다. 하지만 그것보다 조금 순화된 이야기는 자주 영화에 등장한다. 스티븐 스필버그의 〈컬러 퍼플The Color Purple〉은 셀리(우피 골드버그 분)라는 흑인 여성이 자의식을 찾아가는 과정을 그린 영화다. 영화의 앞부분에는 셀리가 그저 착하고 순종적으로 대응할 줄 밖에 몰라 온갖 박해를 겪는 장면들이 길게 이

어진다. 그런데 그런 장면을 보다 보면, 팥쥐의 구박은 콩쥐가 자처한 면은 없을까? 하는 생각이 언뜻 스치곤 한다.

보통 사람의 마음에 석태 같은 경향은 많아야 2%, 팥쥐 같은 경향은 좀 넉넉히 잡아서 5%쯤 섞여 있다고 치자. 그래도 그 마음의 뿌리가 무엇인지는 알 필요가 있다. 옳음 마당에서 이야기했듯이 사람은 옳음을 추구하는 본능이 있다. 하지만 그 본능보다 더 강한 것이 옳다는 소리를 듣고 싶어 하는 본능이다. 누구든 이 본능을 잘못 건드리면 뒤끝이 안 좋다. 특히 너무 착한 사람, 너무 의로운 사람은 남에게 초라한 느낌이 들게끔 만든다. 그 사람에 견줘 자신이 너무 못나 보이는 것이다. 그것 때문에 퍼주고 뺨 맞는 경우를 당하기도 한다.

이제 논어로 돌아가보자. 위 문장에서 덕을 덕으로 갚는다는 것은 쉬운 말이니 생략하자. 원망을 덕으로 갚지 말라는 것이 중요하다. 그런 짓을 하다가는 임형택이나 셀리나 콩쥐 같은 대접을 받게 된다.

그렇다면 공자가 말한 곧음으로 갚는다는 것은 무슨 이야기일까? 그저 딱 내가 할 만큼만 한다는 말이다. 스스로 흔들리지 않는다는 것이다. 이런 경우를 생각해보자. 인터넷 쇼핑몰에서 5만 원짜리 티셔츠를 샀는데 엉뚱한 반바지가 하나 왔다고 하자.(송금부터 하고 물건을 받았다고 가정하자.) 바로 전화를 하는데 전화도 안 된다. 그러면 속이 부글부글 끓는다. 그런 작은 일로도 열 받아서 밤을 하얗게 새우는 사람도 있다. 그리고 다음날 졸음운전을 하다가 교통사고를 냈다고 하자. 사고는 사기를 친 쇼핑몰 업자의 책임일까? 이건 법으로 다퉈도 내가 진다. 5만 원은 환불받을 수 있어도, 사고는 고스란히 내 책임이다. 더 황당한 경우도 있다. 간신히 사고 처리를 하고 왔는데, 쇼핑몰 측에서 먼저 전화가 와서 실수로 엉뚱한 물건이 갔다고 다시 배송하겠다고 하면 정말 맥이 빠진다.

살다 보면 이런 경우가 많다. 상대가 나에게 준 피해를 스스로 부풀리는 경우다. 상대가 준 만큼에서 끊어버리고, 원망도 딱 그만큼만 가지는 것. 그것이 상대와 나 사이의 정당한 거래다. 사실 밤을 샌 것은 쇼핑몰 사장의 책임이 아니다. 내가 멍청하게 사기 당했다는 자격지심에 빠졌기 때문이다. 그 자격지심에서 빠져나오려고 스스로 분노의 감정을 키운 것이다. 문제는 사기를 당하기 이전에 이미 있었다. 평소에 마음이 자격지심이라는 쪽으로 굽어 있던 게 문제였다. 내 마음을 늘 곧게 유지하는 것. 그것이 원망에 대응하는 방법이다.

이 정도에서 정리를 해보자. 부모를 관가에 고발하는 것처럼 본성을 억지로 누르고 하는 짓은 곧음이 아니다. 자신의 형편에 어울리지 않게 무언가를 하려는 것도 곧은 행동이 아니다. 지나치게 착하게 행동하려는 것도 곧음이 아니다. 더군다나 남이 나에게 피해를 줄 때 그걸 덕행으로 감화시키려 하는 것은 결코 현명한 행동이 아니다. 잘못된 도덕관념에 의한 강박일 뿐이다. 그저 내가 늘 하던 대로 유지하는 것, 그것이 곧음이다.

옳음을 정도에 지나치게 추구하는 것은 남에게 빚진 느낌을 준다. 그러면 상대가 내게서 멀어진다. 그냥 멀어지는 경우는 그래도 낫다. "저놈이 뭘 바라는 게 있으니 저렇게 하지"라든가 "남에게 저렇게까지 퍼주는 걸 보니, 속으로 꿍쳐놓은 것이 잔뜩 있나 보네"라는 쪽으로 오해하는 경우도 많다. 그러면 상대는 끊임없이 내 결점을 찾으려 든다.

2014년 지방선거에서 정몽준 서울시장 후보는 시장 임기 동안 급여를 안 받겠다고 했다. 그러자 박원순 후보는 자신은 급여가 없으면 생계를 지탱할 방법이 없으므로 급여를 받아야 한다고 했다. 시민운동 하는 사람들의 사정을 대략은 안다. 박원순 후보도 덩달아 "나도 급여를 안 받겠다"고 했다면 오히려 신뢰가 떨어졌을 것이다. 솔직한 대답 덕분에 몇 만 표는 더 늘었을 것 같다. 곧음이란 '척'하는 것이 아니다. 팔뚝에 '차카게 살자'라고 문신을 새기고 다니는 일도 아니다. 그냥 내가 떳떳하고자 하는 것으로 충분하다.

곧음의 일관성에는 옹이가 없다
에프엠 상사와 계율을 뛰어넘는 스님

곧음이 강박이 아니라는 말은 충분히 했으니, 이제 진짜 곧음이 무엇인지를 알아보자. 반대말을 대조해서 생각하면 쉽다. 곧음과 굽음의 차이를 알아보자.

노나라 애공哀公이 물었다. "어떻게 하면 백성이 복종합니까?" 공자께서 대답했다. "곧은 사람을 들어올려 굽은 사람 위에 놓으면 백성들이 복종합니다. 굽은 사람을 들어올려 곧은 사람 위에 놓으면 백성들은 복종하지 않습니다."

哀公問曰 何爲則民服 孔子對曰 擧直錯諸枉則民服 擧枉錯諸直則民不
애 공 문 왈　하 위 즉 민 복　공 자 대 왈　거 직 조 제 왕 즉 민 복　거 왕 조 제 직 즉 민 불
服
복
(위정, 19장)

　　모 재벌기업의 총수가 비자금 사건으로 걸린 적이 있다. 검찰이
회사에 들이닥쳐 비자금 장부를 내놓으라고 하자 직원들은 당연히
없다고 했다. 그런데 검사는 숨겨진 금고를 쉽게 찾아내고, 비밀번
호를 눌러 열었다고 한다. 어떻게? 뻔하다. 내부고발자가 있었다는
이야기다. 그 총수는 임원 인사를 황당하게 하는 것으로 소문나 있
었다. 언제 갑자기 엉뚱한 부서로 좌천이 될지 몰랐다. 총수야 나름
대로 생각이 있었을 것이다. 함부로 예측을 못하게 해야 항상 긴장
하고, 충성한다고 생각했을지도 모른다. 총수의 결정을 임원들이 쉽
게 예측할 수 있으면 자기 권위가 떨어지고, 임원들이 건방져진다고
생각했는지도 모르겠다. 총수의 생각이 과연 맞았을까? 권위? 충
성? 다 어림없는 이야기다.

　　사람은 원칙을 알아야 따른다. 또한 원칙에는 일관성이 있어야지
이리저리 굽어서는 안 된다. 사람들이 믿고 따르게 만드는 가장 기
본은 예측가능성이다. 원칙은 곧을 때 예측할 수 있다.

　　사람은 일관성이 있는 사람을 따른다. 그런데 여기서 끝이 아니
다. 그 일관성이 그 사람의 내부에만 머물면 의미가 없다. 동네 깡
패를 생각해보자. 일관성 있게 난폭한 깡패가 자기 기분 따라 행동
이 바뀌는 깡패보다는 나을까? 도긴개긴이다. 어차피 피해야 할 대
상일 뿐이다. 비슷한 문답을 하나 더 검토해보고 나서 일관성의 폭
을 넓혀보자.

계강자季康子가 물었다. "백성들이 경건하고 충실하게 행동하며, 그것을 서로 권하게 하려면 어떻게 해야 합니까?" 공자께서 답했다. "엄중하게 대하면 경건할 것이고, 효도하고 자애롭게 하면 충실할 것이고, 선한 이를 뽑아 미숙한 이를 가르치면 권할 것입니다."

季康子問 使民敬忠以勸 如之何 子曰 臨之以莊則敬 孝慈則忠 擧善而
계강자문 사민경충이권 여지하 자왈 임지이장즉경 효자즉충 거선이
教不能則勸   (위정, 20장)
교불능즉권

　이 구절은 해석이 다양하다. 계강자의 질문을 "백성들이 영주인 저를 공경하고, 제게 충성하게 하려면 어떻게 해야 합니까?"로 볼 수도 있고, 권勸 또한 "힘써 일하다"로 해석하기도 한다. 공자의 답변에서도 임지이장臨之以莊을 "백성들을 대할 때 정중하게 한다"로 보는 경우가 있다. '선한 이'는 "착한 사람"으로 해석하는 경우도 있는데, "능력있는 사람"으로 해석하는 경우가 더 많다. 선善은 '잘 한다' '좋다'라는 뜻이 먼저였고, 나중에 '착하다'라는 뜻이 생긴 글자다.

　어느 해석이 더 적절한지는 독자의 마음에 내키는 쪽을 택하길 바란다. 어떻든 핵심은 따로 있다. "백성들에게 시킬 생각하지 말고 네가 먼저 모범을 보여." 이게 핵심이다. 스스로 모범을 보이지 않고 지시만 하는 사람을 따르는 경우는 드물다. 사람은 흔히 자신에게 적용하는 기준과 타인에게 적용하는 기준이 다르다. 다름 마당에서 이야기했듯이 자신에게는 환경귀인을 적용한다. 자신의 잘못은 환경 때문에 어쩔 수 없었다는 식이다. 남에게는 속성귀인을 주로 적용한다. 다른 사람의 잘못은 원래 그런 사람이어서 그런 것으

로 생각하는 경향이 있다는 것이다. 이게 대표적인 '굽은 것任'이다.

겉으로 나타난 모습만 놓고서 같은 기준을 적용한다면 그 역시 여전히 굽은 것이다. 오른손잡이에게는 오른손을 쓴다는 기준과 편한 손을 쓴다는 기준은 같은 기준이다. 하지만 왼손잡이에게는 다르다. '나도 오른손을 쓰니, 너도 오른손을 써라'라는 것은 나와 남에게 같은 기준을 적용하는 게 아니다. '나도 편한 손을 쓰니, 너도 편한 손을 써라'라고 해야 같은 기준을 적용하는 것이다.

나는 부모에게 고기반찬을 해드리니 효도하는 것이고, 너는 부모에게 나물반찬만 해드리니 불효하는 것이라는 주장은 말이 안 된다. 능력 있는 이가 하는 일은 능력이 부족한 사람이 하는 일보다 화려하고 웅장할지도 모른다. 그런다고 백성이 따라오지 않는다. 그것은 겉보기의 기준일 뿐이기 때문이다. 나도 그 위치에 가면 당연히 그 정도는 할 수 있다고 생각하고 말 뿐이다. 그 사람의 위치에서 최선을 다하는 모습을 보여주어야 백성은 비로소 따라온다.

갑이 꼬박꼬박 세금을 내니 을도 내라는 정도로는 부족하다. 갑은 세금을 다 내도 많이 남는다. 게다가 을에게 받은 뒷돈까지 남는다. 을은 갑에게 바친 뒷돈을 장부상으로 처리할 방법이 없다. 죄다 수입으로 잡혀 억울한 세금까지 물어야 한다. 갑은 유능한 세무사를 붙여 깎을 만큼 깎는다. 을은 세무사 비용도 없어 그냥 세금을 낸다. 노블리스 오블리제가 사회를 지탱하는 기준이 되는 이유가 여기에 있다. 갑은 을보다 훨씬 더 많은 것을 해야 을이 비로소 갑을 인정하게 된다. 여기에 덧붙여 "선한 이를 들어 미숙한 이를 가르치는擧善而敎不能"정도까지 되어야 한다. 갑이 능력을 나누어 을도

갑이 될 수 있도록 도와주는 모습까지 보여줄 때, 그때 비로소 백성은 따라온다.

어차피 나나 대부분의 독자들이나 큰 벼슬할 사람이 아니니, 백성이 따르게 하는 이야기는 이 정도로 하자. 어쨌든 가족이나 직장 부하나 주변 사람이 따르게끔 하는 것은 일관성이다. 그 첫째는 시간적 일관성이다. 내게 불리하든, 유리하든, 어떤 위치로 가든 늘 같은 모습을 보여주는 것이다. 그래야 사람들은 나를 믿게 된다. 둘째는 공간적 일관성이다. 달리 말하자면 대상에 따른 일관성이다. 나에게 적용하는 기준과 남에게 적용하는 기준, 우리에게 적용하는 기준과 저들에게 적용하는 기준이 같아야 한다. 그렇다고 맹목적으로 똑같은 기준을 들이대는 게 아니라, 각자의 힘든 정도를 감안해야 한다. 그게 곧음이다. 그렇다면 어떤 사람이 그렇게 곧게 살 수 있을까? 내 마음에 옹이가 없어야 한다.

번지樊遲가 어짊仁을 물었다. 공자께서는 "사람을 사랑하는 것이다"라고 답했다. 이에 안다는 것知을 묻자 공자께서 답하길 "사람을 아는 것이다." 번지가 깨닫지 못하자 공자께서는 "곧은 사람을 들어 굽은 사람 위에 두면 굽은 사람을 바르게 할 수 있다"고 덧붙였다. 번지가 나중에 자하子夏를 만나 물었다. "전에 선생님께 지知에 대해 물었더니 "곧은 사람을 들어 굽은 사람 위에 두면 굽은 사람을 바르게 할 수 있다"고 대답하셨는데 무슨 뜻입니까?" 자하가 대답을 한다. "말씀이 풍부하시구나! 순임금이 천하를 다스릴 때 많은 사람 중에 고요皐陶를 뽑아 등용하니 어질지 못한 사람이 멀어졌다. 탕임금이 천하를 다스릴 때 많은 사람 중에 이윤伊尹을 뽑아 등용하니 어질지 못한 사람이 멀어졌다."

樊遲問仁 子曰 愛人 問知 子曰 知人 樊遲未達 子曰 擧直錯諸枉
번지문인 자왈 애인 문지 자왈 지인 번지미달 자왈 거직착제왕
能使枉者直 樊遲退 見子夏曰 鄉也 吾見於夫子而問知 子曰 擧直錯
능사왕자직 번지퇴 견자하왈 향야 오견어부자이문지 자왈 거직착
諸枉 能使枉者直 何謂也 子夏曰 富哉 言乎 舜有天下 選於衆 擧皐陶
제왕 능사왕자직 하위야 자하왈 부재 언호 순유천하 선어중 거고도
不仁者遠矣 湯有天下 選於衆 擧伊尹 不仁者遠矣   (안연, 22장)
불인자원의 탕유천하 선어중 거이윤 불인자원의

곧은 사람을 굽은 사람 위에 놓는다는 말이 또 나왔다. 여기선 사족을 몇 개 달아야겠다.

자하는 말은 화려한데, 좀 허황되다. 게다가 공자 말씀을 자기만의 정형적 틀에 넣는다. 어질지 못한 사람은 스스로 멀어지게 하는 것이 답일까? 공자는 굽은 사람을 펴주라고 했지, 멀리하라고 하지 않았다. 게다가 그것이 사람을 아는 것과는 어떤 관계일까? 아마 어진 사람을 알아보는 걸 사람을 아는 일의 핵심이라고 본 것 같은데, 누가 어진지는 갑남을녀도 다 느낀다. 적어도 자하만큼은 안다. 자하의 말에서는 냄새가 난다. 편가르기의 냄새다.

그다음 사족이다. 시중에서 쓰이는 "공자님 말씀이네"라는 말은 좋은 뜻은 아니다. 이상적이기는 하나 현실적이지 않다는 뜻으로 쓴다. '공자님 말씀'이 그런 뜻으로 보이게 된 것은 엉터리 해석 때문이다. 위 문장도 마찬가지다. 곧은 사람이란 어떤 사람을 말하는 것일까? 보통은 곧이곧대로인 사람을 말하는 것으로 여긴다. 시쳇말로 쓰자면 에프엠Field Manual(전투 교범)대로 일을 처리하는 사람이다. 그런데 상사가 에프엠대로면 부하 직원도 그렇게 될까? 아니다.

그런 상사를 보면 어딘가 약점을 찾고 싶어지는 것이 인간의 심리다. 도덕을 강조하는 윗사람이 아랫사람을 가르치려 들면 "공자님 말씀이네"라는 답밖에 들을 게 없다. '곧은 사람'은 경직된 모범을 주장하는 사람이 아니다. 애인愛人·지인知人에 대한 이야기를 어질지 못한 이는 배척하라는 말로 알아듣는 자하의 경직된 머리로 어떻게 십대제자 자리를 차지했는지가 궁금해진다.

대부분의 사람은 굽어 있다. 사람의 정신적 에너지는 자신의 콤플렉스나 트라우마 주변으로 몰린다. 그게 다 굽은 것이다. 뒤의 어짊 마당에서 자세히 이야기하겠지만, 어짊은 간단히 말하자면 공감 능력이다. 공감이 되면 남을 사랑할 수 있다. 지知란 내 마음에 와닿는 다른 사람의 마음속 아픔이 어찌하면 풀리는지를 아는 것이다. 사람은 자신을 알아주는 사람과 함께 있는 것만으로도 응어리가 반은 풀린다. 일이 잘못되면 당사자가 가장 가슴 아프다. 그럴 때 '슬프겠구나' '억울하겠구나' '분하겠구나'라는 말을 한마디 건네고 이야기를 시작하는 사람과 잘못부터 먼저 지적하는 사람 중에 어느 쪽이 좋은 윗사람일까? 어느 쪽이 아랫사람을 바꿀 수 있을까?

그런데 이렇게 풀어주려면 내 마음이 굽어 있지 않아야 한다. 굽어 있는 사람은 상대의 이야기에 제대로 반응하지 않는다. 상대의 이야기가 아니라 그 이야기가 건드린 내 마음속 상처에 대해서 반응한다. 사람 사이의 대화가 이런 식인 경우가 꽤 많다. 겉보기에는 둘이 마주앉아 이야기하는 것처럼 보이지만, 실상은 서로 자기 이야기만 하고 있다. 서로가 서로에게 벽일 뿐이다. 아니 벽보다도 못하다. 벽은 그나마 이상하게 왜곡해서 받아치지는 않는다. 이런 대화로는 나도, 상대도 풀리지 않는다.

내 마음이 굽어 있지 않으면 상대에게 바르게 반응할 수 있다. 그것이 곧은 사람이다. 그런 곧은 사람이 자꾸 마음을 풀어주면 굽어 있던 사람도 언젠가는 응어리가 풀린다. 그래서 곧아진다. 내 마음이 굽어 있으면 좋은 윗사람이 못 되는 것으로 그치는 게 아니다. 어느 노랫말처럼 '내 속엔 내가 너무도 많아 당신의 쉴 곳이 없'어지니 주변 사람이 떠나기 마련이다. 자신도 편하지 못하다. 결국은 '바람만 불면'(조금만 힘든 상황이 닥치면) '그 메마른 가지 서로 부대끼며 울어대'는 '무성한 가시나무 숲'이 되어버린다. 공감능력이 말라버린 가슴에는 가시나무 외에는 살지 못한다.

논어의 많은 문장들 중에도 곧은 사람을 굽은 사람 위에 놓아야 한다는 말을 유독 좋아하는 사람들이 있다. 흔히 융통성 없다는 말을 듣는 사람들이다. 그건 쉬운 말로는 꼬장꼬장한 것이고, 의학용어로는 강박 성향일 뿐이다. '원칙대로'가 통하는 세상. 책으로 세상을 배운 모든 먹물들의 로망이다. 하지만 공자는 세상을 그리 만만하게 보지 않는다. 원칙을 세상이 받아들이지 않는 경우도 많다고 보며, 상황에 맞는 변통도 필요하다고 본다. 일관성이란 고지식함과는 다르다. 겉으로 드러나는 것보다 내면에 있는 것이 중요하다. 시간적 일관성을 지키는 데는 당연히 내면이 더 중요하다. 또 그 기준이 내면화되어야 나와 남에게 두루 통하는 일관성으로 발전할 수 있다.

고우영 화백의 만화 『임꺽정』에 이런 장면이 나온다. 어느 고승이 백정의 마을에 들른다. 백정들이 술을 권하니 술을 마신다. 고기를 한 점 권하니 고기도 먹는다. 절에 돌아와 스님을 따르는 처사가 묻는다. "스님, 왜 그런 파계를 하셨습니까?" 스님이 답한다. "내가 파계하는 잘못보다, 그들이 기뻐할 수 있게끔 하는 덕이 더 크니 그리 했지." 계율을 지키는 것은 그저 외적인 일관성일 뿐이다. 사람대접을 못 받는 백정들에게 그들도 사람이라는 것을 깨우쳐주는 것이 중노릇의 보다 근본이다. 스님은 그 내적인 일관성을 지킨 것이다.

곧음과 여유는 세트 메뉴다
옳음을 강요하지 않는 법

일관성의 이야기를 길게 했지만, 그것은 곧음이 완성 단계에서 나타나는 모습이다. 목표는 그곳에 두자. 현실에서 중요한 것은 그 목표로 가는 방법이다. 곧음으로 가는 기본은 사실을 사실대로 받아들이는 것이다. 사람은 누구나 완벽할 수 없다. 그걸 인정하지 않으면 오히려 크게 휜다. 쭉 곧은 나무를 보면 안다. 곧은 나무라도 껍질은 울퉁불퉁하고, 삐죽삐죽 가지가 뻗어 있다. 그게 생명체가 곧음을 유지하는 방법이다. 콘크리트 벽이나 강철판 같은 것이 곧음이 아니다. 그런 곧음을 추구하면 강박에 빠질 뿐이다. 결국 자기에게 유리하게 해석하거나, 기억을 왜곡하게 된다. 아무리 곧다고 주장해도, 주변 사람에게는 바늘구멍으로 세상을 보는 사람 취급을 받게 된다.

사람이란 옳게 살려는 본능이 있다. 내가 휜 곳을 알고만 있으면 느리게라도 점점 바로잡히기 마련이다. 하지만 옳다는 소리를 들으려는 본능에 매달려 휜 곳을 외면하면 절대 펴지지 않는다. 휜 곳을 편하게 받아들이는 것. 그것이 용서다.

> 공자께서 "삼아, 나의 도는 하나로 꿰었다"고 하시니 증자가 "그렇습니다"라고 답을 했다. 공자께서 나가시자 문인들이 "무업니까?"라고 물었다. 증자가 답했다. "충과 서다."

子曰 參乎 吾道 一以貫之 曾子曰唯 子出 門人 問曰 何謂也 曾子曰
자왈 삼호 오도 일이관지 증자왈유 자출 문인 문왈 하위야 증자왈
夫子之道 忠恕而已矣 　　　　　　　　　　　　　　　(이인, 15장)
부자지도 충서이이의

삼參은 증자의 이름이다. 공자 만년에 수석 제자의 노릇을 한다. 충은 앞에서도 몇 번 이야기했다. 마음의 중심이 잡혀 있는 것이 충이다. 그런데 서恕는 뭘까? 용서다. 단 억지로 참고 봐주는 용서가 아니라, 마음이 통하고 이해가 되어 나오는 용서, 그것이 공자가 말하는 '서'다. 기존 주석들에 보면 여러 가지 어려운 말로 풀고 있지만, 진정한 용서가 무엇인지를 안다면 그냥 용서로 풀어도 충분하다. 기존 주석들이 서를 철학적으로 풀려고 애쓴 데는 이유가 있다. '왜 충과 서가 같이 묶였을까?' 이 질문의 답이 잘 안 나오기 때문이다. 경직을 옳음이라고 생각하는 사람들이 보면 충은 자신들의 입맛에 맞는 딱딱한 단어다.(물론 이런 해석도 잘못이다.) 하지만 서는 느낌이 좀 말랑말랑하다. 서를 딱딱한 느낌이 나도록 해석하려고 하니 개구리 턱에 수염이 나도록 생각해도 묶을 방법이 안 떠오르는 것이다. 어떤 해석은 그냥 충과 서를 중요한 순서대로 1번, 2번을 고른 것처럼 설명한다. 아니다. 일이관지一以貫之다. 한 세트라는 말

이다.

'군대에서 사람을 쓰는 법'이라는 이야기가 있다. 제2차 세계대전의 영웅 몽고메리 장군이 한 말로 알려져 있지만, 사실은 독일의 오래된 속담이라고 한다. 내용은 이렇다. 머리 좋고 부지런한 사람은 참모에 적합하고, 머리 좋고 게으른 사람은 지휘관에 적합하다. 머리 나쁘고 게으른 사람은 사병에 적합하고, 머리 나쁘고 부지런한 사람은 조직에 해가 되는 사람이니 전역시키는 편이 좋다.

충이란 '늘 최선을 다하는 것'이라고 말한다. 그런데 뭐가 최선인데? 누구도 그 답을 모른다. 사람들의 충이란 정확하게는 '자신이 최선이라고 생각하는 일을 꾸준히 하는 것'이다. 문제는 자신이 최선이라고 생각하는 것이 실제의 최선과 얼마나 가까우냐는 것이다. 엉뚱한 일, 하지 말아야 될 일에 부지런한 사람은 차라리 게으른 사람만도 못하다. 자존 마당에서 이야기했듯이, 아이히만이 한 일도 굳이 말하자면 충이다.

사람은 믿음에 따라 움직인다. 믿음이 강할수록 흔들리지 않는다. (그래서 마음의 중심을 잡는다는 충忠=中+心이 '믿고 따라 간다'와 '늘 최선을 다한다'라는 두 가지 의미를 더 가지게 된 것이다.) 그런데 그 믿음이 잘못된 것이면 재앙이다. 그렇다면 절대진리를 깨달을 때까지는 늘 의심하고 회의에만 빠져 있어야 할까? 그렇게 해서는 아무것도 할 수가 없다. 최선은 충을 가지고 일하되, 늘 귀를 열어놓고 있는 것이다. 귀를 열게 해주는 것이 '서'다.

서恕는 '如(같다)+心(마음)'이다. 여如는 동同과는 다르다. 동은 완전히 같은 것이다. 여는 같아 보이지 않지만 같은 것이다. 속성이 같은 것, 같은 의미를 가지는 것, 비슷한 정도의 가치를 가지는 것, 그것이 여다. 마음의 여를 깨닫는 것이 서다. 나와 다른 행동을 보고, '저 사람도 마음의 뿌리는 나와 같은데 이런저런 사정 때문에 저렇게 행동하는 것이구나'를 이해하는 게 용서다.

남에 대한 자세만이 아니다. 자신에 대한 자세가 더 중요하다. 자신의 과거 행동이 다 옳았다고 주장하고 싶은 마음은 자신이 틀렸었다는 걸 용서하지 못하기 때문에 나온다. 마음은 옳아도 행동은 틀릴 수 있다. 마음의 뿌리를 보는 눈을 키우면 그 옳은 마음을 잘못된 행동으로 나오게 만드는 환경요인이 보인다. 그게 보이기 시작하면 환경을 극복할 요령도 터득할 수 있다.

자공이 "한마디 말로 종신토록 행할 만한 것이 있습니까?"라고 물었다. 공자께서 답했다. "용서다. 내가 하고자 하지 않는 것을 남에게 베풀지 마라."

子貢 問曰 有一言而可以終身行之者乎 子曰 其恕乎 己所不欲 勿施於
자공 문왈 유일언이가이종신행지자호 자왈 기서호 기소불욕 물시어
人
인
(위령공, 23장)

용서란 단순히 참는 것이 아니다. 그 마음을 알아주는 것이 용서다. 그래야 곧음이 경직에 빠지지 않을 수 있다.

이 문답에서 베푼다는 말이 참 새길 만하다. 이 말의 뜻이 어려우니 '시施'를 시킨다는 뜻으로 해석하기도 한다. 네가 싫은 일은 남도 시키지 말라는 것이다. 이 정도만 해도 꽤 괜찮은 태도다. 그런데 시施를 시킨다는 뜻으로 쓰는 경우는 드물다. '베풀다'로 보는 것이

옳겠다. 사람은 싫은 일을 베푸는 경우가 많다. "옳은 일이니, 보답이 오는 일이니 싫더라도 참고 해라"는 태도가 그것이다. 좋은 결과를 얻을 기회를 베푼다고 생각하는 것이다.

사람들은 진보적 가치가 소중하다고 생각한다. 불평등을 줄이자는 것은 옳은 일이다. 하지만 진보에 표를 많이 주지는 않는다. 왜 그런 걸까? 진보적 행동을 한다는 것이 옳음을 위해 나를 희생하며 가는 길이라고 생각하기 때문이다. 그렇다면 진보 노선을 걷는 정치인은 왜 그 길을 가는 것일까? 그렇게 하는 것이 마음 편하기 때문이다. 그것이 떳떳하다고 느끼기 때문이다. 이게 중요하다. 진보 진영에 머리에 띠를 두르고 비장한 어투로 말하는 정치인만 있던 시절에 진보가 얻는 표는 정말 부끄러울 정도였다. 옳은 일이니 따라오라고 해서는 사람들은 쉽게 따르지 않는다.

진보 진영이 그나마 표를 얻기 시작한 것은 여유가 있는 진보, 농담도 할 줄 아는 진보가 나온 다음이다. 노회찬 씨 얼굴에서 보이는 그 여유로움, 그가 구사하는 유머는 진보적 사고가 당당함, 떳떳함이라는 '이득'을 준다는 것을 전달한다. 그때 비로소 사람들은 표를 주기 시작했다. 하고 싶은 말을 당당하게 한다는 것은 얼마나 통쾌한가? 그 느낌을 알아야 진보를 하고 싶어지는 것이다.

시키지 말아야 한다. 베풀지도 말아야 한다. 내가 내키지 않는 일을 함께 하자고 하면 옳음도, 곧음도 배척받기 시작한다. 그저 내가 그리 살아서 당당하고 편안한 것을 보여주면 사람들이 알아서 따라오게 된다. 그러려면 남이 따라오기 싫어하는 마음을 알아야 한다. 손해를 피하려는 마음을 느끼고, 용서해야 한다. 네 삶이 틀렸다라고 말하지 말아야 한다. 내 삶이 편하다고 말해야 한다. 그것이 서恕다.

공경함이 적절치 못하면 수고롭고, 삼감이 적절치 못하면 소심해지고, 용맹함이 적절치 못하면 어지러워지고, 곧음이 적절하지 못하면 박정해진다. (그래서) 군자가 가까운 이에게 돈독하게 하면 백성이 어짊에 감동할 것이요, 옛 친구를 잊지 아니하면 백성도 배반하지 않을 것이다.

子曰 恭而無禮則勞 愼而無禮則葸 勇而無禮則亂 直而無禮則絞
자왈 공이무례즉로 신이무례즉사 용이무례즉란 직이무례즉교
君子篤於親 則民興於仁 故舊不遺 則民不偸 　　　　(태백, 2장)
군자독어친 즉민흥어인 고구불유 즉민불투

예禮란 그 자체로 책 한 권은 될 만한 내용이라 여기서 간단히 말하기는 힘들지만, 예에는 행동 요법의 의미가 있다. 비교 마당에서, 경쟁심에서 쉽게 빠져나오지 못할 경우 비교의 태도를 바꾸려고 노력하다 보면 경쟁심이 누그러진다고 한 바 있다. 사람은 생각에 따라서만 움직이는 건 아니다. 사람에게는 자기 행동을 긍정적으로 평가하려는 경향이 있다. 먼저 행동을 하면 마음이 이를 따라가는 경우도 많다는 것이다. 마음을 바로잡는데 적절한 행동 요령이 예禮다.

위 문장에 나온 '예'는 모두 '적절함'으로 번역했다. 예의 필요성에 관한 좋은 문장이 나왔는데, 하나씩 다 이야기하려면 주제에서 너무 벗어난다. 앞의 셋은 넘어가고 곧음直에 관한 이야기만 하자. "박정해진다"고 옮긴 교絞는 '교수형에 처한다'고 할 때의 그 교다.

나의 곧음을 남에게 강요하는 것은 남을 목 조르는 행위나 마찬가지다. 사람은 가까운 사람이나 옛 벗을 대할 때는 어떻게든 이해하려고 노력을 한다. 서恕가 더 쉬워진다는 것이다. 그런 태도를 모든 사람에게 가질 수 있으면 그것이 군자다.

곧음이란 내 마음에 상처를 남기지 않는 일이다. 사실을 사실대로 받아들이고 털 것은 털어가며 사는 것이다. 사람은 늘 변한다. '과거엔 내가 그렇게 어리석었지' '그땐 그렇게 마음만 급했지'라며 허허 웃을 수 있는 것이 진짜 곧음이다. 나에 대해서도, 남에 대해서도 그런 마음이 없으면 옳음은 남과 나를 척지게 만드는 칼날이 된다. 충과 서가 세트로 되었을 때 옳음은 나를 떳떳하게 만드는 벗이 된다.

아
홉
째 마
당

●

어짊

사람은 공감능력을 가지고 태어난다. 내 앞의 사람이 괴로움을 느끼면 나 역시 그렇게 느끼게 되어 있다. 사람이 어질어지는 것은 내 앞의 사람이 편해야 나 역시 편할 수 있기 때문이다.

아프냐? 나도 아프다!

어짊이 멀리 있는가? 내가 어짊을 원하면 어짊은 이르는 것이다.

子曰 仁遠乎哉 我欲仁 斯仁至矣
자왈 인원호재 아욕인 사인지의   (술이, 29장)

왜 우리는 영화를 보며 울고 웃는 것일까? 주인공이 위기에 빠지면 가슴이 조마조마하고, 손에 땀을 쥐는 것은 왜일까? 비슷한 기억을 떠올리게 만들기 때문일까? 아니다. 경험이랄 것이 거의 없는 신생아도 유사한 반응을 보인다. 큰 산부인과 병원의 신생아실에는 아이들이 여럿 누워 있다. 그중 한 아이가 울면 다른 아이들도 이유 없이 따라 우는 경우가 많다. 이렇게 감정의 공유는 사람의 본능적 행동이다.

어짊의 기본 역시 감정의 공유다. 어진 사람이란 남에게 모질게 대하지 못하는 사람이다. 그렇다고 순하고 위축되어 있는 사람이나, 자기 주장도 못하는 소심한 사람을 어질다고 하지는 않는다. 남의 감정을 내 감정처럼 느끼기 때문에 모질게 못하는 사람, 그런 사람을 어진 사람이라고 한다. 그렇다면 옛말로 어짊, 요즘 말로 감정 공유 기능인 이것은 마음을 닦아야 얻어지는 것일까? 공자는 아니라고 말한다. 멀리 있지 않다는 말은 열심히 노력해야만 얻어지는 건 아니란 의미다. 원래 내 안에 있다는 것이다. 탁해지지만 않는다면 자연히 작동하는 것이라는 뜻이다.

감정의 공유가 본능이라는 과학적인 증거는 많다. 우리에게는 미러 뉴런mirror neuron이라는 게 있다. 우리말로 하면 '거울 신경세포' 정도가 되겠다. 사람은 무의식중에 자기 앞에 있는 사람의 행동이나 표정을 따라하는 경우가 많다. 보는 것만으로도 그 동작과 관련된 뇌 영역의 신경세포가 활성화되기 때문이다. 이렇게 반응하는 신경세포를 미러 뉴런이라고 한다. 이는 단순히 따라하는 것일 뿐이지, 감정과는 관련 없지 않으냐는 반론이 있을 수 있겠다. 그렇지 않다. 표정과 감정은 긴밀히 교감한다.

비슷한 실험이 여럿 있지만, 1988년 독일 심리학자 프리츠 스트랙Frits Strack 박사가 한 '정서유발 실험'이 가장 유명하다. 피실험자들을 두 그룹으로 나눠서 한 그룹은 입술을 모아 연필을 물게 했다. 그러면 뾰로통한 표정이 된다. 다른 그룹은 이빨로 물게 했다. 이 사이가 벌어지고, 입술을 올려야 하니 웃는 표정에 가까워진다. 그 상태에서 책을 읽게 했다. 결과가 어땠을까? 웃는 표정을 지으며 읽은 그룹이 더 재미있게 읽었고, 내용도 더 잘 기억하고 있었다. 사람의 뇌는 즐거울 때 웃음 짓는 반응만 하는 게 아니다. 웃으면 즐거워지는 반응도 강하다. 심지어 실제 웃는 것이 아니라 비슷한 표정만 지어도 뇌는 반응을 한다. 이러한 정서(감정)유발 실험은 다른 학자들에 의해 다른 표정에 대해서도 많이 시도되었다. 대부분 표정은 감정을 유발한다는 결론이 나왔다. 이 둘을 묶어보면 감정이 공유되는 원리가 나온다. 다른 사람의 표정을 따라하거나, 동작은 억제되더라도 그 표정과 관련된 뇌의 영역이 활성화되면 인간은 내 앞에 있는 사람과 비슷한 감정을 느낀다.

본능의 특징 중 하나는 동물과 사람에게서 같이 발견된다는 것이다. 동물에게 강제로 표정을 짓게 할 수는 없으니 정서유발 실험은 불가능하다. 하지만 미러 뉴런 쪽은 MRI(자기공명영상장치)의 도움을 받을 수 있다. 다른 놈의 행동을 볼 때 어느 영역이 활성화되는가를 보면 된다. 그렇다면 동물에게도 미러 뉴런이 있을까? 그렇다. 미러 뉴런이 최초로 발견된 것도 사람이 아니라 짧은꼬리원숭이에게서였다. 1997년 이탈리아 파르마대학교 연구팀에서는 짧은꼬리원숭이의 뇌에 전극을 꼽고 관찰하고 있었다. 동작에 따라 활성화되는 뇌 영역을 찾는 실험이었다. 그런데 직접 움직일 때만이 아니라, 다른 원숭이나 사육사의 동작을 보는 것만으로도 그와 관련된 운동 뉴런이 활성화되는 걸 발견한 것이다.

짧은꼬리원숭이에게 있으니, 이보다 뇌가 발달된 침팬지나 오랑우탄 같은 영장류에게는 당연히 존재한다. 최근에는 지능이 더 떨어지는 동물에게서도 발견되고 있고, 심지어 조류에서도 발견된다는 보고까지 있다. 아마 미러 뉴런 시스템은 처음에는 모방을 통한 학습을 위해 생겨났을 것이다. 이후 진화 과정에서 복잡한 감정을 가지는 동물이 만들어지면서 감정의 공유까지 가능하도록 발달한 것인 듯하다. 하등 척추동물에서는 주로 모방 기능을, 고등 척추동물에서는 공감 기능도 함께 담당하는 것이 미러 뉴런 시스템이다.

감정 공유는 원숭이 정도만 되도 중요하다. 발달된 지능을 가지고 집단생활을 하는 동물에게는 더욱 중요하다. 여러 번 말했듯이 인간은 그리 뛰어난 신체적 조건을 가지지 않았는데도 집단 대응 능력 덕분에 지구상 최강자로 등극했다. 이것이 언제부터 가능했을까? 언어의 발달 이후부터? 아니다. 구강 구조가 다양한 발음을 구사할 정도로 진화하지 않은 단계에서 이미 협업으로 대형 포유류를 사냥한 흔적들이 나온다. 언어가 없어도 소통할 수 있었던 건 공감 능력 덕분이다. 공감은 외마디 비명이나 지를 수 있었던 시절에 이미 우리의 뇌 속에 탄탄히 자리를 잡고 있었던 족보 있는 본능이다.

사람은 남의 고통이나 위험을 내가 겪는 일처럼 느낀다. 사람이 어진 일을 하는 것은 그렇게 하지 않으면 내 마음이 아프기 때문이다. 우물에 빠지려는 아이를 보면 달려가게 되는 것은 빠지는 모습을 보면 내 가슴이 다치기 때문이다. 세월호 참사 현장에서 쪽배를 몰고 많은 생명을 구한 동네 어민들은 사람을 구했다고 뿌듯해하기보다는, 구하지 못한 이들이 가슴에 밟힌다. 그래서 몇 달을 술에 의지하지 않으면 잠을 자지 못했다고 한다. 그게 사람이다. "아프냐? 나도 아프다!"라는 말은 드라마에서만 나오는 말이 아니다. 모두가 느끼는 공통적인 본능이다.

어짊의 물길을 따라 흐르는 것들
어질게 사는 게 유리한 까닭

요즘 세상은 어짊을 '경쟁을 포기한 낭만주의자에게서나 관찰되는 시대에 뒤떨어진 특성'으로 취급한다. 그 말이 맞다면 어짊이란 진화가 덜 되어 쓸데없이 남아 있는, 극복해야 할 본능에 불과하다. 과연 그런 걸까?

자존·옳음·곧음과의 관련에서부터 이야기를 풀어나가 보자. 자존감이 올라가면 옳음이나 곧음을 추구하는 경향도 올라간다. 하지만 역도 성립한다. 자존감이 어느 정도 이상 올라가려면 옳음이나 곧음을 지키는 것이 필요하다. 그런데 이 역이 성립하려면 조건이 있다. 나의 옳음이나 곧음을 주변에서 편하게 받아들이고, 이를 인정해주어야 한다. 문제는 나의 로맨스를 남은 스캔들이라고 부르는 경우가 많다는 것이다. 옳음/곧음의 짝과 독선/배제의 짝은 언뜻 보면 비슷해 보이기 때문이다.

옳음이나 곧음이 독선이나 배제로 흐르지 않도록 하는 관건은 어

269

디에 있을까? 살아 있는 소와 고기를 먹기 위해 죽인 소의 화학 성분은 거의 차이가 없다. 하지만 워낭 소리를 울리며 다가와 쓰다듬어주기를 기다리며 커다란 눈을 끔뻑이는 오랜 친구와, 도축장에 누워 해체를 기다리는 소의 사체는 전혀 다르다. 그 차이는 '숨'에서 생겨난다. 옳음이나 곧음이 독선이나 배제가 되지 않으려면 숨을 쉬어야 한다. 옳음·곧음에 숨을 불어넣는 것, 그것이 어짊이다.

어짊이 행동으로 드러나는 것이 덕이다. 숨어 있는 어짊을 이야기하기 앞서, 겉으로 드러나는 덕에 대한 이야기를 몇 개만 보자.

덕은 외롭지 않으니, 반드시 이웃이 있다.

子曰 德不孤 必有隣   (이인, 25장)
자 왈   덕 불 고   필 유 린

좋은 말이다. 그런데 눈물 맛이 살짝 느껴진다. 이런 말 하는 사람 있을까? "사탕은 쓰지 않으니 필히 단맛이 있다糖不苦 必有甘." 없을 것이다. 누구나 아는 이야기니까. 그래서 눈물 맛이 난다. 덕이 외롭지 않다는 것을 굳이 말하고 있다. 뒤집어 생각하면, 세상이 덕의 결과를 외로움으로 돌려주는 경우가 많기 때문에 나온 말이다.

나는 덕이라고 여겼는데, 보답을 받지 못하는 경우가 있다. 꽤 흔하게 있다. 지나치게 베풀어 의심을 사기도 하고, 빚진 마음을 들도록 하는 바람에 피하게 만들기도 한다. 열등감을 줘서 반감을 사는 경우도 있고, 상대를 의타적으로, 도움을 당연하게 느끼는 사람으로 변하게끔 하기도 한다. 그런데 이 모든 것에 공통점이 있다. 상대에 따라 적절히 반응하지 못하고, 내 마음대로 퍼 주는 경우다.

자공이 물었다. "마을 사람이 그 사람을 다 좋아하면 어떻습니까?(어떤 사람입니까?)" 공자께서 답했다. "부족하다." "그럼 마을 사람이 다 싫어하면 어떻습니까?" 공자께서 다시 대답했다. "부족하다. 마을 사람 중 착한 사람이 (그를) 좋아하고, 착하지 못한 사람이 (그를) 싫어하는 것만 못하다."

子貢問曰 鄕人 皆好之 何如 子曰 未可也 鄕人 皆惡之 何如 子曰 未
자공문왈 향인 개호지 하여 자왈 미가야 향인 개오지 하여 자왈 미
可也 不如鄕人之善者好之 其不善者惡之   (자로, 24장)
가야 불여향인지선자호지 기불선자오지

이를 착한 사람만이 착한 사람을 알아본다는 식으로 해석하는 경우도 있는데, 그건 너무 나갔다. 편가르기 냄새도 난다. 그저 모든 사람에게 좋은 평을 들으려 하지 말라는 정도로 받아들이면 될 것이다. 여기서는 불선不善이 문제인데, 이 역시 악인惡人이라는 식으로 무리하게 해석할 필요는 없겠다. 그저 '자신의 이익에 집착하는 것' 정도로 이해하고 넘어가자.

사람을 좋아하고 싫어하는 기준이 자신에게 이득이 되는지 안 되는지로만 치우쳐 있는 사람이 있다. 이런 사람에게 호감을 얻으려면 무조건 베푸는 수밖에 없다. 하지만 그래도 쉽지는 않다. 왜 남보다 덜 주느냐고 시비를 걸기 때문이다. 어쨌든 호감을 얻으려면 베푸는 게 그나마 최선이다. 그런데 공자는 그런 사람이 싫어하는 것은 그냥 놓아두라고 한다. 만일 베푸는 것이 덕이라면 덕을 중시하는 공자의 입장에서는 많이 베풀어서 싫어하는 사람이 없도록 만들라고 했을 것이다. 하지만 그러지 말라고 한다. 베푸는 것이 덕의 핵심은 아니라는 말이다.

군자는 덕을 품고, 소인은 땅을 품는다. 군자는 형刑을 품고, 소인은
혜택을 품는다.

子曰 君子 懷德 小人 懷土 君子 懷刑 小人 懷惠 　　　　(이인, 11장)
자왈 군자 회덕 소인 회토 군자 회형 소인 회혜

　내 어머니는 어렸을 땐 꽤 넉넉하게 사셨다고 한다. 지금은 북한
땅이 된 장단면에서 알아주는 집이었단다. 그런데 외증조모님이 정
이 많으셨단다. 어려운 사람이 있으면 외증조부님 몰래 곡식을 퍼
다 주기도 하고, 심지어 겨울날 입은 옷을 벗어주고 홋저고리 차림
으로 들어오신 적도 있다고 한다. 어쨌든 여유 있는 집이다 보니 딸
인데도 어머니를 서울로 유학을 보냈다. 그런데 6·25전쟁이 터진
것이다. 좋은 집에서 곱게 커서 스물한 살 되도록 세상 물정 모르는
아가씨가 두 동생을 데리고 피난가면서 책 보따리를 지고 나섰다.
　구하기 힘든 책들이었을 테니 이해는 가지만, 그래도 달랑 이틀
치 먹을거리 외에는 책만 가지고 피난을 갔다는 것이 좀 황당하기
는 하다. 가다가 강에 빠졌는데, 그만 책이 다 젖어버렸다. 메고 가
기는 너무 무겁고 차마 버리지는 못하고, 길가의 양지바른 언덕에
책을 펼쳐놓고 말리고 있었단다. 사람들이 다 혀를 쯧쯧 차며 지나
가는데 누군가가 "아니, 아가씨가 웬일입니까?" 하더란다. 장단면
이웃에 살던 사람이었다. 아무 말 않고 책들을 끌고 가던 우마차에
싣더니, 세 남매보고 타라고 했다. 어머니는 요즘도 가끔 이야기하
신다. 그때 그 양반 못 만났으면 어머니도, 이모도, 외삼촌도 다 죽
었을 거라고.
　난리통에 우마차에 남을 싣고 간다는 게 쉬운 일이 아니다. 단순

히 쌀 몇 되 퍼 주었다고 되는 일이 아니다. 주고도 욕먹는 경우도 많기 때문이다. 그런데 외증조모님 일화를 들어보면 이해가 된다. 외증조모님이 마을길을 가다 보니 어느 집에서 쌀겨를 끓이더란다. "개밥 끓이우?"라고 물었더니 주인이 "아니요, 사람 먹을 겁니다" 했다. 쌀겨에 붙은 쌀가루 조금이라도 우려내어 먹으려 한 것이다. 집에 돌아오시더니 손녀(어머니)를 붙잡고 "내가 큰 잘못을 했다. 그 사람이 얼마나 민망했을꼬" 하셨다. 그러더니 "안되겠다" 하고는 보리쌀 한 주머니를 담고 가셨다는 것이다. 주는 것이 핵심이 아니다. 그 사람의 민망함을 느끼고, 사람을 민망하게 만들었다는 것을 미안해하는 그 마음이 핵심이다. 그런 마음으로 줄 때, 어찌 교만함이나 건방이 낄 수 있겠는가. 그런 마음이 쌓여 난리통에 손녀를 구하게 만든 것이다.

사설은 여기까지만 하고 논어로 돌아가보자. "군자는 덕을 품고, 소인은 땅을 품는다. 군자는 형을 품고, 소인은 혜택을 품는다"고 했다. 회懷는 '품에 안는다' 혹은 '마음에 깊이 새긴다'라는 의미다. 여기서는 '중요하게 생각한다' 정도로 보면 되겠다. 덕과 땅을 대비시킨 것이 참 문학적이다. 땅은 작물을 가꾸는 곳이다. 요즘은 투기 대상의 의미가 더 크다고? 그럼 돈을 심어 돈을 가꾸는 곳이라고 하자. 어쨌든 무언가 구체적인 것을 가꾸는 곳이 땅이다. 덕도 가꾼다. 덕이라는 밭에서는 사람 사이의 관계라는 곡식이 자란다. 그런데 군자가 형刑을 마음에 품는 것은 왜일까? 형벌을 받는다는 것은 사람 사이의 관계에서 해서는 안 될 일을 저질렀다는 것이다. 덕의 밭에서 애써 가꾼 관계를 망가뜨리는 일이다.(요즘은 옳은 일을 하다가

273

형을 받는 사람도 많은 세상이 되어버렸지만, 원칙은 그렇다는 것이다.) 그래서 형을 마음에 품는다. 옳은가 아닌가를 행동의 기준으로 삼는다. 그러나 소인은 구체적인 것에만 관심이 있다. 혜택의 유무에 마음을 쓴다. 이득이 된다면 타인의 평가는 신경 쓰지 않는다.

덕이 관계를 만드는 이치는 당연하다. 사람은 내 마음을 알아주는 사람에게 호감을 품고, 반응을 한다. 왜 그럴까? 남에게 옳다는 평가를 받고 싶은 본능은 본능 중에서도 아주 강한 축에 든다. 남이 내 마음을 알아준다는 것은 최소한 내 감정이 터무니없지는 않다는 걸 인정해주었다는 의미다. 그래서 그 덕을 마음에 새긴다. 하지만 공감이 없는 덕은 덕이 아니다. 돌아오지 않는다. 자신은 덕이라고 생각했는데도, 외로워지는 것은 그 때문이다. 어짊이 없는 옳음은 상대의 부끄러움을 자극해 반감을 사게 만든다. 강박으로 행하는 옳음은 "그래? 너 어디까지 하나 보자"라는 심리를 자극해서 오히려 상대가 나를 괴롭히게 만드는 경우까지 생긴다.

어짊의 가치를 정리해보자. 어짊과 어짊의 외적 표현인 덕은 언젠가는 내게 보답으로 돌아온다. 이것이 첫번째 가치다. 땅이 먹고 사는 것에 도움을 주듯, 덕도 도움을 준다. 덕은 투자다. 당장 보답이 돌아오는 경우는 많지 않다. 아무래도 덕을 베푸는 사람이 받는 사람보다는 여유 있는 경우가 많기 때문이다. 하지만 내가 힘들어졌을 때, 그때 투자분이 이자를 붙여 돌아온다. 내가 직접 못 받으면 내 손녀라도 받는다. 보통 사람도, 심지어 지독한 소인이라도 어느 정도의 이타 본능은 있다. 오랜 진화는 덕 있는 사람이 섞여 있는 게 집단에 유리하다는 인식을 본능에 새겨 놓았다. 그래서 집단은 덕이 있는 사람을 보호한다.

하지만 덕은 어음으로 치자면 회수기간이 너무 긴 경우가 많다. 때론 부도도 난다. 그래서 당장의 이익에 목을 매다는 세상이 될수록 덕은 무시받는다. 하지만 두번째 가치가 있다. 옳음과 곧음을 편하게 행할 수 있도록 도와 자존감을 올릴 수 있게 해준다. 쉽게 말해 나는 옳게 살고 싶은데, 그 옳음 때문에 주변과 척을 지게 되면 그렇게 살기 힘들다. 이를 해결해주는 것이 어짊이다.

의로움이 부정적으로 받아들여지는 가장 큰 이유는 의로움을 내세우는 사람이 남을 의롭지 못하다고 비난하는 경우가 많기 때문이다. 상대의 마음이 읽히지 않으면 비난이 앞서게 된다. 그러면 옳게 살려는 본능보다 더 강한 본능, 즉 옳다는 소리를 들으려는 본능을 자극한다. 상대는 마음이 급해진다. 옳음의 길로 들어서는 것은 나중 문제다. 일단 자신이 옳지 않다고 주장하는 사람의 입을 막는 것이 급해진다. 이것이 비난으로 사람을 바꾸는 일이 어려운 이유다.

옳게 살려는 것은 사람의 본능이다. 옳은 길을 택하지 못하는 까닭은 불안이든 열등감이든, 무언가 발목을 잡는 게 있기 때문이다. 그 마음이 읽히면 분노보다는 측은한 마음이 앞서게 된다. 그럴 때 사람은 비난을 자제한다. 어짊은 옳음에 동참을 권유하는 원만한 방법으로써 나와 남의 좋은 관계를 길러낸다.

옳음이나 곧음만이 아니다. 어질면 자유로워질 수 있다. 자존 마당에서 "군자는 그릇이 아니다君子不器"라는 말을 했다. 그런데 그게 쉬운 것이 아니다. 사람은 전형성에서 벗어난 사람을 불편해한다. 내가 그릇에 갇히지 않으려 하면 사람들은 나를 괴짜라고 부른다.

더 심하면 '꼴통' '또라이'라는 말도 듣는다. 핵심은 불안감이다. 사람은 상대의 반응을 예측할 수 없으면 불안해한다. 그가 어디로 튈지 예상이 안 되기 때문이다. 하지만 공감능력이 뛰어난 사람은 다르다. 다른 이의 마음을 읽으니 당황시킬 일이 없다. 그런 사람이 개성을 추구하는 것은 누구도 뭐라 하지 않는다. 사람들은 그런 사람을 "영혼이 자유로운 사람"이라고 부른다.

면역력으로 감기를 막듯이
뇌과학으로 보는 공감의 가치

앞의 마당과 이어지는 이야기를 먼저 하는 게 편할 것 같아서 옳음, 곧음, 사람과의 관계 개선 등과 관련된 어짊의 가치를 먼저 이야기했다. 하지만 이건 어짊의 가치의 일부일 뿐이다. 어짊의 본격적인 가치는 이제부터 나온다. 공자가 어떤 덕성에 대해 완전히 올인하라며 강조하는 경우는 드물다. 그런데 어짊에 대해서는 다르다.

어짊을 맞닥뜨려서는 스승에게도 양보하지 말라.

子曰 當仁 不讓於師   (위령공, 35장)
자 왈 당 인 불 양 어 사

"스승에게도 양보하지 말라"고까지 말하는 것을 보면 어짊은 그만큼 대단한 가치가 있다는 것이다. 스승에게 배우는 것보다, 어짊을 통해 배우는 것이 더 많다는 말이다.

어짊에 처함이 아름다움을 이루니 어짊에 처하지 않으면 어찌 지혜를 얻겠는가.

子曰 里仁爲美 擇不處仁 焉得知
자왈 이인위미 택불처인 연득지

(이인, 1장)

이인里仁의 이里는 '마을'이라는 명사가 아니라 '처한다'라는 동사다. 하지만 주석을 보면 이里를 '마을'이라는 명사로 취급하는 경우가 더 많다. "마을이 어진 것이 아름다우니, 어진 곳에 처하는 것을 택하지 않으면 어찌 지혜를 얻으리오"로 해석하거나, 혹은 "어진 마을에 살지 않으면 어찌 지혜롭다 하리오(지혜롭다는 평을 얻으리오)"로 해석한다. 어짊은 무언가 감성적인 것이고, 지혜는 이성적인 것이니 안 맞는 느낌이 있어서 그렇게 해석을 하는 것이다. 하지만 발달심리학·인지심리학 등의 연구 결과는 감성과 이성이 물밑 거래를 한다는 사실을 보여준다.

우리는 무질서한 것은 이해하거나 외우기 힘들어한다. 하지만 규칙을 가진 것은 쉽다. 얼핏 보아 무질서해 보이는 것에서 규칙을 찾아내는 능력이 강하다면 똑똑한 것이다. 지능이 담당하는 게 그 일이다. 그럼 그 능력은 어떻게 발달될까? 아기가 뇌를 발달시킬 때 처음 주어지는 과제는 엄마의 행동 패턴을 찾아내는 일이다. 이를 통해 규칙을 이해하는 토대가 형성되는 것이 중요하다. 그게 되면 아기는 생후 36개월부터 사고 능력에서 가장 중요한 역할을 하는 전두엽 발달에 본격적인 시동을 건다. 그렇다면 그때까지 자라는 능력의 핵심은 무얼까? 공감능력이다. 표정을 읽고, 말투를 이해하고, 감정을 느끼는 능력이 이 기간에 주로 형성된다. 이게 안 되면 이후의 논리력·추리력·기억력 모두 발달 지체가 생긴다. 감정 발달이 느린 사람은 이성 발달도 느려진다.

한번 공감능력이 떨어지면 어른이 되어도 이해력이 떨어지게 된다. 앞에서 원시시대 인간의 소통을 담당했던 것이 공감능력이라고 했다. 언어가 발달한 지금도 마찬가지다. 사람 사이의 대화에서 의사 전달이 주로 순수한 내용으로 이루어지는 걸까? 아니다. 동작·표정·억양 등을 무시할 수 없다. 감정뿐만이 아니라, 정보나 지식을 전달할 때도 그렇다. 비언어적인 요소들과 공감능력의 콤비가, 내 두뇌와 상대의 두뇌의 공조를 돕는다. 덕분에 콩떡같이 말해도 찰떡같이 알아들을 수 있게 되는 것이다. 시나리오를 읽는 것과 영화를 보는 것의 차이. 공감능력은 그 정도의 차이를 만들어낸다.

어짊으로 전두엽이 발달되면 남의 마음에 대한 공감능력만 커지는 게 아니다. 내 마음을 다스리는 힘도 커진다.

"원망과 욕심을 극복하고 잘라내어 행하지 않으면 어짊이라 할 수 있습니까?"라는 물음에 공자께서 답했다. "어려운 일이지만 어짊인지는 모르겠다."

克伐怨欲 不行焉 可以爲仁矣 子曰 可以爲難矣 仁則吾不知也 (헌문, 2장)
극 벌 원 욕 불 행 언 가 이 위 인 의 자 왈 가 이 위 난 의 인 즉 오 불 지 야

질문한 사람이 없는데, 이 앞 문장이 공자님 제자인 원헌原憲의 질문이니, 아마 이 역시 원헌의 물음인 듯하다. 원헌은 청렴과 강직으로 유명한 제자다. 사는 모습은 안연과 비슷한데, 더 강직한 버전의 안연으로 보면 되겠다. 원헌이 극복하려 했던 욕심의 뿌리는 두려

278

움에 있다. 넉넉하게 가지고 있으면 안심이 될 것 같기 때문에 욕심을 부채질하는 것이다. 원망은 두려움과 직접 관련은 없지만 간접적으로 연루된다. 두려움이 강하면 현실 인정이 점점 더 힘들어진다. 현실을 받아들이기 힘들면 원망이 많아진다. 어쨌든 원망도 욕심도 안락한 삶을 누릴 조건을 갖추지 못했다고 느낄 때 커지기 마련이다.

그런데 불안과 공포는 누른다고 되는 것이 아니다. 뇌교육 전문지 『브레인』 2011년 8월호에 하버드대 폴 왈렌Paul J. Whalen 교수의 재미있는 실험 내용이 실렸다. 그는 실험자에게 0.01~0.03초 간 공포에 질린 표정을 보여주고, 바로 이어서 무표정한 표정을 0.167초 정도 보여주었다. 0.03초는 우리가 시각 자극을 의식하고 기억하는 데 필요한 최소시간보다 훨씬 짧다. 실험자는 겁먹은 표정을 본 것을 당연히 기억하지 못했다. 하지만 우리 뇌에서 공포 반응을 담당하는 편도체로 가는 혈액량은 증가했다. 이 실험 결과는 두 가지를 의미한다. 하나는, 공포 반응이 그 정도로 예민하다는 것. 또 하나는, 공포나 불안 반응은 원인을 모르는 경우가 많을 수밖에 없다는 것이다. 유령을 상대로 한 싸움은 본디 쉽지 않은 법이다.

감기를 생각해보자. 인간은 세균(박테리아)을 잡는 약은 만들어냈다. 하지만 바이러스를 억제하는 약을 만드는 데는 큰 성과를 거두지 못했다. 감기를 이기는 방법은 아직까지는 몸의 면역력을 높이는 것이 최선이다. 불안과 공포가 감기 바이러스라면 원망과 욕심은 콧물·기침·고열·두통 같은 것들이다. 원헌이 "증상을 억누르면 됩니까?"라고 물으니 공자께서 "그건 면역 증강과는 다른데"라고 대답하신 셈이다. 감정은 눌러서 해소되는 것이 아니다. 감기 바이러스의 접근을 완전히 차단하는 일이 불가능한 것과 마찬가지다. 불안과 공포, 이로 인한 원망과 욕심을 다스리는 방법은 하나밖에 없다. 마음의 여유를 확보하는 방법이다. 내 마음의 뿌리를 보고, 이를 다스리는 방법을 찾아내는 힘 역시 전두엽 발달에 있고, 그 전두엽은 어짊과 공감의 실천을 통해 자라난다.

덕이 있는 사람은 반드시 들을 만한 말을 하지만, 훌륭한 말을 한다고 반드시 덕이 있지는 않다. 어진 사람은 반드시 용기가 있지만, 용기가 있는 사람이라고 반드시 어질지는 않다.

子曰 有德者 必有言 有言者 不必有德 仁者必有勇 勇者不必有仁
자왈 유덕자 필유언 유언자 불필유덕 인자필유용 용자불필유인

(헌문, 5장)

이것 역시 새길 만한 이야기가 많지만, 어질면 용기가 생긴다는 것만 챙기고 가자.

부와 귀는 사람이 바라는 것이나 도리로써 얻은 것이 아니라면 머무르지 마라. 빈과 천은 사람이 싫어하는 것이나 도리로써 얻은 것이 아니라면 떠나지 마라. 군자가 어짊을 떠나면 어찌 이름을 얻겠는가? 군자는 밥 먹는 시간(짧은 시간)도 어짊을 어기지 않으며, 급한 때에도 반드시 그렇고, 넘어지는 역경에 있어서도 그러하다.

子曰 富與貴 是人之所欲也 不以其道 得之 不處也 貧與賤 是人之所惡
자왈 부여귀 시인지소욕야 불이기도 득지 불처야 빈여천 시인지소오
也 不以其道 得之 不去也 君子去仁 惡乎成名 君子無終食之間 違仁
야 불이기도 득지 불거야 군자거인 오호성명 군자무종식지간 위인

造次 必於是 顚沛 必於是　　　　　　　　　　　　　　　(이인, 5장)
조차 필 어 시 전 패 필 어 시

　소유 마당에서 나왔던 문장이다. 미뤄두었던 뒷부분을 마무리하
자. 부귀와 빈천은 어차피 도리를 따라 왔다 갔다 하는 것이다. 그
나마 오는 기회를 잡으려면 어진 편이 유리하다. 사람의 마음을 잘
느끼면 길거리에서 토스트 하나를 팔아도 남보다는 단골 만들기에
좀 더 유리하다. 군자가 이름을 얻는 방법도 다를 게 없다.
　이렇게 어짊이 쌓여 세상을 대하는 요령을 터득하게 되는 것. 그
것이 현명함이다.

　현명한 사람을 보면 같아질 것을 생각하고, 현명하지 못한 사람을 보
　면 자기 안을 살펴라.

　子曰 見賢思齊焉 見不賢而內自省也　　　　　　　　　　(이인, 17장)
　자 왈 견 현 사 제 언　견 불 현 이 내 자 성 야

　어짊이 지혜의 토대가 된다는 사실을 우리 조상들은 옛날부터 알
고 있었다. 현賢이라는 글자가 있다. '현명하다' 할 때의 그 현이다.
현명한 사람은 어떤 사람일까? 똑똑한 사람이다. 하지만 어려운 수
학 문제를 기가 막히게 푸는 사람더러 총명하다고는 해도 현명한
사람이라고는 하지 않는다. 보통은 갈등의 해결을 원만하게 잘 하
거나, 이러지도 저러지도 못할 상황에서 요령껏 잘 처신하는 경우에
'현명하다'고 한다. 결국 현명함이란 사람의 마음을 읽는 데서 나온
다. 거기에 자신도, 또 상황에 관련된 누구도 다치지 않게 하려는 노
력이 곁들여지면 현명한 처신이 나온다. 우리는 그 현을 '어질 현'이

라고 푼다. 현명함은 공감능력에서 자라난다는 것을 이미 알았기에 우리 조상들이 인仁도, 현賢도 둘 다 어짊이라고 푼 것이다.

살다 보면 이리해도 막히고, 저리해도 막히는 경우에 처하는 때가 있다. 아내와 어머니 사이에 낀 남편의 경우나, 회사와 가족 사이에 낀 직장인의 경우가 그렇다. 그럴 때 필요한 것이 현명함이다. 현명한 사람은 먼저 상대의 마음을 헤아린다. 상대가 겉으로 요구하는 상황에 집착하면 길은 안 열린다. 하지만 그 상황을 요구하는 마음을 읽으면 길이 열리는 경우가 많다. 현명한 사람과 같아지라는 것은 방법을 배우라는 것이 아니라, 먼저 상대의 마음을 읽으려 하는 태도를 배우라는 말이다. 하지만 내 마음이 자격지심·공포·불안 등의 정신적 감기에 걸려 있으면 상대의 마음을 읽지 못한다. 현명하지 못한 사람을 보면 자기 안을 살피라는 것은, 어리석은 대응으로 일을 망치는 사람을 보면 그의 마음속 감기 바이러스가 내 안에도 있는지를 살펴보라는 말이다.

어짊, 본능인데 왜 힘들까?
내 속에 내가 너무도 많아서

어짊을 지키는 것이 좋다는 말을 계속했으니, 어떻게 지킬 것인가를 이야기할 차례. 어짊이 본능에 속한다고 했는데, 왜 세상은 점점 모질어져만 갈까? 어짊을 억제하게 만드는 무엇이 있다는 것이다. 그것까지 알아야 어짊을 지켜나갈 수 있다.

오직 어진 사람만이 사람을 좋아할 수 있고, 미워할 수 있다.

子曰 惟仁者 能好人 能惡人
자왈 유인자 능호인 능오인 　　　　　　　　　　　　　　　(이인, 3장)

걸을 수 있어야 뛸 수 있듯이 능력이 따라야만 할 수 있는 일이 있다. 성인이 돼야 결혼할 수 있듯 자격을 갖춰야만 허용되는 일도 있다. 능能이라는 글자는 이렇게 능력이나 자격을 의미한다. 그런데 공자는 "어진 사람만이 사람을 좋아할 수 있고, 미워할 수 있다"고 하신다. 좀 황당하다. '좋아한다/싫어한다'에 웬 기준일까? 좋아하고 싫어하는 것도 어떤 능력이 필요한 걸까? 면허라도 따야 되나? 주석가들도 해석이 만만치 않았나보다. 그래서인지 원문에 없는 '바르게'라는 말을 하나 끼워넣는 경우가 많다. "어질지 못한 이가 좋아하고 싫어하는 기준은 자신에 이익이 되느냐, 아니냐다. 이것은 바르게 좋아하고, 싫어하는 것이 아니다. 오직 어진 사람만이 사람에 대해 바르게 좋아하고, 미워할 수 있다." 이런 식이다. 이런 해석에서는 이익을 무시하는 것이 어짊의 핵심이라는 강박의 냄새가 난다.

'바르게'에 대한 다른 해석도 있다. 선인은 좋아하고, 악인은 미워하는 것이 바른 것이란다. "(아무리 어질더라도) 악인은 미워해야 하는 거야" 혹은 더 나아가 "악인은 미워해야 진짜 어진 것이야" 이런 분위기가 깔린 해석도 간간이 보인다. 편가르기의 냄새, 딱지붙이기의 냄새가 난다. 논어의 다른 곳에는 비슷한 말이 나오지 않는다. 무엇을 피하라, 조심하라, 멀리하라는 말은 종종 나온다. 하지만 미워하라는 말은 없다. 하물며 사람을 미워하라는 말은 더 이상 나오지 않는다.

부산 출신 선배에게 들은 이야기다. 어릴 때 부모님 따라가던 영취산 백운암에 지인 스님이라는 분이 계셨단다. 신도들 따라온 아이들과 자주 어울려 노는데, 성품이 정말 천진스러웠다. 그래서 한번은 배짱 좋게 물어봤단다. "젊은 스님들이 스님보고 큰스님이라고 하시는데, 무슨 큰스님이 화도 잘내고, 웃기도 잘해요?" 스님이 "이누마야! 중이 무슨 목석인 줄 아나?"라고 반문하더란다. 사람은 누구나 감정을 느끼고 표현한다. 감정이 없다면 목석이지 사람이 아니다. 그렇다면 큰스님이 감정을 다스리는 것은 우리와 무엇이 다를까?

사람은 어떤 감정에 빠져들면 그 감정을 한동안 유지하려는 경향이 있다. 독선 마당에서 설명했듯이, 사람의 기억은 지금 상황과 비슷한 것부터 떠오른다. 어떤 사람에 대해 한 번 화가 나면 미운 일만, 한 번 기뻐지면 고운 일만 계속 머리에 떠오른다. 게다가 표현을 하기 시작하면 더 복잡해진다. 우선 내 앞의 상대에 대한 경우다. 화를 내면 인격이 덜 성숙된 사람으로 취급받기 쉽다. 이게 싫으니 화가 날 수밖에 없는 상황이라는 것을 어떻게든 보여주려 한다. 처음에는 그저 화가 났을 뿐이다. 그러나 우리는 이어서 스스로 화를 키운다. 그래야 화가 날 만한 상황이라는 것을 확실히 보여줄 수 있기 때문이다. 호감도 마찬가지다. 사람은 한 번 호감을 가졌던 사람에게는 호감을 계속 유지하려는 경향을 지닌다. 내가 사람 볼 줄도 모르는 멍청한 놈이 되는 것이 싫기 때문이다. 그래서 판단을 바꿀 수밖에 없는 결정적인 증거가 나올 때까지는 웬만하면 호의를 갖고 보는 경향이 있다.

　내 앞의 사람에 대한 감정이 아닌 경우에도 감정은 과장된다. 사람들은 남이 자기와 같은 감정을 가져주기를 원한다. 그래서 상대의 감정 흐름을 자신과 동조시키려 한다. 혼자 코미디 프로를 볼 때는 그저 피식 웃고 말 일도 여럿이 볼 때는 박장대소를 하게 된다. 부정적인 감정은 다른 사람의 인정에 더 예민하다. 슬픈 감정은 남이 몰라주면 몰라준다는 것 자체로 더 슬퍼진다. 분노 역시 마찬가지다. 누가 별일 아니니 화 풀라고 하면 더 화가 난다. 감정은 동조되어 서로가 서로를 부추기며 올라가거나, 동조하지 않는 상대를 바꾸려고 내가 무리하게 올리거나, 그렇게 하는 식으로 올라간다. 때론 남의 동조를 바라지 않으면서도 감정을 스스로 고조시키는 경우도 있다. 자신에게는 긍정적이면서 사회적으로 지탄받을 가능성이 있는 감정의 경우에 그렇다. "술 작작 마시라고? 니가 취한 기분이 얼마나 좋은지 몰라서 하는 말이지" 하는 식이다. 자기 감정을 키워서 얻는 보상으로 남의 비난에 다친 마음을 달래려는 심리다.

　이런저런 이유로 감정의 표현은 과장된다. 그런데 표현이 표현으로 끝나지 않는다는 게 문제다. 강한 표현을 하다 보면 자기 암시 효과에 걸린다. 결국은 감정 자체가 다시 강해진다. 마이크를 스피커 가까이 가져다 놓으면 '삐~'하는 소음이 난다. 남을 의식하고, 남에게 감정을 표현하는 과정에서 스피커(표현)와 마이크(감정) 사이 거리는 자꾸 줄어들게 되어 있다. 감정의 주인에서 감정의 노예가 되는 과정은 그렇게 진행된다.

　한 번 일어난 감정이 내 마음을 움켜쥐고 놓지 않는 이유는 간단하다. 내 속에 내가 너무 강하게 자리 잡고 있기 때문이다. 남을 알려 하지 않고 남이 나를 알아주기만을 원하기 때문이다. 상대의 감정을 느끼려 하지 않고, 내 감정에 맞춰 끌어오려 하기 때문이다. 게다가 자신이 그렇게 감정에 휘둘리는 사람이라는 것을 악착같이 부인하려 하기 때문이다. 마이크를 내 마음에서 적당히 띄워야 한다. 어느 쪽으로? 상대의 마음을 향하게 해야 한다.

상대를 느끼려 하고, 상대에 맞추려 하면 내 감정은 상대의 상태에 따라 달라진다. 눈에 넣어도 아플 것 같지 않은 아기도 때론 미울 때가 있다. 하지만 아기가 웃기 시작하면 부모의 미움이 가신다. 아이의 마음에 내 마음을 맞추었기 때문이다. 그게 차이다. 큰스님도 화가 날 때는 난다. 하지만 거기까지다. 나온 화를 표현할 뿐 더 이상의 화를 지어서 내지는 않는다. 호감도 마찬가지다. 억지로 유지하려 하지 않는다. 그게 우리와 큰스님이 다른 부분이다. 부모가 아이를 보는 마음으로 젊은 스님을, 신도들을 보니 큰스님은 감정이 오고 가는 것이 자유롭다.

결국 내 속에 맺힌 게 많고 콤플렉스가 많으면 어짊은 제대로 작동하지 않는다. 내 감정에 묶이면 감정의 일관성을 유지하려고 상대의 모습을 스크랩하기 시작한다. 지금의 감정에 맞는 모습만 추려서 새로운 허상을 만든다. 어질지 못하면, 사람을 좋아하거나 싫어할 수 없다는 말이 그래서 나온 것이다. 그저 내 마음속에 만들어 놓은 어떤 허상을 상대라고 여기면서 그 허상을 좋아하거나 싫어할 뿐이다. 어질지 못한 사람은 "네가 내는 '삐~'소리 너무 듣기 싫어"라고 말한다. 하지만 그 소리는 상대가 만든 것이 아니다. 내가 만들어 내 머릿속에만 울리고 있는 소리다. 곧음 마당에서도 이야기했듯, 내 마음속에 내가 너무도 많으면 가시나무밖에 자라지 못한다.

어질지 않은 사람은 곤궁함에 오래 처하지 못한다. 어질지 못한 사람은 즐거움에도 오래 머물지 못한다. 어진 사람은 인을 편안하게 느끼고, 현명한 사람은 어짊을 이롭다고 느낀다.

子曰 不仁者 不可以久處約 不可以長處樂 仁者 安仁 知者 利仁
자왈 불인자 불가이구처약 불가이장처락 인자 안인 지자 이인

(이인, 2장)

약(約)은 '묶는다' '약속한다'라는 뜻으로 쓰이는 글자지만, 여기서는 '곤궁하다'라는 뜻으로 해석한다. "곤궁하면 어질기 쉽지 않다"라고 하면 쉬운데, 여기서는 거꾸로 이야기한다. 어짊이 여유가 있다고 자연히 생기는 것만이 아니라 개인의 특성과도 관련된다는 것이다. 그리고 그 특성에 따라 환경에 대처하는 능력이 다르다고 한다.

여기까지는 그래도 어떻게 해석이 될 듯도 하다. 그다음 말은 더 묘하다. 어질지 못한 사람은 즐거움에도 오래 머물지 못한단다. 즐거우면 누구나 느긋해지는 법인데, 뭐가 문제라서 그러는 걸까? 보통은 이렇게 해석한다. "어질지 못한 사람은 안락해지면 더 큰 욕심을 내게 되기 때문에 그 상황에 오래 머물지 못한다"라고. 뭐 말은 되지만 여전히 미흡한 부분은 남는다. 어진 것과 욕심은 무슨 관계일까?

소유 마당에서 "이로움에 의지해 행하다 보면 원망을 많이 하게

된다放於利而行 多怨"라는 문장을 다룰 때 전두엽과 편도체에 대한 이야기를 했다. 보통 전두엽은 논리적 사고와 관련이 있다고 알려져 있다. 정확하게는 뇌의 여러 영역에서 들어오는 정보를 조정하고 행동을 조절하는 영역이다. 그래서 추리 · 계획 · 운동 · 감정조절 · 문제해결 등을 주관한다. 어짊이 전두엽과 관련되는 것은 이해의 중추가 전두엽이기 때문이다. 공감에는 이해도 어느 정도는 필요하다. 상황에 대한 이해력이 떨어지면 한참을 울고 나서 "근데 누가 죽었지?" 하는 꼴이 난다. 그래서 미러 뉴런도 전두엽에 가장 많이 분포한다.(그다음에는 행동을 직접 조절하는 머리 꼭대기 부분인 두정엽에 많이 분포한다.) 그렇다면 어진 사람은 전두엽이 많이 발달된 사람일까? 학술적인 증명은 어렵다. 아직 어짊에 대한 공인된 평가 기준이 없기 때문이다. 그럴 때는 역으로 보는 방법이 있다. 어짊과 가장 대척점에 있는 사이코패스를 살펴보는 것이다. 예상대로다. 대부분의 사이코패스는 전두엽 기능이 심하게 떨어져 있다.

이번에는 편도체다. 편도체扁桃體,Amigdala는 생긴 모양이 아몬드(편도)를 닮았다고 그런 이름이 붙었다. 공포와 혐오의 감정을 주관하는 영역이다. 진화 과정 초기에 발달한 영역이라서 뇌의 안쪽 깊숙이 있다. 공포 또한 원초적인 감정인데, 이 공포가 문제다. 사람은 누구나 공포감을 느낄 때는 남을 챙기기 힘들다. 하지만 인간은 뇌로 들어온 자극이나 뇌에서 발생한 자극에 바로 반응하지 않는다. 일단 전두엽으로 보내서 한 번 거른다. 그래서 이성적인 행동이 가능하다. 문제는 편도체가 지나치게 발달해서 전두엽이 잘 통제를 못하는 경우다. 이렇게 되면 공포나 혐오 반응이 심해진다. 반면 변화와 타인에 대한 포용 능력은 그만큼 떨어진다.

최근에는 정치 성향과 뇌과학의 연계 연구도 활발해서 보수 성향이 강할수록 편도체가 크다는 연구 결과도 나오고 있다. 종북이니 빨갱이니 하는 보수정권의 '딱지붙이기'를 우리는 비도덕의 관점에서 주로 본다. 하지만 꼭 그렇게 볼 것은 아니다. 보수성이 짙어지면 방어적 경향도 짙어진다. 보편에서 눈곱만큼이라도 벗어나면 불안해진다는 것이다. 다른 마당에서 말했던, 강자가 딱지붙이기를 하는 이유 역시 이런 관점에서 보면 이해가 된다.

세상을 적과 나로 나누어 생각하는 버릇이 든 사람은 나를 비판하면 나의 적을 지지하는 사람으로 판단한다. 편도체가 과잉 발달한 사람에게서 나타나는 현상이다. 진보적이라는 사람도 마찬가지다. 마음이 닫힌 진보에게 사람의 소유 본능을 인정하자는 이야기는 모두 보수꼴통의 이야기로 들린다. 먼저 공감이 살아나야 한다. 전두엽이 편도체를 조절할 수 있어야 한다.

원래 이야기로 돌아가보자. 공감능력이 강해지면 여유가 생긴다. 인간은 지구라는 생태계에서 꽤 강자에 속한다. 물론 주변의 잘나가는 같은 종의 사람들과 비교하면 초라한 느낌도 든다. 그러나 시야를 넓혀보면 달라진다. 시설에 맡겨진 아이에게로, 버려진 길고양이에게로, 풀과 나무에게로까지 공감의 폭을 넓히면 내가 할 수 있는 것이 여전히 많다는 사실을 알게 된다. 공감의 폭이 넓은 사람은 자신의 가치를 안다. 초라해지지 않는다. 그래서 여유가 있다.

이런 사람들은 열악한 환경을 잘 견딘다. 그뿐만이 아니다. 주변 사람에게 여유를 전파하기까지 한다. 어질든 아니든 사람이라면 공감능력이 어느 정도는 있다. 그래서 어진 사람 곁에 가면 그 영향을 받아 긴장이 조금은 누그러진다. 그러다 보니 어진 사람 주변에는 그를 돕는 사람이 있기 마련이다. 스스로도 곤궁함을 잘 견디려니와, 정말 어려울 때 나를 돕는 사람이 있기 때문에 맷집이 더 좋아진다. 향을 싼 종이에서는 향내가 나고, 생선을 싼 종이에서는 비린내가 난다고 한다. 내게서 향이 나면 그 향에 이끌려 내 주변에 사람이 모이기 마련이다. 어질지 못하면 이게 안 된다. 내 주변에는 모진 사람만 있다고 투덜대는 사람이 있다. 혹시 자신이야말로 주변을 긴장시키는 사람이 아닌지 되돌아볼 필요가 있다.

어질지 못하면 즐거움에도 오래 못 머무는 것은 또 왜일까? 사람은 자기와 생활환경이 비슷한 사람과 어울리기 마련이다. 사는 것에 여유가 생기면 처음에는 즐겁다. 하지만 조금 지나면 어울리는 사람이 달라진다. 그에 따라 비교 대상도 바뀐다.(이 이야기는 옳음마당에서 지위가 올라간다고 자존감이 올라가지 않는 이유를 설명할 때 언급했다.) 그럼 다시 편도체가 발동된다. 경쟁에서 밀리고 있다는 공포감이 생긴다는 것이다. 이러면 깨진 독에 물붓기다. 불가이장처락不可以長處樂을 보통은 상황 자체에 머물지 못하고 욕심을 부리다가 황금알을 낳는 거위의 배를 가르게 된다는 말로 본다. 하지만 그보다 "(편도체가 이상 발달한 사람은) 어떤 상황도 즐겁다고 오래 느끼지 못한다" 쪽이 더 정확한 해석으로 보인다.

이어지는 말은 어짊과 편안함에 관한 것인데, 앞에서 든 감기 이야기를 떠올리면 이해하기 쉽다. 면역이 강하면 감기에 대한 두려움이 없으니 마음이 편하다. 현명함과 어짊의 관계도 앞에서 이야기했으니 생략하기로 하자.

　뇌과학 이야기를 길게 해서 좀 어렵게 느낀 독자도 있을 것이다. 하지만 결론은 간단하다. 불안이나 위축, 이런 것들이 어짊을 방해하는 요소다. 사람이 방어적이 되기 시작하면 편도체가 자꾸 커지고, 그러다 보면 공감능력이 줄어든다.

> 군자이면서 어질지 못한 사람은 있어도, 소인이면서 어진 사람은 없다.
>
> 子曰 君子而不仁者 有矣夫 未有小人而仁者也　　　　　(헌문, 7장)
> 자왈 군자이불인자　유의부　미유소인이인자야

　첫 구절부터 보자. 앞에서 공자 시절의 군자라는 단어는 '군자의 자격을 갖춘 사람'이라는 뜻과 '지배계급에 속하는 사람'이라는 뜻이 섞여 있다고 했다. 이 문장의 군자는 지배계급에 더 가깝다. 다만 나라를 망치거나, 쫓겨날 정도로 엉망으로 정치를 하는 사람에게는 군자라고 부르지는 않은 듯하다. 즉 첫 구절은 어질지 못해도 남을 다스릴 자격이 있는 사람은 간혹 있다는 말이다. 물론 원칙을 정확히 지킨다든지 하는 등의 다른 덕성이 있어야 가능한 경우다. 첫 구절은 이 정도로 넘어가자. 중요한 것은 그다음이다.

　"소인이면서 어진 사람은 없다"고 단정한다. 군자와 대비되는 소인이란 다스릴 자격이 없는 사람이다. 다스림을 받아야 하는 사람이라는 뜻이다. 어떤 사람이 다스림을 받아야 할까? 주체성이 부족하고 자존감이 떨어지는 사람이다. 자기 운명이 남에 의해 결정되는 이들의 심리는 늘 방어적이고, 불안하다. 그래서 어질 수 없다는 것이다. 이 문장을 보면 가슴이 답답해진다. 우리나라의 교육 때문이다. 군자가 될 수 있는 아이들을 악착같이 소인으로 만드는 교육이 온 나라를 뒤덮고 있으니 어진 사람이 점점 드물어지는 것이다.

어짊의 문제는 선악의 문제와도 관련이 깊다.

진실로 어짊에 뜻을 두면 악할 것이 없다.

子曰 苟志於仁矣 無惡也 　　　　　　　　　　　　(이인, 4장)
자 왈 구 지 어 인 의　무 악 야

'악惡'은 '악할 악'과 '미워할 오'의 두 가지 뜻이 있다. 어느 쪽이 먼저일까? 별 관심이 없다고? 어원 따위에 왜 관심을 두냐고? 아니다. 이게 보기보다는 의미 있는 질문이다. 보통은 악하다는 뜻이 먼저라고 본다. 악한 것은 사람들이 싫어하다 보니 미워한다는 뜻도 가지게 되었다는 것이다. 그런데 이런 발상의 바닥에는 '절대악' '절대선'이 존재한다는 믿음이 깔려 있다. '악'이 있어야 미워할 것이고, '선'이 있어야 좋아할 것이 아닌가. 그런데 과연 그럴까? 선과 악이 칼로 자른 듯 갈라지는 것일까? 그렇게 갈라진다면 사람마다 자기가 선이고, 상대가 악이라고 주장하는 것은 왜일까? 만일 선악의 기준이란 게 우리들 마음의 평가에 불과하다면 어떻게 될까? 순서가 바뀌게 된다. 내가 싫어하는 것이 '미워할 오'다. 여럿이 싫어하는 것은 나쁘다고 낙인이 찍히게 된다. 그게 '나쁠 악'이다.

그런데 '악하다'와 '미워하다'의 원조 다툼에 "둘 다 아니야. 내가 원조야"를 주장하는 게 하나 더 있다. 악은 '나쁘다'와 '싫어하다' 이외에도 많은 다른 뜻을 가진다. '모질다' '거칠다' '사납다' '불쾌하다' '두려워하다' '비방하다' '꺼리다' 등등 스무 개가 넘는다. 여러 식당이 자기네가 원조집이라고 다투는 모습과 비슷하다. 그중 '모질 다'라는 뜻은 제법 많이 쓰이기도 하고, 또 오래된 문헌에도 종종 보인다. '악惡'이라는 글자를 보면 마음 '심心' 위에 버금 '아亞'가 올라가 있다. '아'에 대한 해석도 구구하다. 고대의 감옥 모양을 본떠 만든 것이라는 설, 단순히 음을 딴 것이라는 설, 청동기를 제작하던 거푸집의 모양을 딴 것이라는 설 등이 있다. 그런데 나는 혹시 모난 형상을 본떠 만든 글자가 아닐까 하는 생각을 한다. 사람은 원래 모진 것을 싫어한다. 내 앞의 상대가 모진 모습을 보일 때 내 마음은 불편하다. 무언가 뾰족한 것이 내 마음을 찌르는 듯한 느낌이 든다. 그 기분을 그림으로 표현한다면 어떻게 그려질까? '惡'이라고 표현하는 게 딱 맞을 듯하다. 즉 "쟤 모질어"라는 말이 "나 쟤 싫어"와 "쟤 나쁜 놈이야"의 두 가지 뜻으로 바뀌었다고 보면 '惡'이라는 글자의 의미 변형 과정이 그려진다.(이 단락의 내용은 근거는 없다. 그냥 내 추측이다.)

공자는 "진실로 어짊에 뜻을 두면 악할 것이 없다"고 말씀한다. 직감을 발동시켜보면 어진 사람이 악한 일을 하지 않는 것은 너무 당연하다. 하지만 어질다는 것과 선악의 관계를 굳이 논리적으로 밝히려 들면 생각보다 만만치 않다. 그런데 '모질다'를 사이에 끼우면 쉽다. 상대가 불편해하면 보통은 나도 불편하다. 그래서 공감능력이 뛰어난 사람은 쉽게 모질어질 수 없다. 그렇다면 모진 사람은 어떤 사람일까? 그 불편함을 이길 수 있을 만큼 독한 사람이다. 그럼 사람은 어떨 때 독해질까? 마음속에 맺힌 곳이 있으면 그렇다.

콤플렉스나 트라우마를 건드리면 독해진다. 맺힌 것이 독한 것이 되고, 독한 것이 모진 것이 되고, 모진 것이 악한 것을 낳는다. 상대의 마음을 받아들이는 열린 마음이 있으면 내 마음에 맺히는 것이 없다. 맺히는 것이 없으면 모질어지지 않고, 모질어지지 않으면 악해지지 않는다. 그것이 어짊이다.

어짊, 느끼는 것과 실천하는 것은 다르다
어짊도 할 수 있을 만큼만

이제 어짊의 이야기를 마무리할 때가 되었다. 어짊이 본능이라면 이를 어느 정도로 작동시키는 것이 적절할까?

재아가 물었다. "어진 사람은 만일 우물 속에 사람이 있다고 하면 따라 들어갑니까?" 공자께서 답했다. "어찌 그러겠느냐. 군자는 (우물까지) 가게 할 수는 있지만 빠지게 할 수는 없으며, 속일 수는 있지만, 갇히게 할 수는 없다."

宰我 問曰 仁者雖告之曰 井有仁焉 其從之也 子曰 何爲其然也 君子
재 아 문 왈 인 자 수 고 지 왈 정 유 인 언 기 종 지 야 자 왈 하 위 기 연 야 군 자
可逝也 不可陷也 可欺也 不可罔也 　　　　　　　　　　(옹야, 24장)
가 서 야 불 가 함 야 가 기 야 불 가 망 야

재아宰我는 공자의 제자 가운데 가장 현실적인 인물이다. 공자께 까칠한 소리도 많이 한다. 위 문답의 질문에서도 까칠함이 느껴진다.(정유인언井有仁焉은 원문에는 어질 인仁으로 나오는데, 대부분의 주석이 사람 인人의 오자誤字로 본다. 고문의 '仁'은 '人+二'의 형태로 되어 있

어서 글자가 뒤바뀔 여지가 있다. 하지만 '仁'으로 보아도 뜻은 비슷하게 통한다.)

　다른 사람의 처지에 대해 그 마음을 느끼는 것까지가 어짊이다. 행동으로 옮길 때는 상황도 따지고, 능력도 따져야 한다. 그런데 이러면 어디까지 실천해야 하는지 기준이 모호해지긴 한다. 소유 마당에서 공자가 염구에게 "능력이 부족한 사람은 중간에 그만두지만 지금 너는 미리 선을 긋고 있다"고 한 이야기를 소개한 바 있다. 두 제자에게 한 말을 종합해보면 "최선을 다해서 행동으로 옮기되, 무리하거나 어리석게 행동하지는 마라"가 된다. 우리가 흔히 쓰는 말 중에 가장 어려운 말이 '적당히'다. 공자의 뜻도 결국 '적당히 하라'는 것일까?

　　회(안연)는 그 마음이 석 달을 어짊을 어기지 않았다. 다른 사람은 하루나, 한 달에 이를 뿐이었다.

　　子曰 回也 其心 三月不違仁 其餘則日月至焉而已矣　　　　　(옹야, 5장)
　　자왈 회야 기심 삼월불위인 기여즉일월지언이이의

　공자가 제자 안연을 칭찬한 말이다. 안연이야 공자도 인정한 대단한 제자라 그렇다 치자. 그럼 하루나 한 달은 짧은 기간일까?

　나는 인을 좋아하는 사람도, 불인을 미워하는 사람도 아직 보지 못했다. 인을 좋아하는 사람은 더 바라는 것이 없으며, 불인을 미워하는 사람은 인을 행할 때 불인한 것이 자신에게 더해지지 않도록 한다. 능히 하루 동안이라도 그 힘을 인에 쓸 이가 있는가? 내가 그 힘이 부족한 자를 보지 못하였다. 혹시 있는데 내가 못 본 것인가?

子曰 我未見 好仁者 惡不仁者 好仁者 無以尙之 惡不仁者 其爲仁矣
자왈 아미견 호인자 오불인자 호인자 무이상지 오불인자 기위인의
不使不仁者 加乎其身 有能一日 用其力於仁矣乎 我未見力不足者 蓋有
불사불인자 가호기신 유능일일 용기력어인의호 아미견력부족자 개유
之矣 我未之見也
지의 아미지견야
(이인, 6장)

앞구절은 다름 마당에서 다뤘다. 이제 뒷구절을 살펴보자.

사람의 본능은 다 비슷하다. 공자님의 어짊이나, 안연의 어짊도 특별할 것은 없다. 잘 모르는 사람은 이런 책을 쓰고 있는 내가 대단한 수양이라도 닦은 사람인 줄 안다. 하지만 내 주변 사람은 내가 수양과 꽤 거리가 있다는 걸 안다. 화도 잘 내고, 고집도 세고, 쓸데없는 걱정도 많다. 하지만 이런 책을 쓸 수 있는 것은 나 정도 사람도 마음을 가라앉히는 순간은 공자님이나 안연의 경지에 갈 수 있기 때문이다. 건방지다고? 아니다. 누구나 한순간은 그럴 수 있다. 다만 그 경지로 하루를 사는 것은 굉장히 어렵다. 석 달을 지키는 것은 택도 없다. 차이는 거기서 난다.

어짊에 힘을 쏟는다는 말은 '실천으로 이어지느냐?'를 묻는 것이다. 어짊을 느끼는 것까지는 본능이다. 하지만 실천은 좀 다르다. 길에서 전단지 돌리는 사람을 만났을 때 웃는 낯으로 받아주고 한번 읽어보는 것, 어렵지 않다. 짐 든 할머니 도와드리는 것도 그리 어려운 일이 아니다. 하지만 눈에 띄는 사람마다 도우며 종일 보내다가는 내 일을 못한다. 하나하나는 버거운 일이 아니지만 계속하는 것은 매우 어려운 일이다. 그렇다고 그냥 지나치면 무언가 찝찝하다. 변비 상태와 비슷한 느낌이 이어진다. 그래서 꼬인다.

그럴 때 사람은 이유를 만든다. 자신을 실제 이상으로 바쁘다고 생각하거나, 도와줄 여력이 없다고 생각하거나, 도와준다고 크게 바뀔 것이 없다고 생각하려 한다. 그런 생각을 굳히면 굳힐수록 찝찝함이 무뎌진다. 문제는 생각이 사람을 만드는 경향이 있다는 것이다. 그런 생각을 자꾸 하다 보면 왠지 더 조바심이 나고, 내가 무력하게 느껴지고, 세상이 더 비관적으로 보이게 된다.

현대 도시생활에서는 어짊 본능이 일어나는 족족 행하고 살 수는 없다. 공자도 우물에 뛰어들라고는 안 한다. 그냥 인정할 것은 인정하고 사는 게 최선이다. 곧음 마당에서 '부족하면 차라리 위축되는 편이 낫다. 떳떳함을 가장하면 왜곡이 나온다'는 식으로 말한 바 있다. 마찬가지다. 내가 부족해서 어짊을 행할 수 없으면 마음 아픔을 감수해야 한다. 그 아픔을 간직하면서 지내다보면 어짊을 행할 방법이 슬며시 떠오른다. 현명해지는 것이다. 그래서 "현명한 사람은 어짊을 이롭다고 느낀다"고 말한 것이다. 하지만 마음 아픔을 피해 핑계를 만들다 보면 자신의 공감능력을 스스로 줄이게 된다.

살다 보면 무리한 요구를 받을 때도 있다. 사람들은 보통 세 가지로 반응한다. 각각 부작용이 남는다. 억지로 웃으며 받아들이면 내 마음에 상처가 남는다. 화를 내며 거절하면 상대와의 관계가 나빠진다. 불쾌한 낯빛으로 받아들이면 받아들이고도 좋은 소리를 못 듣는다. 셋 다 현명한 방법은 아니다. 최선은 공감이 실린 거절이다. 상대가 부탁하는 마음을 알 때 그것이 가능해진다. 상대의 마음을 아니까 화가 날 일은 없다. 다만 내 형편이 안 닿으니 받아들이지 못 할 뿐이다. 내가 그 마음을 알아준다는 것을 상대가 알면 거절한다고 관계가 나빠지지 않는다. 그래도 기분 나빠할 상대라면 거리가 멀어지는 게 낫다. 자기만 생각하는 사람과 가까워져서 좋을 일이 없으니까.

정리를 해보자. 어짊의 문제만 보자면 가장 좋기로는 안연처럼 사는 것이다. 하지만 안전의 욕망, 인정의 욕망, 승부욕 등등의 모든 욕망을 어짊 하나를 위해 희생할 수 있는 사람은 많지 않다. 차선은 삶의 큰 틀은 세속적으로 유지하면서 그나마 어짊을 행할 수 있는 부분에서는 최선을 다하는 것이다. 그다음이 그냥 찝찝함을 마음에 담고 살면서 언젠가는 어진 마음이 일어나는 대로 행동하며 살 수 있는 삶을 꿈꾸며 사는 것이다. 그렇게만 살아도 남에게 손가락질 당하지 않을 정도의 어짊은 가능하다. 때론 그보다 더 좋은 소리를 들으며 살 수도 있다. 그 마음을 잃지 않으면 조금씩 현명해지기 때문이다. 그 정도면 적어도 편도체에 휘둘리지 않는 전두엽을 가질 수 있다. 최악은 자신이 어짊을 지키지 못하는 찝찝함을 피하려고 어짊은 쓸모없다고 부정하는 일이다. 그럴수록 편도체는 커지고, 불안에 시달리게 된다. 수십만 년간의 진화가 심어놓은 본능은 내가 만든 핑계로 쉽게 이길 수 없다.

열째 마당

●

배움

배움은 그 자체로 즐거움이다. 사람은 깨우치는 일에 기쁨을 느끼도록 진화했기 때문이다. 우선 배움의 즐거움을 살펴본 다음, 이어 진정한 배움이란 무엇인지를 고민해보자.

깨닫는 즐거움이 첫머리인 까닭

배우고 때로 익히면 즐겁지 아니한가. 먼 곳에서 친구가 오니 즐겁지
아니한가. 사람들이 알아주지 않아도 노여워하지 않으면 군자라 할
만하지 아니한가.

子曰 學而時習之 不亦說乎 有朋 自遠方來 不亦樂乎 人不知而不慍
자왈 학이시습지 불역열호 유붕 자원방래 불역락호 인부지이불온
不亦君子乎
불역군자호   (학이, 1장)

논어를 펼치면 첫번째로 나오는 문장이다. "배우고 때로 익히면
즐겁지 아니한가!"로 시작한다. 처음치곤 좀 이상하잖나? 공부하는
게 재미있다고? 공자님이야 재미있었을지 모르지만 우리네야 어디
그런가? 대부분의 사람들에게 공부의 정의는 '합격으로 보상받는
괴롭고 지겨운 과정'이다. 그런데 즐거웠었다는 정도가 아니라, "즐
겁지 아니한가"라며 당연한 듯이 말을 한다. 게다가 열說은 그냥 기
쁜 것이 아니다. 자전字典에는 '기꺼울 열'이라고 나온다. 기쁨이 꽉

차서 넘쳐 나오는 것이다. 남녀가 눈이 맞아 뽕 가는 경지를 노래한 것을 남녀상열지사男女相悅之詞라고 하는데 '說'이라는 글자는 '悅'과 은근히 통하는 데가 있는 글자다. 그리 보면 과장도 이런 과장이 없다.

그런데 이런 상황이라면 어떨까? 평생 글자를 몰랐던 할머니가 있었다. 동사무소를 가도, 은행을 가도 다른 사람에게 써달라고 해야 한다. 창피하기도 하고, 혹시 속이지나 않을까 불안할 수도 있다. 자식에게 편지 하나 보낼 때도 다른 사람에게 부탁해야 되니 남부끄러운 이야기는 차마 쓸 수가 없다. 그 할머니가 노인학교에서 드디어 글자를 배웠다. 그래서 자기 이름을 처음으로 자기 손으로 쓸 때… 그 기분이 어떨까? 그런 경우에는 열說이라는 글자를 써줄만하지 않을까?

공부하는 것이 원래 재미있는 일이라는 것은 아이들을 관찰하면 쉽게 알 수 있다. 정상적인 아이들은 꾸준히 질문을 한다. "이건 뭐야?" "저건 뭐야?" 조금 자라면 질문도 복잡해져서 "어떻게?" "왜?"를 묻기 시작한다. 호기심은 인간의 본능이고, 이를 만족시키는 것은 기쁨이다. 배움에 기쁨을 느끼는 이유는 간단하다. 인간은 자신의 생존 가능성을 높이거나, 자신의 씨를 뿌릴 확률이 높아지는 일에 기쁨을 느끼게 되어 있다. 배움은 생존 가능성을 높여준다. 인간이라는 종은 기억력과 사고력이 다른 생물종보다 뛰어나서, 그를 무기로 삼아 마침내 지구상 최강의 종의 위치까지 도달했다. 무언가를 새로 배웠다고 느낄 때, 저 아래 숨어 있는 무의식은 생존 가능성이 조금이나마 높아졌음을 파악한다. 그러고는 기쁨을 느끼는 신경

전달물질을 뇌에 확 뿌린다. 그 신경물질에 대한 반응이 기쁨의 정체다.

기쁨은 배운 것을 제대로 써먹을 수 있을 때 따따블로 올라간다. 그것이 시습時習이다. 시습을 보통 '꾸준한 반복'으로 해석한다. "니들이 배우는 재미를 모르는 것은 경지에 가지 못해서인 거야. 꾸준히 계속하면 경지에 다다르고, 그때가 되면 재미를 알게 되는 거야!" 이게 훈장님이 학동들을 다그치는 주 메뉴다. 하지만 그건 훈장님의 바람일 뿐이다. 시時는 때에 맞는 것이 시다. 곡식을 심어야 할 때 때맞춰 내리는 비를 시우時雨라고 한다. 마찬가지다. 시습이란 때에 맞추는 것이다. 배운 것에 대해 관심이 확 일었을 때 적절한 활용 기회를 가지는 것, 그것이 시습이다. 위에서 말한 할머니가 자기 이름을 쓰는 것이 시습時習이고, 그때 느끼는 감정이 열說이다.

그다음에는 "먼 곳에서 친구가 오니 즐겁지 아니한가!"라는 말이 나온다. 친구가 멀리서 오면 좋다고? 뭐 좋겠지. 그런데 이 말이 왜 공부가 즐겁다는 말 뒤에 이어질까? 너무 공부만 하면 힘드니까 친구도 가끔 만나서 놀아가며 하란 말일까? 붕朋이라는 글자는 '肉+肉'이다. 육肉은 살이다. 내 살, 내 몸처럼 느껴지는 것이 '붕'이다. 당구치고 싶고, 카드치고 싶을 때 만나서 어울리는 친구를 말하는 것이 아니다. 만나서 놀라는 이야기는 아닌 것 같다.

문제는 모든 공부가 시습으로 이어지지는 않는다는 데서 시작된다. 내가 국정을 기가 막히게 이끌 수 있는 능력을 가졌다고 해서 대통령을 할 수 있는 기회가 주어지는 건 아니다. 대통령은 고사하고 도지사, 구청장 자리 하나도 만만하지 않다. 일을 잘할 수 있는 능력과 자리를 차지하는 데 필요한 능력은 서로 다르다. 평범한 직장에서조차 그렇다. 일을 제대로 처리하는 능력이 선비의 능력이라면, 자신을 포장하고 홍보해서 자리를 얻는 능력은 장사꾼의 능력이다. 요구되는 능력의 색깔·맛·냄새가 다르다.

공부가 깊어질수록, 규모가 커질수록 작은 공부만큼 쉽게 시습으로 이어지지 않는다. 그러면 자연히 흥미를 잃고 포기하게 된다. 특히 학교 공부처럼 외부에서 강제로 시키는 공부는 그렇다. 그런데 호기심이 들어 자발적으로 시작한 공부는 시습이 안 돼도 포기가 잘 안 된다. '날카로운 첫 키스의 추억'처럼, 열說의 기억은 그렇게 아련히 자극을 한다. 다시 한 번, 더 큰 열說을 느끼고 싶다는 욕망이 좀체 가시지를 않는 것이다. 이때 친구, 붕朋이라 부를 만한 친구가 필요하게 된다. 사람은 사회적 동물이기 때문이다. 붕朋이란 같은 관심사를 가지고 자신이 공부한 내용을 함께 나눌 수 있는 사람이다. 그런 친구를 만나서 자신이 공부한 내용을 인정받을 수 있으면 시습으로 바로 이어지는 경지만은 못해도 은근한 기쁨이 있다. 인정의 욕구가 만족되는 기쁨과 자신이 공부한 내용이 틀리지 않았다는 성취감이 합쳐진 감정. 그게 낙樂이다.

열說은 못 느껴도 낙樂 정도면 공부의 보답으로 삼을 만하다. 그런데 다음 문장에서 좀 찝찝해진다. "사람들이 알아주지 않아도 노여워하지 않으면 군자라 할 만하지 아니한가!" 이렇게 번역이 된다. 글의 분위기가 묘하다. 군자? 뭐 군자야 안 하면 그만이다. 그런데 공부를 하면 온慍하게 될 수도 있다는 건 좀 거북하다. 온慍은 노여운 것 중에도 원망하는 마음에 가까운 것이다. 공부를 너무 하면 세상을 원망하게 될 수 있다는 걸까?

세상은 공부의 깊이를 쉽게 알아주지 않는다. 예컨대 권위자가 자기 자리를 위협하는 젊은 싹을 짓밟는 광경은 주변에서 너무나 흔하게 본다. 또 알아낸 내용이 너무 어려워 세상이 이를 이해하는 데 오랜 시간이 걸리는 경우도 있다. 시대를 앞서간 천재라고 하는 사람들은 생전에는 제대로 평가받지 못하는 경우가 많다. 가장 가슴 아픈 상황은 어려운 게 아닌데도 세상이 받아들이기를 거부하는 경우다.

프로이트의 강의록을 모은 『정신분석학 입문』이라는 책이 있다. 첫 강의의 내용을 보면 살짝 측은해진다. 말은 점잖게 나가고 있지만 내용은 '니들 정신분석학 공부하지 마. 무지하게 힘만 들고 세상에서 완전히 미친놈 취급받게 되니까. 그래도 굳이 배우겠다면 가르쳐는 주겠지만…'이라는 분위기다. 프로이트는 자기 혼자 변태 취급을 받았지만 다윈의 경우는 더 심했다. "니네 조상은 원숭이라매?"라며 조상까지 싸잡아 조롱당하지 않았던가.

무의식이 우리의 행동을 지배한다는 프로이트의 결론이 어려울까? 인간은 진화를 통해 현재의 모습이 되었다는 다윈의 결론이 황당할까? 아니다. 아주 그럴 듯한 이야기들이고, 충분한 사례로 뒷받침되는 이야기들이다. 그런데 그런 연구 결과에 대해서 세상은 '이지메'로 대답했다. 이때 "그래, 세상이 나를 이지메하려 드는 게 당연하지"라고 할 수 있어야 비로소 군자라는 것이다.

사람은 무지에 대한 두려움이 있다. 모른다는 것은 어떻게 대처해야 할지 갈피를 잡을 수 없다는 의미다. 이건 생존의 가능성이 줄어든다는 것과 연관된다. 스트레스성 호르몬이 분비되기 시작한다. 그게 싫으니까 어떻게든 짜맞추려 한다. 이유를 찾지 못하면 이유를 만드는 것, 그게 인간이다. 종교든 미신이든 전설이든 신화든 어떻게든지 근거를 만들고, 그 근거들을 서로 연결하여 내 머릿속에 완성된 세계의 모델을 만들어야 직성이 풀리는 존재. 그게 인간이다. 그런데 이렇게 억지로 짜맞춘 세계관을 누군가가 흔들려고 하면 거부감이 확 일어난다. 그것이 큰 공부를 세상에 내놓을 때 박해받는 이유다.

공자 말씀을 정리해보면 이런 얘기 아닐까.

공부하는 건 깨달음 자체가 즐겁기 때문이야. 물론 공부한 결과를 써먹을 수 있으면 훨씬 더 즐겁지. 써먹질 못해도 사람들에게 인정받을 수 있다는 것만으로 즐거운 것이고. 그런데 써먹지도 못하고, 인정받지도 못할 것에 궁금함이 생기면 어쩌냐고? 그래도 해. 깨달으면 그 자체로 즐거우니까. 그런데 그걸 굳이 써먹거나, 그걸로 세상에 인정받아야 한다고 생각하기 시작하면 괴로워져. 그러니까 큰 공부를 할 때는 깨닫는 즐거움으로 공부한 노력과 퉁쳤다고 생각해. 그 즐거움으로 본전은 건진 것이거든. 거기에 꼭 이자를 챙기려고 안달하면 너만 괴로워. 원래 큰 공부는 세상이 인정하는 경우보다 인정 안 하는 경우가 더 많거든.

욕망이 없으면 배움도 없다
능동성이 망가지면 머리도 망가진다

아홉 마당을 거치면서 논어에서 이야기해봄직한 인간의 욕망에 대해서는 거의 다 다뤘다. 핵심은 여러 욕망들 사이의 균형을 잡는 것이다. 그런데 그 이야기도 다 했다. 옳음·곧음·어짊 등의 가치를 알면 여러 욕망들 사이에서 어떻게 정신적 에너지를 배분할 것인지도 알아서 정리되기 마련이다. 남은 건 무엇일까? 사람은 알아도 다시 흔들리고, 느껴도 다시 잊어버린다는 것이 문제다. 마지막으로 제대로 아는 방법, 안 것을 내 것으로 만드는 방법에 대해 이야기해보자.

배움에 대해서 이야기를 하려면 먼저 배움이 무엇인지부터 이야기해야 한다. 단순히 지식의 양을 늘리는 것이 배움일까?

답답해하지 않으면 깨우쳐주지 않고, 갑갑해하지 않으면 열어주지 않는다. 한 모서리를 들어주었는데, 다른 세 모서리를 돌아보지 않으면 다시 더 알려주지 않는다.

子曰 不憤不啓 不悱不發 擧一隅 不以三隅反 則不復也　　(술이, 8장)
자왈 불분불계 불비불발 거일우 불이삼우반 즉불복야

　배움이 귀한지 알고, 간절하게 배우려는 자세가 되어 있어야 가르
친다는 뜻일까? 조선시대 훈장님들이 이런 문장을 만나면 아주 좋
아했을 듯하다. 지식이 귀한 것이라고 하니 얼마나 좋은가. 권위를
세우기에 딱 좋다. 자세가 안 되어 있는 놈은 배울 자격이 없다면서
제자들을 협박하기에도 딱 좋다. 그런데 공자가 사람 가르치는 일
에 진짜 그렇게 까칠했을까?

　가르치지 않았다? 아니다. 가르치지 마라? 이건 더욱 아니다. 공
자가 가르침을 이야기한 것이라면 '가르칠 수 없다'로 보아야 한다.
궁금하지 않은 건 가르쳐봐야 머리에 들어가질 않는다. 그래서 가
르칠 방법이 없다. 어쩌면 가르치는 문제가 아니라 배우는 문제를
말한 걸지도 모르겠다. **"답답해하지 않으면 깨칠 수 없고, 갑갑해하
지 않으면 열리지 않는다. 하나를 배우고 다른 쪽을 살펴보지 않으
면 다시 활용할 수 없다."** 이렇게 해석하는 편이 마음에는 더 와 닿
는다. 현실도 이 편이 맞다. 보통 사람들이 초등학교부터 고등학교
까지 12년 동안 배운 것 중에 머리에 담아두고 활용하는 것이 얼마
나 될까? 대부분은 대학입시가 끝나는 그날로 잊어버린다. 궁금할
시간도, 기회도 주지 않는 죽은 교육이 판치는 나라의 비극이다.

　우리 뇌가 기억하고 회상하는 방식을 알면 공자의 말이 쉽게 이
해된다. 우리 뇌는 네트워크 방식으로 기억한다. 사과를 예로 들자.
사과와 관련된 정보가 뇌 어디 한곳에 모여 있는 게 아니다. 붉은색,

매끄러운 껍질, 신맛 등등이 독립된 감각으로 머리 어딘가에 흩어져 있다. 사과라는 글자를 보거나, 사과라는 발음을 들으면 머릿속에 있는 감각이나 지식 가운데 사과와 관련이 있는 것들이 같이 자극된다. 이것이 우리가 무엇을 기억하고 있는 상태다. 즉 기억이란 신경세포들 간의 연결이라 할 수 있다. 사과라는 단어는 붉은색, 신맛, 둥근 모양 등등과 연결돼 있다. 여기에 개인적인 경험과 관심에 따라 요리사는 사과잼을, 물리학자는 뉴턴의 사과를, 신화학이나 문학을 하는 사람은 파리스의 사과를, 무역업자는 사과의 품종과 특성 등을 사과라는 단어와 연결시킨다. 한곳을 두드리면 이곳저곳에 주르륵 불이 들어오는 두뇌가 좋은 두뇌다. 두뇌의 가치는 기억된 양에 있는 것이 아니다. 기억된 내용 사이의 네트워크에 있다.

궁금함이 생긴다는 것, 갑갑함이 생긴다는 것은 병목현상이다. 우리 머릿속에 지식의 도시가 왕성하게 건설되고 있는데 어느 네거리 하나가 좁아서 심하게 막히는 것, 그것이 궁금함이며 갑갑함이다. 한곳만 뚫리면 확 달라진다. 단편적인 지식들이 일제히 활기를 띠기 시작한다. 네트워크의 차원이 바뀐다. 하나를 배우는 그 순간 지금 배운 모퉁이에서 저 반대쪽 모퉁이까지 그 울림이 간다. 배움이 자기 것이 되었다는 증거다.

궁금함이 없는 상태는 둘 중 하나다. 도로가 다 정비되었거나, 아예 차가 안 다니거나. 학원으로 뺑뺑이를 돌며 선행학습에 치인 아이들은 궁금한 게 없다. 그 아이들의 머릿속 도시에도 아파트며, 공장이며, 사무실은 여기저기 지어져 있다. 하지만 도로가 연결되어 있지 않다. 그래도 길은 막히지 않는다. 아예 차가 안 다니기 때문이다. 그런 건물들은 활용되지 않는다. 끝내 미분양으로 남아 무너질 때를 기다릴 뿐이다. 애당초 연결하고 활용하고자 하는 의지가 없는 상태에서 죽은 지식을 밀어 넣었기 때문이다. 고립된 지식은 쓸모없이 자리만 차지한다. 전화번호부를 통째로 외워봐야 써먹을 데가 없는 것과 마찬가지다.

　　그래서 배움의 가치는 사람마다 달라진다. 생각하면서 배우느냐 아니냐에 따라 금도 되고, 돌도 된다.

　　배우고 생각하지 않으면 어리석어진다. 생각만 하고 배우지 않으면 위태로워진다.

子曰 學而不思則罔 思而不學則殆　　　　　　　(위정, 15장)
자왈 학 이 불 사 즉 망　사 이 불 학 즉 태

망罔은 원래 그물이라는 뜻이다. 망網과 뜻이 통하는 글자다. 지식도 때론 그물이 된다. 유리로 된 건물에 날아든 나비는 무조건 창 쪽으로 날아간다. 보통 밝은 곳은 열린 곳이다. 어두운 곳은 막힌 곳이다. 나비의 본능은 그렇게 알고 있다. 그래서 가장 밝은 곳으로 날아간다. 유리면을 따라 열심히 출구를 찾는다. 절대 문 쪽으로는 날지 않는다. 결국은 지쳐 죽어간다. 나비의 본능이 스스로를 가둔 것이다. 이해가 따르지 않는 지식은 함정이다. 그저 따르면 갇힌다.

　　나비는 지식이 부족해서 그런 짓을 하는 것일까? 지식이 많아지면 달라질까? 음식을 소화시키면 영양분이 된다. 그러나 소화되지 않고 장 속에 머문 음식은 썩는다. 장에 가스가 차면 혈관이 눌리고, 장의 근육에 피가 공급되지 않는다. 장을 이루는 세포들이 죽기 시작한다. 결국은 장도 따라 썩는다. 지식도 마찬가지다. 소화력을 넘는 지식은 머리를 망친다. 뇌파검사를 해보면 나온다. 열심히 학원으로 뺑뺑이 도는 아이들, 네다섯 살 때부터 학습지에 치인 아이들은 전두엽의 기능이 확연히 떨어져 있다. 느린 뇌파가 잔뜩 항진亢進돼 있고, 활동성 뇌파는 눈에 띄게 줄어 있다. CPU가 망가진 컴퓨터와 마찬가지다. 하드디스크 용량이 아무리 커도 의미가 없다.

이제 반대의 경우를 살펴보자. "생각만 하고 배우지 않으면 위태로워진다"는 말이 이어진다. 요즘은 배움이 넘치는 세상이다. 배운 것만 생각하기에도 시간이 부족하다. 그러니 생각만 하고 배우지 않은 경우는 생길 일이 없을까? 뭐 하나 제대로 배울 곳이 없었던 공자 시절에나 걱정할 일이었을까? 그렇지 않다. 진짜 배워야 할 것을 가르치는 곳이 없다. 인간이란 무엇인지, 사회란 무엇인지, 남녀란 무엇인지, 부모 자식이란 무엇인지, 우정이란 무엇인지, 정의란 무엇인지…. 학교에서는 그 어느 것도 가르치지 않는다. 아이들은 자기들끼리 어울려 세상을 배운다. 인터넷 게시판을, TV 예능프로그램을 선생 삼아 배운다. 제멋대로 생각하고, 결론을 낸다. 그래서 위태롭다. 생각만 하는 것의 위험성은 독선 마당에서 우물 파는 이야기를 할 때 이미 자세히 말한 바 있으니 이 정도로 넘어가자.

배움의 핵심은 우리가 생각해봐야 할 목록을 얻는 데 있다. 또 우리의 생각이 놓치고 가는 부분을 점검받는 의미가 있다. 자동차는 엔진과 바퀴만으로는 제대로 갈 수 없다. 핸들도 필요하고 브레이크도 필요하다. 배움이란 우리의 생각이 한 방향으로 빠질 때는 브레이크 노릇을 한다. 어느 방향으로 갈지 모를 때는 핸들 노릇을 한다. 그것이 배움이다. 그래서 배움이 없는 생각은 폭주하는 자동차처럼 위태롭다. 그러나 차는 굴러야 차다. 구르지 않는 차는 대형 쓰레기일 뿐이다. 생각하지 않고 배우기만 하는 것은 핸들만 잡고 있으면서 차가 굴러가기를 기다리는 것과 같다. 차가 가만히 서 있기만 하면 녹이 슬 뿐이듯, 배우고 생각하지 않으면 멍청해진다.

알려는 욕망이 없으면 배움도 없다. 왜 그런 욕망이 생기는 걸까? 내가 무언가를 주체적으로 하려 하니 생긴다. 그저 시키는 대로 살기로 했다면 많이 배워봐야 쓸모없다. 당연히 배움의 욕망도 없다.

> 옛사람은 자기를 위해서 공부했는데, 요즘 사람은 남을 위해서 공부한다.
>
> 子曰 古之學者 爲己 今之學者 爲人　　　　　　(헌문, 25장)
> 자왈 고지학자 위기 금지학자 위인

자존 마당에서 한 번 다루었던 문장이다. 그때는 학문은 자기를 위해 하는 것이라는 말만 설명했다. 그런데 남을 위해 하는 학문이 왜 가치가 없는지도 이야기할 필요가 있다. 늑대에게 쫓긴다고 생각해보자. 필사적으로 뛸 것이다. 그런데 요행히 살아 돌아와서 "늑대에게 쫓기니 달리기가 꽤 빨라지는구나. 달리기 연습이 되도록 다음에는 호랑이에게 한번 쫓겨봐야지"라고 하는 사람이 있을까? 있다면 제정신이 아니다. "다시는 산 근처에 얼씬도 말아야지"라고 해야 정상이다.

비교·평가의 대상이 되는 학문, 남에게 보여주기 위한 학문이란 남에게 뒤처지지 않으려고 하는 학문이다. 실패의 두려움에 떨며 하는 공부고, 늑대에게 쫓기며 배운 학문이다. 재수학원의 선생님들은 아이들에게 긴장이 풀어졌다고 야단친다. 하지만 긴장 상태에서 배운 것이 머리에 오래 남는 법은 없다. 앞에서 기억이란 연결 상태라고 했다. 내용 기억은 감정 기억과도 연결된다. 긴장 상태에서 배운 내용을 떠올릴 때는 그걸 공부할 때 느꼈던 불안·초조 같은 감정이 같이 자극된다는 것이다. 왠지 모르게 기분이 불편해진다. 그래서 무의식은 그런 내용은 떠올리기를 거부한다. 어떻게든 잊으려 한다. 낙제의 두려움에 떨며 벼락치기로 외운 내용을 시험장을 나서자마자 까맣게 잊어버리는 이유가 그런 것이다.

수동적으로 한 공부는 할 때마다 새로 해야 한다. 전에 공부한 내용을 까맣게 잊었으니 매번 복습이 필요하다. 매일 해봐야 제자리니 공부가 깊어질 수가 없다. 깊이는 집중에서 생긴다. 깨달음의 즐거움과 연결시키며 능동적으로 공부하는 상태. 그런 상태가 집중이다. 집중과 긴장은 비슷한 것이 아니다. 상극이다.

야단이 아니라 상으로 유도하는 공부는 어떨까? 시험을 잘보면 놀이동산을 데리고 가겠다든지, 더 좋은 스마트폰을 사주겠다고 하는 건 맞는 방법일까? 보상은 학습의 기본 요소인 흥미와 자발성을 떨어뜨린다. 미국 스탠퍼드대학교의 심리학자 마크 레퍼Mark Lepper 교수의 연구팀이 1970년대에 했던 심리 실험이 있다. 유치원 아이들을 세 집단으로 나눈 뒤 그림을 그리게 했다. 첫번째 집단의 아이들에게는 그림을 그리면 상을 주겠다고 약속하고서 그림을 그린 뒤에 상을 주었다. 두번째 집단의 아이들에게는 아무런 예고 없이 갑작스럽게 상을 주었다. 세번째 집단의 아이들에게는 아무런 상을 주지 않았다. 2주 후에 아이들에게 자유시간을 주었고 원하는 아이는 그림을 그리게 했다. 세 집단 중 어느 집단의 아이들이 자유시간에 그림을 그렸을까? 첫번째 집단에서는 9%가, 두번째 집단에서는 17%가, 세번째 집단에서는 18%가 그림을 그렸다.

보상이 나쁜 것은 아니다. 하지만 보상이 목표가 되면 학습도, 놀이도 모두 노동이 되어버린다. 칭찬도 마찬가지다. 열심히 하는 행동에 대한 격려의 수준을 넘으면 안 된다. 칭찬이나 보상이 목표가 되면 보상 없이는 행동하지 않게 되고, 그 행동 자체에서 즐거움을 느끼는 능력은 줄어든다. 애인과 키스를 할 때마다 애인이 만 원씩 준다고 해보자. 계속 키스하고 싶을까? 아니다. 키스는 고사하고 애정 자체가 점점 식기 마련이다.

깨달음에서 느끼는 즐거움은 진화가 심어놓은 본능이다. 상도 벌도 그 본능을 해친다. 대학에서 열심히 공부하는 아이들은 어릴 때부터 호기심을 채우려고 공부했던 아이들이다. 합격을 목표로 공부한 아이들이 합격 이후에도 열심히 공부하는 경우는 아주 드물다. 능동성 · 주체성 · 자존감 이런 것들이 있어야 호기심이 생기고, 호기심이 생겨야 공부를 한다.

아는 사람은 쉬운 말을 쓴다
'사이비 공부'와 '진짜 공부'

보상을 목표로 공부한 사람, 경쟁에 지지 않으려고 공부한 사람. 그런 사람들에게 지식이란 노동의 대가로 얻은 재산과 비슷하다.

그래서 그들은 자신이 알고 있는 내용이 반박당하는 것을 싫어한다. 명품시계를 샀는데, 짝퉁이라는 말을 들은 것과 완전히 똑같이 반응한다. 그렇게 되면 모든 발전이 멈춘다. 독선의 함정이 입을 벌린다. 졸부가 돈을 과시하듯, 그런 사람들은 지식을 자랑한다. 이상한 것을 내세우고, 한마디를 해도 어려운 단어를 쓰려고 한다.

공자께서는 괴이한 것이나, 힘에 관한 것이나, 어지러운 것이나, 귀신에 대한 것을 말하지 않았다.

子不語怪力亂神
자 불 어 괴 력 란 신
(술이, 2장)

일상의 작은 일들을 제대로 할 수 없는 사람일수록 '한 방'을 노린다. 특이한 것에 관심을 두거나, 힘으로 밀어붙이려 하거나, 혼란을 이용해 한몫 잡으려 하거나, 귀신의 힘에 관심을 둔다. 이 네 가지를 가만히 보면 떠오르는 것이 있다. 바로 사이비 종교다. 사이비 공부와 진짜 공부의 구분은 간단하다. 일상에서 부딪히는 일에서부터 넓혀가는 공부가 제대로 된 공부다.

자공이 말했다. "선생님의 문장은 들을 수 있지만, 선생님이 성性과 천도天道에 대해서 말씀하시는 것은 들을 수 없었다."

子貢曰 夫子之文章 可得而聞也 夫子之言性與天道 不可得而聞也
자 공 왈 부 자 지 문 장 가 득 이 문 야 부 자 지 언 성 여 천 도 불 가 득 이 문 야
(공야장, 12장)

문장文章을 요즘은 글월이라는 뜻의 일반명사로 쓰지만, 공자 시

절에는 뜻이 좀 달랐다. 문文이라는 글자는 문화 전반, 요즘 말로 하자면 문물文物이라는 뜻으로 사용되는 경우가 많다. 장章은 갈래를 내고, 정리를 한다는 뜻이다. 단원으로 가를 때 쓰는 '제1장, 제2장, …'에서의 그 뜻이다. 즉 문장이란 우리가 살면서 부딪히는 일들을 주제에 따라 분류한 것이라는 의미다. 그러니까 공자와 제자 간 평소의 대화는 '친구를 사귀는 자세'라든가 '공정한 조세'라든가 하는 식으로 구체적인 주제가 있는 내용이었다는 것이다. 사람의 천성이 어떻고, 하늘의 뜻이 어떻고 하는 식의 추상적인 대화는 드물었다는 말이다.

유학이 종교의 색채를 띠기 시작하고, 추상화되기 시작하는 것은 후대의 일이다. 도교나 불교와 겨루어 권위를 유지하려니 하늘을 언급하고, 천성을 이야기하지 않을 수 없게 된 것이다. 그때쯤 되면 이 문장에 대한 주석도 꼬이기 시작한다. 성이니 천도니 하는 것을 어떻게든 공자와 연결해야 했기 때문이다. 그래서 자공의 말을 "공자님의 문장은 알아듣기 쉬웠으나, 그 안에 있는 성性과 천도天道에 대한 것은 이해할 수 없었다"는 말로 바꿔치기를 한다. 자공은 돈이나 밝히는 못난 제자이니 둔탱이었고, 안연 정도의 똑똑한 제자나, 증자 정도의 강박에 가까운 성실성이 있는 제자쯤 돼야 성이나 천도를 이해할 수 있었다고 주장하는 것이다. 그런데 그런 주장을 반박하는 문장이 하나 더 있다.

공자께서는 이利와 명命과 인仁은 드물게 말씀하셨다.

子 罕言利與命與仁
자 한 언 리 여 명 여 인 　　　　　　　　　　　　　　　　　　　　　(자한, 1장)

이익에 대한 이야기를 드물게 한 것은 쉽게 이해가 된다. 이익이란 옳게 살다 보면 따라오는 것일 뿐, 이익 자체를 추구한다고 되는 것이 아니라는 게 공자의 입장이었으니까. 그런데 명命은 어떨까? 천명이니 숙명이니 하는 말을 거의 하지 않았다고 한다. 사람이 살아야 하는 도리를 하늘의 권위를 빌지 않고도 다 설명할 수 있었다는 의미다. 이것도 전혀 말하지 않았다는 게 아니라 드물게 언급했다는 것이니, 여전히 주석가들이 우길 여지는 있다. 알아들을 만한 똑똑한 제자에게만 말했다고 우기면 된다. 그런데 인仁에 대해서도 별로 이야기하지 않았다면 좀 복잡해진다. 어짊 마당에서 말했듯이 논어에서 가장 중요하게 다뤄진 것이 어짊이기 때문이다.

논어에 나오는 어짊에 대한 문답을 보면 묘한 것이 있다. 제자의 질문마다 답이 다르다. '인은 이것이다'라고 규정 짓기보다는 물어보는 제자의 현재 상황에 따라 어짊으로 가는 길을 일러주고 있다. 그 하나하나가 제자들에게는 감명 깊었기에 논어에는 그렇게 많은 어짊에 관한 문장이 남은 것이다. 하지만 위 문장은 공자가 늘 입에 어짊을 달고 사신 것은 아니라고 말한다. 그저 일상생활에서 부딪히는 작은 도리들에 대해서 주로 말씀을 하셨고, 그 이야기가 깊은 곳에 갔을 때 가끔 어짊이라는 말을 하셨다는 것이다. 그렇다면 그것도 똑똑한 제자에게만? 아니다. 인에 대한 이야기는 여러 제자에게 한다. 결국 주석가의 주장은 뺑이다. 핵심은 '추상적인 단어를 중심으로 하는 말을 자주 하지 않았다'에 있다.

사람들은 어쩌다 한두 번 만난 사람에 대해서는 그 사람이 어떤 사람인지를 쉽게 말한다. 하지만 오래된 친구에 대해서는 어떤 사람이라고 한마디로 말하기가 오히려 힘들다. 30년쯤 같이 산 아내나 남편에 대해서는 더욱 어렵다. 하지만 배우자가 어떤 상황이 주어질 때 어떻게 행동할지는 대충 안다. 앎이란 그런 것이다. 공자의 눈에 지금 내 앞에 있는 제자를 어짊으로 가게 하려면 어느 문으로 들어서게 해야 할지는 보인다. 하지만 어짊이 무엇인지를 한마디로 말하려면, 그것도 모든 제자에게 두루 받아들여질 수 있는 한마디를 찾으려면 아무리 공자라도 쉽지 않다. 깊게 알수록 말로 하기 힘들어진다. 자기가 부딪히며 스스로 깨우친 것일수록 말로 하기 힘들다. 오히려 그저 주워들은 것은 말로 하기 쉽다.

어떤 사람이 말하는 것이 제대로 배운 것인지, 주워들은 것인지를 알고 싶으면 그 사람이 쓰는 단어를 보면 된다. 지식에 기대어 사는 사람일수록 용어에 대한 집착이 강하다. 어떤 환자가 '산만함·수면장애·식욕부진·기억장애·복부 통증·오심·기운 없음·피로감'이라는 증상으로 왔다고 하자. "피로가 쌓여서 그래요"라고 말하면 전문가로 인정해주지 않는다. 돈 내기가 아깝다고 생각한다. 하지만 "'만성피로증후군'입니다"라고 말하면 표정이 좀 달라진다. 그럴듯한 이름이 붙어 있으면 무언가 자신의 병에 대해서 좀 더 정확히 알았다는 느낌이 들기 때문이다. 이 이야기를 하면 "한자 병명이 주는 권위 때문 아니야?"라고 한다. 아니, 그렇지 않다. "만성적인 피로에서 다발하는 증후들입니다"라고 말하면 어떨까? 아마 환자의 마음속은 이런 말을 하고 있을 것이다. '다발은 뭐고, 증후는 뭐야? 뭐 이렇게 어려운 단어를 써? 가방끈 길다고 재는 거야?'

핵심은 한자에 있는 것이 아니라 이름을 가졌다는 데 있다. 우리는 분류가 되지 않은 것에는 이름을 붙이지 않는다. 거꾸로 이름이 붙었다면 분류가 된 것이며, 좀 더 정확한 지식을 가지고 있는 대상이라고 생각한다. 만성피로증후군은 그마나 이름을 들으면 내용을 알 만하고, 어떻게 고쳐야 하는지도 대략 알 만하다. 하지만 의학 교과서에는 그냥 증상의 나열만 있고, 원인도 해결책도 모르는 이상한 증후군이 꽤 나온다. 물론 분류가 없으면 사례를 모을 수도, 통계처리를 할 수도 없다. 의학의 발전을 위해 이름을 붙이는 것은 중요하다. 하지만 실력 있는 의사로 보이기 위해 열심히 이름을 외우는 것은 좀 우습다. 어차피 원인을 모르는 질환의 치료는 증상을 줄이며 환자 스스로 이겨내기를 기다리는 수밖에 없다. 증상을 줄이는 요령은 환자의 상태에 대한 능동적인 접근이다. 병명에 대한 지식이 아니다.

다 마찬가지다. 천명이니 어짊이니 하는 것들을 입에 달고 사는 사람은 그리 믿을 만한 사람이 아니다. 카메라만 돌아가기 시작하면, 국민이니 국가니 하는 단어로 말을 시작하는 정치가 역시 크게 믿을 만한 사람이 아니다. 이상한 병명을 주저리주저리 읊는 의사가 감기나 배탈을 잘 고칠 것이라고 기대하기 힘든 것과 마찬가지다. 제대로 아는 사람의 말은 거창한 단어가 들어가지 않는다.

지식은 재산이 아니다
생각의 함정을 피하는 법

배움이 제대로 되려면, 또 배움이 계속 즐거움이 되려면 어떻게 해야 하는지 기본은 대충 이야기를 했다. 개별 지식에 매달리지 않고, 늘 생각하고, 내가 아는 것끼리 모순 없이 연결되는가를 늘 점검해야 한다. 무엇보다 지식을 재산으로 여기지 않아야 한다. 이런 것들이 지켜지지 않으면 즐거움을 주는 배움이 독선을 기르는 악마가 되어버린다. 그런데 살다 보면 긴 가방끈이 독선으로 변해버린 사람을 자주 본다. 공부의 길에도 함정이 많다는 증거다. 기본으로 만족하면 위험할 수도 있겠다. 지혜와 독선을 가르는 갈림길의 이정표에는 무엇이 적혀 있는지를 좀 더 자세히 알아보자.

> 공자께서는 네 가지가 없었다. 의意가 없었고 필必이 없었고 고固가 없었고 아我가 없었다.
>
> **子絶四 毋意 毋必 毋固 毋我** (자한, 4장)
> 자 절 사 무 의 무 필 무 고 무 아

공자에게 없었다는 네 가지 중 뒤의 세 가지는 쉬워 보인다. 필必은 "꼭 이렇게 되어야 한다고 주장하는 것이 없었다"로 보면 된다. 고固는 "고집이 없었다"라고 보면 된다. 아我는? "욕심이 없었다"로 보든가 "자기를 내세움이 없었다"로 보면 그럭저럭 해석이 된다. 필必과 고固는 비슷한 이야기가 중복되는 느낌이 있지만, 그건 그렇다고 치고 의意가 문제다. 의는 '뜻'이다. 설마 아무 생각 없이 살았다는 말은 아닐 것이고…. 원하는 바가 없었다? 공자의 삶을 보면 그것도 아니다. 문왕과 주공의 정치를 세상에서 펼쳐보고 싶은 간절한 뜻이 있었다. 그래서 보통 의意를 억臆과 같은 뜻으로 보아 "억측臆測이 없었다"로 본다. 근거 없이 멋대로 해석하는 경우가 없었다는 것이다. 그렇다면 필必이나 고固와 또 뭐가 다른 것일까?

이 네 가지를 공부나 토론에 필요한 자세로 보면 자연스럽게 묶인다. 사람의 판단은 자신이 어떤 결론을 바라느냐에 따라 흔들리기 쉽다. 평균적인 사람이나 자신감이 넘치는 사람은 자신이 원하는 것은 가능성을 좀 높게 보고, 반대는 가능성을 낮게 본다. 심하게 위축되고 실패를 많이 한 사람은 실제보다 비관적인 경우가 많다. 보통 사람과는 다르게 자신이 원하는 것은 오히려 "그게 되겠어?" 하고 본다. 그런 것들이 다 의意다. 자신의 마음 상태에 흔들려 객관적 판단을 하지 못하는 것이다. 사람의 판단력을 흔드는 가장 큰 바람風은 자신의 바람願이다. 공자가 의意가 없었다는 것은 내가 원하는가, 아닌가와 관계 없이 객관적으로 보았다는 말이다.

필必은 절대적인 강령을 내세움이 없었다는 것이다. 비교 마당에서 자로와 염구의 같은 질문에 정반대의 대답을 했던 사례가 나온다. 어짊에 대해서 제자마다 다르게 답을 한 것도 마찬가지다. 세상에 예외 없는 법칙이 하나 있다면 '예외 없는 법칙은 없다'는 법칙이다. 모든 법칙은 상황에 따라 맞고 틀린다. 그래서 모든 상황에 들어맞는 법칙은 없다.

고固는 자신이 한 말을 고집하는 경우가 없다는 말이다. 말이나 자신이 한 번 품은 생각이 족쇄가 되는 이유 역시 앞에서 몇 번 설명했다. 논어에는 공자 자신이 자로의 말을 듣고서 하려는 행동을 멈춘 사례도 나온다. 자기 말이나 생각에 갇히지 않았다는 증거다.

의·필·고가 없었다는 것도 멋있지만, 마지막에 오는 아我가 없었다는 말은 진짜 멋있다. 사람은 자신이 통제할 수 있는 것을 이유로 생각하려는 경향이 강하다. 공자는 그것이 없었다는 말이다. 이건 많이 나오는 이야기가 아니니 좀 자세히 설명하자.

통계로 원인을 밝힐 수 있을까? 통계가 밝힐 수 있는 것은 원칙적으로는 상관관계뿐이다. 즉 A와 B는 같이 일어나는 경향이 있다는 것만 밝힐 수 있을 뿐, A가 B의 원인인지 B가 A의 원인인지는 밝힐 수 없다. 또 A와 B가 C라는 원인에 의해 동시에 일어나는 결과일 수도 있다. 예를 들어보자. 어떤 논문에 임신중 커피를 많이 마시는 산모가 그렇지 않은 산모보다 유산 확률이 높다는 통계 결과가 실렸다. 아마 대부분의 언론은 "커피 많이 마시면 유산 확률 높아져"라고 제목을 뽑을 것이다. 맞는 제목일까?

커피는 대개 나이가 들면서 점점 더 많이 마시게 된다. 그런데 유산 역시 나이 든 산모에게서 더 확률이 높아지는 경향이 있다. 또 신경을 많이 쓰는 사람이 커피를 더 많이 마시는 경향도 있다. 정신적 스트레스는 분명히 유산과 관련이 있다. 즉 같은 연령대, 같은 직업 환경, 같은 생활수준인 대상자만 뽑아서 연구를 했을 때 커피 섭취량과 유산율이 관련이 있어야 비로소 커피를 유산 원인의 용의선상에 놓을 수 있다.

하지만 대부분의 언론은 위와 같이 제목을 뽑는다. 왜 언론은 툭하면 상관관계를 써놓고 인과관계로 확대해석을 하는 걸까? 사실이냐 아니냐를 중시하는 언론은 많지 않다. 상업지의 관심사는 자기네 기사에 사람들이 관심을 가지느냐, 그리고 그 기사를 믿어주느냐의 두 가지 뿐이다. 사람들은 자신이 원하는 내용에 관심을 가진다. 그리고 자신이 바라는 방향으로 믿으려 한다. 언론은 그런 태도에 영합한다. 사람들이 상관관계를 인과관계로 해석하고 싶어 하는 걸 잘 알기 때문이다. 그나마 신중한 언론이 있어 "커피 섭취량이 유산 확률과 관련 있음이 밝혀져"라고 뽑아도 결과는 크게 다르지 않을 것이다. 대부분의 독자는 그 제목을 "커피 많이 마시면 유산할 위험이 높아지는구나"로 받아들인다.

이유는 간단하다. 커피 섭취는 통제하기 쉬운 것이라고 생각한다. 하지만 나이 들어 임신을 하는 것이나 업무로 인한 스트레스는 통제하기 어렵다고 생각한다. 노령 임신이나 스트레스가 유산의 핵심 원인이라는 것은 우리가 유산에 무력하다는 느낌을 준다. 그런데 커피만 줄이면 유산의 위험이 확 줄어든다면 얼마나 복음처럼 들릴까? 우리는 원인을 모르는 것에 대해서는 거부감을 가진다. 모르면 대처할 수도 통제할 수도 없기 때문이다. 그래서 악착같이 알려고 한다. 그런데 알아봐야 통제할 수 없다면 모르는 것만도 못하다. 무력감만 더해질 뿐이다. 그런 심리가 상관관계에 인과관계라는 옷을 입히게 만든다. 통제할 수 있는 것을 원인으로, 통제하기 어려운 것을 결과로 단정 지으려 하는 것이다.

이 문제는 종교와도 관련이 된다. 살다 보면 인간의 힘으로는 도저히 안 되는 일에 부딪힐 때가 있다. 이럴 때 사람은 대부분 무력감을 느낀다. 종교는 이 무력감의 탈출구 역할을 한다. 종교가 있다고 해서 뭐가 달라지냐? 달라진다. 직접 통제는 여전히 안 된다. 하지만 신앙이나 기도를 통해 신의 힘을 빌려 간접 통제는 가능하다는 것. 이것이 종교의 마케팅 포인트다. 물론 그건 종교의 기본과는 관계가 없다. 종교의 기본은 마음의 다스림이다. 아무리 발버둥

쳐도 받아들일 수밖에 없는 것들이 있다. 종교는 그런 것들을 편하게 받아들일 수 있게 도와준다. 그것이 종교의 존재 가치다. 하지만 현실은 다르다. 많은 종교가 기복祈福이라는 줄 위에서 종교와 미신 사이를 넘나드는 줄타기를 하고 있다.

아무튼 함정에 빠지지 않는 공부를 하려면 어떻게 해야 할까?

군자가 무겁지 않으면 위엄이 없고 공부가 단단하지 못하다. 충과 신을 중심으로 삼고, 나만 못한 사람을 친구로 사귀지 말며, 잘못이 있으면 고치는 것을 꺼리지 마라.

子曰 君子不重則不威 學則不固 主忠信 無友不如己者 過則勿憚改
자왈 군자부중즉불위 학즉불고 주충신 무우불여기자 과즉물탄개

(학이, 8장)

한 문장씩 보자. 군자가 무겁지 않으면 위엄이 없고, 공부가 단단하지 못하단다. 무겁다는 것이 무얼까? 공부를 제대로 하려면 신중해야 한다는 말이다. 생각이 경솔해지면 여러 욕망이 유혹하기 때문이다. 앞의 문장에서 다룬 네 가지 말고도 바른 판단을 방해하는 것들이 꽤 있다. 생각의 모순을 당장 없애려고 하는 욕망이 대표적인 것이다. 독선 마당에서 이를 '인지부조화'라고 이야기한 바 있다.

사람이 인지부조화를 느낄 때 취하는 태도는 세 가지 길로 갈린다. 첫번째 길은 무시다. 무시는 다양한 종류의 좌절이나 갈등에 두루 사용되는 광범위한 심리 전략이고, 인지부조화에도 제법 써먹을 수 있는 전략이다. "그거 뭐 별로 중요한 거 아닐 거야." "내가 그런 것에 관심 안 둬도 세상은 알아서 돌아가던데 뭐." 이런 식으로 관

324

심을 줄이는 방법이다. 인지부조화가 우리에게 불편한 느낌을 주는 이유는 앞에서 설명했다. 어떻게 대처해야 할지 모르니까 불안하고, 불안하니까 스트레스성 호르몬이 분비된다. 그런데 그게 대수롭지 않다고 생각하면 불안감이 덜어진다. 아주 좋은 전략은 아니지만, 크게 문제를 일으키지도 않는 무난한 전략이다. 그래서 우리네 갑남을녀가 주로 사용하기도 한다. 정치가 개떡 같다고 느낄 때 "야, 그런 것에 관심 꺼!"라고 하는 방법이다.

그런데 그 주제가 자신의 삶과 밀접한 관련이 있을 때는 이런 무시 전략을 쓸 수가 없다. 앞에서 나왔던 사이비종교의 교리에 올인했던 사람들 같은 경우다. 사람이란 이유를 찾지 못하면 이유를 만들어야 안심이 되는 존재다. 이유가 있어야 한다는 강박에 시달리는 순간 신중함을 잃게 된다. 어떻게든 핑계를 만드는 길. 이게 두 번째 길이다. 개떡 같은 정치를 변호해야 하는 관제 언론의 '기레기'들이 많이 쓰는 방법이다.

군자의 길이란 쉽게 결론 내리지도 않지만, 생각하기를 쉽게 포기하지도 않는 길이다. 그게 공자가 말하는 묵직한 길이고, 세번째 길이다. 그런데 이 길을 가는 것이 쉽지 않다. 모르는 것을 모른다고 하기가 쉽지 않기 때문이다. 그래서 '아는 것을 안다 하고, 모르는 것을 모른다 하는 것이 아는 것이다'라는 말이 나오게 되는 것이다. 내가 이룬 것에 집착하지 않고, 흔들리고 깨지는 것을 두려워하지 않고, 모르는 것을 억지로 꿰맞추지 않고, 꾸준히 의혹을 줄여나가는 길. 이게 공자가 말하는 배움의 길이다.

우리는 바른 결론을 방해하는 여러 가지 유혹에 둘러싸인 채 산다. 내 발밑의 얼음장을 깨지 않고 싶은 유혹, 불안의 탑 위에서 빨리 단단한 땅으로 내려서고 싶은 유혹, 내가 서 있는 곳이 정의의 땅이라고 주장하고 싶은 유혹, 그리고 앞에서 길게 설명한 나는 무력하지 않다고 외치고 싶은 유혹…. 바른 결론에 도달하려면 이 모든 유혹을 이겨내야 한다. 그래서 공부는 신중해야 한다.

그 뒤에는 "충과 신을 주로 하라"는 말이 이어진다. 신중하다는 것을 구체적인 행동으로 풀어쓴 것이다. 충忠은 마음心을 한가운데中 두는 것이다. 그릇된 결론으로 유도하는 여러 유혹에 흔들리지 않는 것이 충이다. 신信은 자기 자신을 속이지 않는 것이다. 하지만 충과 신만으로는 위험할 수도 있다. 충과 신은 출발점이 옳을 때 가치를 가진다. 아니면 광신자의 길로 빠지게 된다. 그래서 "나만 못한 사람을 친구로 사귀지 말라"는 말이 이어진다.

이 말을 자기 자식보다 조금이라도 잘나가는 아이를 친구로 만들어주려는 치맛바람을 정당화시키는 용도로 쓰면 공자님이 많이 서운해 하신다. 그런 말이 아니다. 이어지는 "잘못이 있으면 고치는 것을 꺼리지 말라"는 말을 보면 안다. 출발이 잘못되면 주충신主忠信만으로 스스로 길을 찾기가 쉽지 않다. 친구란 자신의 잘못을 지적해주는 친구가 좋은 친구다. 그런데 잘나간다 싶은 사람에게 잘못을 지적하는 것은 쉽지 않다. 자기보다 못한 사람을 친구로 사귀지 말라는 말은 무조건 자기를 따르려는 사람을 친구로 사귀지 말고, 자기의 잘못을 지적해줄 수 있는 사람을 친구로 사귀라는 정도로 의역하면 무난하다. 그래서 스스로 깨달았든, 친구의 지적을 받았든 잘못을 깨달으면 생각을 다시 해보라는 것이다. 다시 생각을 할 때는 자신을 속이지 않으려고 조심해가면서. 그렇게만 하면 군자에는 도달하지 못하더라도 적어도 사교邪教집단에 빠지지는 않는다.

배움이 익으면 소명을 만난다
배움은 진화가 준 선물

결국 배움이란 머리를 발달시키는 과정이다. 운동을 통해 몸을 만들 듯이, 머리를 생각의 함정에 빠지지 않고 바른 결론을 내릴 수 있는 상태로 만드는 과정이 배움이다. 요즘 세상은 지식의 가치는 제법 높게 친다. 하지만 배움의 가치는 예전보다 오히려 무시하는 것 같기도 하다. 하지만 그건 거꾸로다. 제대로 배운 사람에게 지식은 별 게 아니다. 돈 버는 재주를 익히면 돈이 필요할 때 벌면 되듯이, 지식이 필요할 때면 내 머리에 넣으면 된다. 제대로 배운 사람은 지식을 남보다 쉽고 정확하게 머리에 넣을 수 있다.

이제 배움 마당의 마지막 주제를 다뤄보자. 옳음 마당과 어짊 마당에서 이야기했듯이 인간은 생존에 유리한 것에 즐거움을 느낀다. 써먹을 수 있거나, 인정받는 데 도움되는 걸 배울 때 즐거움을 느끼는 것은 그래서 당연한 일이다. 그런데 호기심은 그 이상을 지향한다. 써먹지도 못할 것에 궁금함을 가지면 생존에 불리할 수도 있다. 진화가 무언가 삑사리를 낸 것일까?

배움은 부족한 듯이 하고, 그것을 잃을까를 두려워하라.

子曰 學如不及 猶恐失之
자왈 학여불급 유공실지   (태백, 17장)

이 문장에서 핵심은 '그것'을 뭐라고 해석하느냐는 것이다. 영어도 'it'이나 'that'이 많이 나오면 해석이 어렵다. 한문도 마찬가지다. 늘상 '지之'를 놓고 해석이 갈린다. 게다가 중간에 낀 '유猶'도 문제다. 유猶는 '마땅히' '오히려' '거기에 더하여' 등 여러 뜻이 있다. 그래서 이것 역시 뒤에 오는 '그것'을 어떻게 해석하느냐에 따라 의미가 정해진다.

가장 흔한 해석은 "배운 것을 잃을까 두려워하라"는 쪽이다. 기본을 중시하고 배운 것을 늘 실천하라는 것이다. 좋은 이야기이기는 하다. 특히 초등학교 시절에 배우는 함께 사는 기본 도리조차 못 지키며 사는 사람이 많은 우리 사회에서는 나쁘지 않은 해석이다. 하지만 초등학교에서 배운 것 중에 잘못된 건 없었을까? 배운 것도 수시로 점검하고 바꿀 것은 바꿈이 옳다. 그다음으로는 "배울 때를 놓치는 것을 두려워하라"는 해석도 종종 보인다. 한마디로 게걸스럽게 배우라는 말이다. 쓸데없는 소리다. 자신에게 느낌이 와 닿지 않는 것은 배워봐야 소용이 없다. 배움에 대해 열려 있는 것은 중요하지만, 지식 자체를 돈 모으듯이 수집한다면 콤플렉스가 있는 사람이기 쉽다.

애매한 '지之'는 문장 전체를 받는 경우가 많다. 'it'이나 'that'과 마찬가지다. 공부가 부족한 듯한 자세를 잊지 말라는 것이다. 공부가 다 되었다고 생각하면 기존 질서의 모든 것이 다 옳다고 주장하는 꼰대가 되거나, 죄다 잘못되었다고 외치는 꼴통이 된다. 늘 부족하다고 느끼면 계속 더 배우려 하고, 더 생각하게 된다.

뇌과학 이야기를 잠깐만 하자. 소유 마당에서 뇌의 긍정 영역에 대해서 이야기를 할 때 전두엽과 같이 등장했던 '전대상회피질_{anterior} cingulate cortex'이라는 것이 있다. 대상회^{帶狀回}란 띠 모양의 통로라는 뜻이다. 이 통로의 껍질 부분 중에 앞에 있는 쪽이 전대상회피질^{前帶}^{狀回皮質}이다. 감정·감각을 전두엽으로 연결하는 통로다. 요즘은 이 부분에 관심이 높다. 감정 통제가 잘되는 사람, 공감능력이 좋은 사람, 적극적이고 능동적인 사람, 창의력이 좋은 사람의 공통점이 전대상회피질이 발달되어 있다는 연구가 나오고 있기 때문이다. 뇌의 여러 곳에서 발생하는 신호를 열심히 전두엽으로 신호를 보내면 전두엽은 일을 하게 된다. 일을 하면 발달된다.

뇌과학 이야기가 나오니 어려워 보이지만, 쉬운 이야기다. 생각하는 능력보다 생각하는 버릇이 더 중요하다는 것이다. 버릇이 되면 능력은 자라난다. 배움이 부족한 듯이 하라는 것이 별 게 아니다. 늘 생각하라는 말이다. 다 안다고 생각하면 생각이 멈춘다. 버릇이 멈추면 자라났던 능력도 다시 쇠퇴한다. 그걸 늙는다고 말한다. 서른 늙은이도 있고, 일흔 젊은이도 있는 이유가 그것이다.

배움에는 지식 습득 이상의 가치가 있다. 생각하는 버릇이 생기면 공감능력·능동성·창의력·감정통제 능력 등이 다 잘 자라난다. 감정이나 느낌에 바로 반응하지 않고 이를 전두엽으로 한 번 보내서 처리를 하기 때문이다. 그렇게 되면 하나의 욕망에 휘둘리지 않고, 내 안에 있는 여러 욕망에 정신적 에너지를 적절하게 분배하는 요령도 생긴다. 그래서 배우고 생각하는 것을 즐겁게 느끼는 사람이 생존에 유리했고, 진화 과정에서 호기심이라는 특성이 남은 것이다. 그 호기심을 유지하는 방편으로 아직 더 배울 게 있다는 생각을 늘 가지는 것이다.

호기심이라는 본능이 인간에게 이롭다는 것을 몸소 보여준 예가 공자다. 이제 공자의 삶을 간단히 정리해보자. 호학好學을 자신의 존재증명으로 삼은 사람의 일생이니 배움 마당 마지막으로 다루기에 적절한 이야기다. 게다가 공자의 말 덕분에 인간의 욕망과 이의 조절에 대한 이야기를 많이 나눌 수 있었다. 좋은 말을 해주신 공자님에 대한 예의로도 한번 정리해보는 것이 옳겠다.

> 나는 열다섯에 배움에 뜻을 두었다. 서른에 섰고, 마흔에는 의혹이 사라졌다. 오십에 천명을 깨달았고 예순에는 귀가 순해졌다. 칠십에는 내 욕심을 따라도 도리에 어긋나는 것이 없었다.
>
> 子曰 吾十有五而志于學 三十而立 四十而不惑 五十而知天命 六十而耳順
> 자왈 오십유오이지우학 삼십이립 사십이불혹 오십이지천명 육십이이순
> 七十而從心所慾不踰矩
> 칠십이종심소욕불유거 　　　　　　　　　　　　　　　　　(위정, 4장)

공자는 열다섯 살에 배움에 뜻을 두었다고 한다. 열다섯부터 죽어라 글만 읽었다는 뜻일까? 조선의 양반들은 공자를 본받게 한다며 자식에게 다섯 살부터 글을 읽혔다. 『천자문』부터 시작해서 『소학』을 거쳐 사서四書로. 그런데 공자님은 사서로 공부한 적이 없다. 유클리드는 『기하학원론』으로 기하학을 배우지 않았고, 뉴턴은 『프린키피아』로 물리학을 공부한 적이 없다. 지식의 양을 늘리는 것은 배움의 극히 일부분에 속한다. 배움의 기본은 알려는 욕망이다. 겪은 것을 정리하고 기존의 지식과 결합하려는 욕망이다. 그 욕망은 능동성·주체성을 먹고 자란다. 공자의 말을 요즘 말로 풀어보자.

"나는 열다섯 살에 적극적으로, 능동적으로, 주체적으로 생각하며 살기로 했다." 대충 이 정도가 될 것이다. 공자는 그냥 배움이라고 했지만 앞에는 한 단어가 생략돼 있다. 그가 말한 배움은 '능동적' 배움이다.

그 배움이 살면서 부딪히는 것을 하나씩 해결하며 나가는 길이었기에 공자는 "서른에 섰다"라고 한다. 스스로 생각하며 선 분이기에, 천명이니 귀신이니 하는 말을 하지 않고 제자들에게 가르칠 수 있었다는 말은 앞에서 이미 했다.

그런데 그 선다는 것이 어느 정도의 경지일까? "대단한 일가一家를 이루었다"로 해석하면 이미 혹惑할 일이 없다. 하지만 "겨우 세상을 보는 눈을 틔웠다"라고 본다면 아직은 혹할 일 투성이다. 의혹을 없애는 길은 두 가지다. 외면하고 묻어버리는 방법이 첫번째다. 급히 손님을 맞듯이 지저분한 것, 더러운 것을 창고에 넣고 문을 닫아버리는 방법이다. 겉으로는 안 보이지만 냄새가 난다. 냄새를 없애려고 강한 방향제를 뿌리는 것이 독선이요, 다름에 대한 배제다. 두번째는 의意, 필必, 고固, 아我가 없어질 때까지 생각의 함정을 하나씩 넘어가는 방법이다. 공자는 "마흔에 의혹이 없어졌다"고 한다. 의혹이 없어진다는 게 다 알았다는 말이 아니다. 내 머리를, 내 마음을 늘 배움에 대해 열려 있고, 생각하여 알 수 있는 수준으로 끌어올렸다는 뜻이다.

불혹 단계까지만 가도 대충 내 욕망을 조절할 만하다. 욕망을 외면하지도 휘둘리지도 않고, 그 욕망의 뿌리를 보려 하면서 그 욕망에 어느 정도의 에너지를 배분할지 알게 되기 때문이다. 여기까지면 배움에 대한 이야기의 기본은 끝났다. 그 뒤는 보너스다.

불혹을 넘어서면 내가 누구인지를 알고, 무엇을 해야 하는지를 알게 된다. 그게 진짜 천명天命이다. 공자가 천명을 말하지 않은 이유가 거기에 있다. 천명은 사람마다 다 다르기 때문이다. 누구나 같은 천명 하나를 위해 매진해야 한다는 것은 사이비 종교에서나 하는 말이다. 공자는 "오십에 천명을 알았다"고 한다.

소명召命이라는 말이 있다. 글자로 보면 종교적인 느낌에 가깝다. 신神이, 혹은 하늘이 나를 불렀다는 의미다. 하지만 종교를 가지지 않는 사람도 소명의식에 가까운 말을 한다. "이게 내 일이라는 느낌이 확 다가왔어요"라든지 "어느새 내가 맨 앞에 서 있고, 내가 나서야 할 차례가 되었더군요"라든지 "이런 것이 운명이라는 생각이 들더군요"라는 말들이 다 소명의식의 표현이다. 소명의식은 사명감과도 조금 다르다. 사명감은, 세상이나 어떤 조직이 내가 그 일을 하기를 바랄 때 생기는 감정이다. 하지만 소명의식은 다르다. 그저 내가 알고, 하늘이 알 뿐, 누구도 나에게 그 일을 하라고 하지 않는다. 하지만 나는 그것이 내 운명이라고 느낀다. 그런 소명의식을 느끼는 것. 그것이 천명을 안다는 것知天命이다.

자존 마당에서 자존의 토대는 역할과 개성이라고 했다. 그리고 그 둘은 서로 부딪히는 경향도 있다고 했다. 하지만 늘 부딪히는 것만은 아니다. 역할과 개성이 아름답게 만나는 곳. 그곳이 소명이다. 나를 알고 세상을 알면, 진정 보람을 느낄 수 있으면서 세상에 의미도 있는 것을 찾을 수 있다. 꼭 그것이 대단할 필요는 없다. 의학 교과서에서 추천하는 방식의 진료만 하면서도 병원이 망하지 않고 운

영될 수 있음을 보여주겠다는 것, 남을 속이지 않고 장사해도 가족을 굶기지 않을 수 있음을 보여주겠다는 것…. 그런 것들이 다 훌륭한 소명의식이다. 한 세상을 떳떳하게 살 수 있게 만들어주는 큰 토대다. 내가 나를 알면 소명을 만나게 된다.

지천명을 세상의 모든 이치를 깨달았다는 뜻으로 해석하는 경우를 종종 본다. 그런데 현실의 모습을 보면 그런 해석이 좀 거북해진다. 모든 것을 다 안다는 사람들은 대개는 꼰대가 아니면 꼴통이다. 아무 일에나 끼어들고, 걸핏하면 호통친다. 호통은 실은 비명이다. 호통의 근본은 두려움이다. 두려움에 대한 반응은 두 가지다. 싸우거나 도망치거나. 싸우려고 할 때 마음은 분노로 무장한다. 내가 지어낸 말이 아니다. 심리학의 연구 결과가 그렇다고 말한다.

애써 억제하고 있는 것이 많은 사람은 늘 귀가 거슬린다. 자신이 억제하고 있는 바로 그 욕망을 편하게 즐기는 사람을 볼 때 속이 뒤집히기 때문이다. 소명을 알고 좇는 사람은 모든 것을 담담히 받아들인다. 공자는 "예순에 귀가 순해졌다"고 한다. 공자처럼 배움을 소명의식으로 느끼면 특히 귀가 순해진다. 어떤 이야기를 들어도 감정적인 뇌 영역이 먼저 반응하기 전에 들은 내용을 전두엽으로 보내기 때문에 순해지는 것이다.

그렇게 다시 10년을 지내면 욕심을 따라도 도리에 어긋나지 않는 경지에 간다고 한다. 이 책의 머리말에서 했던 "칠십에는 내 욕심을 따라도 도리에 어긋나는 것이 없었다"라는 말이 드디어 나왔다. 안 가봐서 모르겠지만 그럴 듯하다. 욕심은 눌러서 굴복시키는 것이 아니다. 나를 알아서, 내 안의 욕심을 알아서 그 욕심끼리 조화롭게 어울리도록 만드는 것이 행복하게 사는 방법이다. 떳떳함의 가치, 곧음의 가치, 어짊의 가치, 배움의 가치를 알고, 그 가치들이 채워지는 즐거움을 알면 그 즐거움으로 소유의 욕심, 경쟁의 욕심도 적당한 선에서 다독일 수 있을 것 같다.

배움은 즐거운 것이다. 호기심을 느낄 때 뇌 촬영을 해보면 쾌락 영역이 흥분된다는 것이 그 증거다. 배움의 이득은 많다. 세상이 중요시 하는 지식의 습득은 그중 가장 작은 부분이다. 남에게 인정받는 데 도움이 되는 것도 여전히 작다. 스스로 감정을, 욕망을 큰 고통 없이 조절할 수 있게 되는 게 가장 큰 가치다. 거기에 보너스가 하나 더 있다. 늙지 않게 해준다. 생각하며 나이가 드는 것은 늙는 것이 아니다. 원숙해지는 것이다. 자존 마당에서 인생은 끊임없는 튜닝이라고 했다. 세상이 바뀌고, 나도 바뀌니 생각도 계속 바뀌어야 한다. 어차피 그렇게 살아야 한다면 바뀜을 즐기는 편이 좋다. 바뀜을 즐기려면 배움을 즐겨야 한다. 다행히 인간은 배움을 즐기도록 진화했다.

논어는 나에게 힐링 캠프다

　이런 책을 내면 사람들은 내가 수양이 깊은 사람인 줄 안다. 하지만 아니다. 쉽게 화도 잘 내고, 한 번 마음이 상하며 이틀, 사흘씩 아무 말도 안 하고 지내기도 한다. 공자님은 낙이불음 애이불상樂而不淫 哀而不傷(즐겁되 지나치지 않고, 슬프되 마음 상하지 않는다)을 말씀하신다. 나는 조각 퍼즐 맞추기를 새벽까지 하기도 하고, 새로운 게임에 몇 달씩 빠지기도 한다. 낙이상음樂而常淫이다. 영화관에서 가서 펑펑 울기도 하니 애이삭상哀而數傷이다. 하지만 나처럼 수양이 안 된 사람도 가만히 마음을 정리하고 들여다보면 공자님의 말씀이 보인다. 사람은 어차피 다 거기서 거기다. 누구나 그 경지에 갈 수 있다. 다만 차이는 그곳에서 머물도록 수양이 된 사람과 나처럼 잠깐 들렀다가 바로 빠져 나오는 사람의 차이가 있을 뿐이다.

　잠깐씩 그곳에 머물러보면 마음이 편해진다. 나에게 논어란 힐링 캠프다. 나에게 공자님 말씀이란 꼭 따라야 하는 당위가 아니다. 따르면 편해지는 좋은 권유일 뿐이다. 그런데 이 논어가 규율로, 강박으로 작용해 마음속에 그림자를 만든다. 심지어는 호인자, 불인자로 편가르기를 하고 당쟁과 사화를 일으키는 도구로 사용되었다. 가슴 아픈 이야기다.

사람이 다 거기서 거기다. 기본적인 욕망의 구성과 작동 원리가 같다. 행복이란 별 게 아니다. 각각의 욕망에 어느 정도의 에너지를 배분할 것인가의 문제다. 그 균형이 잡힐수록 행복해진다. 하지만 사람은 어차피 누구나 조금씩 다르다. 기본적으로 가지고 있는 욕망의 스펙트럼이 다르다. 그래서 나는 성인聖人이라는 말을 별로 좋아하지 않는다. 성인의 길을 그대로 따라간다고 해서 내가 행복해지리라는 보장은 없기 때문이다. 공자에 대한 생각 역시 마찬가지다. 누구도 공자가 될 수 없고, 또 공자가 될 필요도 없다. 하지만 나는 공자께서 걸어간 길에, 그 길에서 남긴 말에 주목한다. 어떤 욕망이 어떻게 다스려지는지를 아는 데 도움이 되기 때문이다. 그 앎을 내 욕망들 사이에 균형 잡는 데 활용한다.

피할 수 없으면 즐기라는 말이 있다. 나는 나의 본능을 받아들인다. 또 남과 차이 나는 나만의 특성도 받아들인다. 받아들이고 나야 조절이 된다. 내가 최고의 행복을 누릴 수 있는 배분이 찾아진다. 리누스 토발즈Linus Torvalds라는 사람이 있다. 리눅스Linux라는 훌륭한 프로그램을 만든 사람이다. 그런데 지식이 최대의 재산으로 꼽히는 세상에서 그는 리눅스를 누구나 자기 형편에 맞게 고쳐 쓸 수 있도록 소스 코드를 공개했다. 사람들이 왜 리눅스를 만들었냐고 물었을 때 그는 단지 "재미있으니까Just for fun"라고 답했다. 내가 바라는 최고의 삶 역시 즐기는 삶이다. '나'를 즐기는 삶이다.

　나같이 놀기 좋아하는 사람이 진료에 쓰는 시간을 제외한 대부분의 시간을 책 쓰는 데 들이면서 몇 년이나 견뎌냈다는 것이 신기하다. 사람과의 어울림도 거의 없었다. 한 달에 한 번 친구들과 서울 근교의 산을 당일치기로 가는 것이 그나마 전부였다. 이제 다 썼다. 세구야, 용덕아~ 설악산 가자.

찾아보기